· 汪　勇　于世忠　主编

网络时代的知识产权刑法保护问题研究

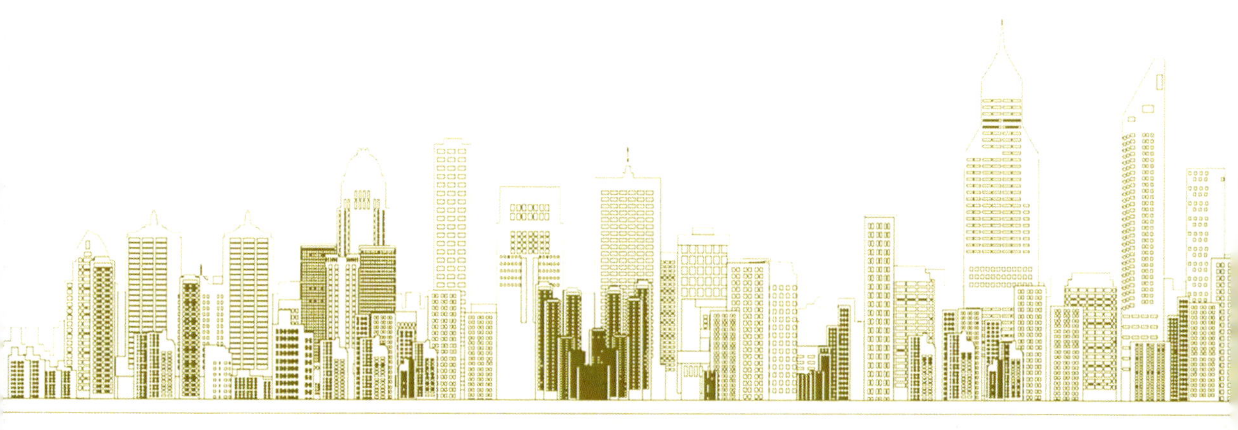

国家一级出版社
全国百佳图书出版单位

图书在版编目(CIP)数据

网络时代的知识产权刑法保护问题研究/汪勇,于世忠主编.—厦门:厦门大学出版社,2020.5

ISBN 978-7-5615-7475-1

Ⅰ.①网… Ⅱ.①汪…②于… Ⅲ.①知识产权保护—刑法—研究—中国 Ⅳ.①D924.04

中国版本图书馆 CIP 数据核字(2019)第 116127 号

出 版 人 郑文礼
责任编辑 李 宁

出版发行 厦门大学出版社
社　　址 厦门市软件园二期望海路 39 号
邮政编码 361008
总　　机 0592-2181111 0592-2181406(传真)
营销中心 0592-2184458 0592-2181365
网　　址 http://www.xmupress.com
邮　　箱 xmup@xmupress.com
印　　刷 厦门兴立通印刷设计有限公司

开本 720 mm×1 000 mm 1/16
印张 13.5
插页 2
字数 218 千字
版次 2020 年 5 月第 1 版
印次 2020 年 5 月第 1 次印刷
定价 86.00 元

厦门大学出版社
微信二维码

厦门大学出版社
微博二维码

目 录

侵犯知识产权犯罪竞合问题

赵丙贵*

一、盗窃商业秘密型侵犯商业秘密犯罪的竞合问题

(一)与盗窃罪的竞合问题

关于盗窃商业秘密型侵犯商业秘密犯罪与盗窃罪是否存在罪数或者竞合问题,学界有观点认为,秘密窃取他人商业秘密的行为可能同时侵犯商业秘密罪和盗窃罪的犯罪构成,属于法规竞合。① 实务界的观点很明确,最高人民法院于 1998 年发布的《关于审理盗窃案件具体应用法律若干问题的解释》中规定:"盗窃技术成果等商业秘密的,按照刑法第 219 条(侵犯商业秘密罪)定罪处罚。"笔者认为,学界认为两者存在竞合的观点值得商榷。首先,不管认为两者存在什么样的竞合关系,都会导致罪名适用的恣意。即便认为是法规竞合,也可能出现适用盗窃罪的可能,因为按照法规竞合可以适用较重罪名处理的观点,司法人员就会产生适用盗窃罪这个重罪名的冲动。其结果,可能使得盗窃商业秘密型的侵犯商业秘密犯罪的规定形同虚设。其次,笔者一直主张法规竞合的适用原则是特别法排斥一般法,而非优先适用,更反对法规竞合可以适用重法的适用原则。② 据此,即便认为两者存在法规竞合,也不存在盗窃罪适用的余地。最后,认为两

---

* 赵丙贵,辽宁大学法学院教授。

① 赵秉志:《侵犯知识产权犯罪疑难问题司法对策》,吉林人民出版社 2000 年版,第 45 页。

② 赵丙贵、路军、王明辉:《刑法竞合问题研究》,中国检察出版社 2013 年版。

者是想象竞合的观点更是误用的想象竞合理论。因为想象竞合是以一个罪名评价一个行为事实后还有法益侵害的剩余,必须动用另一个构成要件加以评价,才能实现充分评价原则的竞合形态。而对于盗窃商业秘密行为,刑法明确了其只是构成侵犯商业秘密罪,用该罪来评价这种行为已经足矣,并不存在评价不足问题。因此,笔者同意最高人民法院的上述观点。

(二)与盗窃型非法获取国家秘密罪的竞合问题

对于这个问题,笔者同样不同意学界有人主张的两者存在竞合的观点。主要理由在于:商业秘密与国家秘密是互斥关系,两者非此即彼。既然如此,两者就不可能存在竞合问题。

以上两个问题,都折射出学界存在滥用竞合理论的缺陷。在笔者看来,法规竞合只能存在特别法与一般法范围内,也只能适用特别法排斥一般法适用的原则。如果像学界有人主张的那样,还有从重处罚的适用原则,不但使法规竞合与想象竞合难以区别,而且破坏了犯罪类型化的罪刑法定原则。对此不能不查。

二、销售侵权复制品罪的竞合问题

对于这个问题,学界存在以下几种意见:第一种意见认为,根据 1998 年 12 月 11 日最高人民法院发布的《关于审理非法出版物刑事案件具体应用法律若干问题的解释》第 4 条和第 11 条的规定,销售侵权复制品行为,情节严重的,同时符合销售侵权复制品罪和非法经营罪的构成要件,属于一行为触犯数罪名,成立想象竞合犯,应当按照从一重罪处断原则,以非法经营罪定罪处罚。[①] 第二种意见认为,销售侵权复制品行为所触犯的销售侵权复制品罪和非法经营罪属于法条竞合关系,应当按照特别法优于普通法的适用原则,认定销售侵权复制品罪。[②] 第三种意见认为,销售侵权复制品罪与非法经营罪不存在法条竞合关系,对贩卖盗版光盘等销售侵权复制品的行为只能依法认定为销售侵权复制品罪。[③]

---

① 最高人民法院《关于审理非法出版物刑事案件具体应用法律若干问题的解释》,1998 年 12 月 17 日。

② 谷翔、柏浪涛:《销售侵权复制品罪若干问题之澄清》,载《法律适用》2004 年第 12 期。

③ 朱妙:《销售侵权复制品罪及其相关问题的探讨》,载《政治与法律》2006 年第 1 期。

笔者同意上述第三种观点,认为销售侵权复制品行为根本无涉非法经营罪适用问题。在笔者看来,非法经营罪侵犯的法益是国家对于限制买卖商品的行政许可权,由此决定,非法经营罪的形态只能是:国家对于限制买卖的商品是存在一个合法的交易市场,只不过采取了进入这样市场的许可制度。如果某种产品或者交易本身就禁止交易,就不存在非法经营问题,也不会发生非法经营罪问题。就销售侵权复制品行为来说,国家根本不存在一个合法的交易市场,更不会对销售侵权复制品行为存在市场许可和准入问题。因而不存在非法经营罪适用余地。就此点而言,相关司法解释和学界关于这种行为存在非法经营罪适用余地的观点是错误的;相应的,认为两者存在竞合的观点也是错误的。

三、假冒注册商标罪的竞合问题

对于行为人在实施生产伪劣产品过程中又实施了假冒他人注册商标的行为,是否存在竞合问题,学界都持肯定说。但是,这种情况属于什么竞合,则存在争议。第一种观点认为,这种情况属于实质竞合,应当数罪并罚。① 第二种观点认为,这种情形符合牵连犯的特征,应从一重罪处罚。② 第三种观点认为,生产、销售伪劣产品罪与假冒注册商标罪、销售假冒注册商标的商品罪实际上存在着法条竞合的关系,对于这种情形应当按照重法优于轻法的原则进行处理。③

笔者认为,这种情况属于想象竞合。首先,在实施生产伪劣产品过程中又实施了假冒他人注册商标的行为,可以将假冒注册商标行为视为实施生产伪劣产品行为的组成部分,这是生产销售伪劣产品犯罪的惯常做法,没有必要将之割裂开来,因而属于一个行为事实范畴。其次,笔者在界定想象竞合犯的概念时,创设了一个"同时性"的要素,其根据就是想象竞合的成立必须是一个行为事实同时触犯了数个罪名。但"同时性"并非日常用语的翻版,而是一个行为过程。只要是一个行为过程,尽管有先后之分,

---

① 朱孝清:《略论假冒注册商标犯罪的几个问题》,载《法学》1994 年第 2 期。

② 赵秉志主编:《侵犯知识产权犯罪研究》,中国方正出版社 1999 年版,第 99 页。

③ 高晓莹:《论假冒注册商标罪与生产销售伪劣商品的界限》,载《中国刑事法杂志》第 44 期。

也不失为一个行为事实，因而能够满足想象竞合的一个行为的特质。[①] 再次，将假冒商标行为视为生产销售伪劣产品行为的惯常举动，既符合这种犯罪的通常做法，也不会带来认定行为单复的困惑，有利于简便司法。最后，将这种情况认定为想象竞合，不会造成量刑失当问题，因为想象竞合是被触犯的罪名都要参与评价，这样，在最后决定刑罚时与数罪并罚差别不大。

① 赵丙贵：《想象竞合犯研究》，中国检察出版社 2007 年版，第 104～105 页。

论机器人的法律地位及其犯罪防控

——基于科技、伦理与法治的预测

于世忠　王　熠*

引　言

2017年10月19日，AlphaGo Zero的问世在人工智能领域掀起了人们对人工智能的研究热潮，不使用任何人类知识、无须人类指导、从零开始以自弈的方式"修炼"72小时便战胜了一代围棋人工智能AlphaGo Lee。这一开创性的成果宣告了人工智能可以脱离人类的知识和经验，通过自我学习来掌握胜利的秘诀。与此同时，对于未来人工智能的担忧也随之而来。例如，机器人未来能否超越人类，机器人是否应该成为人类社会中的公民，机器人公民在享有权利的同时伴随而来的伦理问题应当如何解决，机器人是否存在犯罪的可能以及如何对机器人公民形成有效的规制等都是公众所关心的问题。许多专家认为人工智能不会有属于自己的灵魂和思想，只是在人类的控制下为人类在某些方面提供辅助，即使成为公民也只是一个带着身份证的"物"。[①] "人工智能的许多进步都是来自人类专家

* 于世忠，法学博士、浙江工业大学法学院教授，主要研究领域为刑法学；王熠，浙江工业大学法学院硕士研究生，主要研究领域为刑事法学。

① 吴军：《智能时代：大数据与智能革命重新定义未来》，中信出版社2016年版，前言。

的智慧,智能的最大秘诀是没有秘诀,而源于人类本身的多样性。"[①]这是人类长期以来对于人工智能的认识,然而随着现代技术的不断发展,计算能力以及算法等难关也不断被突破,这个秘诀也开始发生变化,如AlphaGo Zero的出现就打破了依靠人类的限制,而未来机器人的进化可能也将更多地依靠机器本身的多样性。因此,未来机器人将真正苏醒并在智力上媲美甚至超越人类的说法似乎也并非无稽之谈。而当人工智能超越人类智力之时,机器人是否会取代人类成为人类社会的"终结者",也正是人类长期以来所担心的事。但是,如果因此就终止机器人的研发似乎也是与时代背道而行的歧途。

那么,承认机器人的公民身份并将其纳入社会中来,同时对其设定相应的权利义务以及法律规制似乎才是最可靠的解决办法。如果机器人成为公民,机器人的法律地位也会正式得到承认,进而可以通过法律途径规范机器人的行为。阿西莫夫曾在1950年提出著名的"机器人三法则",这应该是最早的关于机器人的法律。这部如同机器人宪法一样的法律赋予了机器人最基本的权利以及义务,但是当机器人的智慧超越了这几条法则的限制之时,光靠这几条规定就明显不足了。本文打破专业局限,跨专业研究人工智能的法律地位,将计算机学与法学相结合,创新构架未来社会人工智能的法律地位。通过对"深度学习技术"的解读,以发展的眼光探索未来机器人是否存在拥有与人类相当的认知能力,并成为人类社会公民的可能,同时确定机器人公民的法律人格并制订相应方案以解决随之而来的伦理困境。分析机器人公民未来实施危害行为的可能性,构建相应的刑法体系,规范对机器人公民的刑法适用,以实现对机器人犯罪的治理。

一、科技与法律的碰撞:机器人公民是时代发展的必然选择

深度学习(Deep Learning,DL),是近年来机器学习领域一个重要的研究热点,它是由多个处理层面构成的计算模块,可以学习表现许多不同抽象等级的数据。[②] 这些计算方法已经在技术层面大幅度推动了语音识别、

---

① Minsky M, *The Society of Mind*, MIT Press, 1986, p.308.

② Ian Goodfellow, Yoshua Bengio, Aaron Courville: *Deep Learning*, The MIT Press, 2016, pp.4-5.

视觉物体识别、物体检测和许多其他的领域，如药品的发现和基因学的发展。深度学习发现了大数据中的极其复杂的结构，这种结构通过反向传播算法建立，这种算法表明了机器应该如何在每一个处理层面中通过上一层处理层面来改变自己的内部参数。目前，深度卷积网络已经在处理图像、视频、语音等方面取得突破，而递归网络也已经在顺序数据，如文本和语音中展现出了光芒。[①] 然而，在人类的大脑中，识别功能仅仅是整个大脑功能的一小部分，还不是核心部分。人脑的核心功能在于学习与应用，与人类大脑相比，目前深度学习仅仅能对特定条件下的信息进行处理。因此，从目前来看，深度学习并不具备人脑的功能，众多从事深度学习的专家也均认为深度学习并不会给人类的生存带来任何威胁。不可否认，如果我们的计算机技术仍然停留在冯·诺依曼架构和硅芯片基础上，机器人永远也不可能比肩人类的智力水平。[②] 但是，随着相关技术难题的不断攻克，未来机器人突破桎梏获得超越人类的智力以及独立自由的人格并不是幻想。

（一）基于深度学习的展望：科技发展推动机器人大脑高度拟人化

深度学习的发展长期以来都离不开脑科学的帮助。例如，人类大脑中信号以放电的形式在神经元的轴突与树突之间传导，[③]而在深度学习的神经网络中的信号传递亦是如此。随着脑科学研究的不断深入，人们逐步发现人类意识的产生是大脑中神经元集群协同的结果，继而产生记忆、情感以及感知觉等生理反应。而这些特征也正与机器人大脑中的神经网络的特点高度重合，这就意味着机器人大脑也存在产生独立意识的可能。当然，由于技术上的局限，基于深度学习的神经网络与人脑中的神经网络具有较大差距。德国海德堡大学的物理学家卡尔海因茨·迈耶(Karlheinz Meier)曾指出“机器脑”与人类大脑的差距主要有三大方面：能耗量、容错

---

① Yann LeCun, Yoshua Bengio, Geoffrey Hinton: *Deep Learning*, Nature, 28 May 2015, Vol.521, pp.436-444.

② 万赟：《深度学习与人脑模拟》，载《中国计算机协会通讯》2016 年第 2 期。

③ Lim, J. H. A., Stafford, B. K., Nguyen, P. L., Lien, B. V., Wang, C., Zukor, K... & Huberman, A. D. (2016), *Neural Activity Promotes Long-distance, Target-Specific Regeneration of Adult Retinal Axons*, Nature Neuroscience, 19 (8), pp.1073-1084.

性，以及是否需要编程。[①] 但是，由于机器脑中的神经网络与人脑中的神经网络的高度相似，我们有理由相信当“机器脑”在构造上日益向人脑靠近时，其拥有的思维能力向人类思维能力方向发展的可能性也会无限增大。

在是否需要编程方面，目前相关领域的研究已取得了不小的进展，类似人类大脑一般无须遵循预设算法所限制的路径和分支，在与外界交互的过程中即可自发地学习和改变在未来也不是梦想。2017 年 10 月 19 日，谷歌宣布 AlphaGo Zero 采用新的算法可以脱离人类经验以“自我训练”的方式从零开始自我进化。[②] HRL 实验室的带头人纳拉扬・斯里尼瓦桑(Narayan Srinivasa)表示，他的神经拟态学芯片一行代码都不需要写就能工作，它可以像真的大脑那样边干边学。[③] 另外，圣何塞的 IBM 阿尔马登实验室的德尔门德拉・莫德哈博士与他的团队也已经构建了一个拥有 256 个“整合放电”(integrate-and-fire)神经元的神经拟态计算机原型。[④] 它的芯片拥有 26.2 万个突触，更重要的是其中的神经元可以像真正的大脑那样，根据接收到的输入重新布线。目前，莫德哈博士与他的团队所研发的电脑已经可以玩简单的小游戏并识别从 0 到 9 的数字。虽然这些看起来还相当初级，但它已经证明相应原理的可行性。

在能耗量方面，人脑活动所需的功率大约是 20 瓦特，而当前试图模拟人脑的超级计算机需要几百万瓦特。但是随着技术的进步，人工智能与人脑之间的差距也在不断缩短。摩尔定律指出，计算机芯片每 18 个月集成度就会翻番，计算能力亦会呈倍数增长。2017 年 11 月 10 日，IBM 在美国

---

① *Neuromorphic computing—the machine of a new soul*, The Economist, August 2013, http://www.economist.com/news/science-and-technology/21582495-computers-will-help-people-understand-brains-better-and-understanding-brains/print，最后访问日期：2019 年 2 月 2 日。

② David Silver, Julian Schrittwieser, Karen Simonyan et al: *Mastering the Game of Go without Human Knowledge*. Nature, 19 October 2017, Vol.550, pp.354-359.

③ Narayan Srinivasa, Nigel D Stepp, Jose Cruz-Albrecht: *Criticality as a Set-Point for Adaptive Behavior in Neuromorphic Hardware*, Frontiers in Neuroscience, December 2015, 9(117).

④ Dharmendra Modha: *Brain-inspired Computing*, https://modha.org/category/bic-1/，最后访问日期：2019 年 2 月 2 日。

电气和电子工程师协会(IEEE)的工业峰会上宣布公司已经构建成功 50 量子比特的量子计算处理器的样机。这是一个在量子计算领域的“不可能”的里程碑,50 量子比特的量子计算机,一步就能进行 2 的 50 次方运算,即一千万亿次计算。而如果根据摩尔定律的预测,过不了多久,具备超强计算能力的低能耗芯片也会出现在我们的面前,为机器人大脑中意识的产生提供硬件上的保障。

算法的不断革新,计算能力的不断增强势必会给人工智能更为强大的赋能。与此同时,各国在人工智能研究领域不断注入的资金,也使得相关技术以前所未有的速度向前发展。牛津大学教授尼克·波斯特洛姆(Nick Bostrom)在他的《超级智能:路径、危险性与我们的战略》一书中指出,人工智能技术在不久的将来很可能孕育出在认知方面全面超越人类的超级智能。[①] 美国计算机和未来学家雷·库兹韦尔(Ray Kurzweil)在 2005 年的《奇点临近》一书中甚至预测在 21 世纪上半叶,人工智能的奇点将会来临,届时技术会不可避免地超机械化发展并完全超越人类智能,人类历史将彻底改变。[②] 随着研究的不断深入,未来机器人个体与人类之间的差距不断缩小,成为类似人类的存在也成了可以预见的事实。

(二)伦理困境是机器人融入社会的首要难题

当机器人觉醒产生独立的认知能力,其在社会中的定位也会随之发生变化,一系列的伦理问题也成为它们与人类共同生活的最大障碍。例如,机器人的生命是否需要保护,机器人的生命要如何界定。在宪法确立的价值位阶之中,生命权相较其他法益处于明显较高的地位。同时生命权属于不可克减的权利,即使为了社会公共利益或者在紧急情形下也不能被限制。[③] 如果机器人的生命与自然人一样受到法律保护,那么如果有人暴力夺走机器人的生命是否属于故意杀人或是当机器人在生命受到危害的时候能否适用正当防卫或紧急避险来保证其生命安全。

---

① [英]尼克·波斯特洛姆:《超级智能:路径、危险性与我们的战略》,张体伟、张玉青译,中信出版社 2015 年版,第 7 页。

② Ray Kurzweil:《奇点临近》(*The Singularity is Near: When Humans Transcend Biology*),董振华、李庆诚译,机械工业出版社 2011 年版,第 11 页。

③ 韩大元:《中国宪法学应当关注生命权问题的研究》,载《深圳大学学报(人文社会科学版)》2004 年第 1 期。

机器人如何才算死亡？对于人类，我国目前采取呼吸、心脏、脉搏均告停止，且瞳孔放大为自然人自然死亡的标准；而对于机器人显然“脑死亡”更为合适，即模拟大脑遭受重创导致数据无法恢复。那么，对于机器人的故意伤害又应当如何认定？由于对机器人大部分的破坏只需要更换零件即可达成，因此破坏机器人属于破坏财产还是伤害行为亦值得商榷。

又如，碰到电车难题这样的状况，能否交由机器人按照其机器脑的“最优解”以行使自由裁断的权利来解决问题。再如，机器人的性别应如何界定。女性机器人是否拥有性权利。目前，国际上对于性别的法律确认问题一般采用三种标准：生物学确认标准、医学性别确认标准和自我认同性别确认标准。[①] 从生物学以及医学性别的确认标准来看，机器人并不具备生物学上人的特征，因此并不具有生物学上的性别。不过，如果采用第三种标准，机器人则存在被认定为相应的性别的可能。

机器人可以通过编程预先设定好不同的变量和参数，从而使其确信自己的性别以达到自我认同性别确认标准。如此一来，当未来具有独立或半独立人格的机器人在用算法与周围的环境、事物互动的过程中，随着环境事件的变量发生变化而对自己的性别的看法也发生改变之时，在法律上也能通过此标准来承认机器人改变之后的性别。机器人的性别得以确认，那么女性机器人的权利是否应该得到保护、应该得到怎样的保护也成了需要解决的问题。

此外，当机器人的思想超越人类或者机器人的数量大幅增长之后，机器人是否就能成为人类社会的统治者？答案显然是否定的。70 年前，阿西莫夫曾经在他的科幻小说中提出了著名的“机器人三法则”，其中包括第零法则：机器人必须保护人类的整体利益不受伤害；第一法则：机器人不得伤害人类个体，或者目睹人类个体将遭受危险而袖手不管，除非这违反了机器人学第零法则；第二法则：机器人必须服从人给予它的命令，当该命令与第零法则或者第一法则冲突时例外；第三法则：机器人在不违反第零、第一、第二法则的情况下要尽可能地保护自己的生存。[②]

---

① 张迎秀：《变性人婚姻家庭权利研究》，载《河北法学》2010 年第 6 期。

② Isaac Asimov, *Runaround. I. Robot*, New York: Doubleday, 1950, p.40.

(三)亚公民概念的提出与权利限制原则适用

为了更好地处理机器人与人类之间的关系,并实现对机器人的有效治理减少其所可能带来的危害并更好地服务人类社会,笔者认为应建立亚公民的概念,在通过法律保护机器人相关权利不受侵害的同时,确定机器人公民在特定权利的位阶上略低于人类。研究机器人的最初目的是创造更美好的生活,机器人的存在也应当以必须保护人类的整体利益不受伤害为根本职责。如果让机器人拥有与人类相当的权利,未免有点本末倒置之感。

但是如果不赋予机器人法律地位,一方面可能会造成对机器人的肆意破坏以及压榨奴役等,从而使得善意的机器人的正当权利无法得到保障。另一方面,也无法对恶意生产的机器人进行有效的管控,同时亦不能对实施了侵害行为的机器人予以法律的公正裁决,以使其可以弥补自己所造成的任何损害。因此,在强调人类根本利益的同时,也应基于机器人的差异给予适当的保护,从而将机器人进入人类社会后所带来的影响降至最小。

1.亚公民的国籍认定

机器人要取得亚公民身份首先要确定其国籍的所在。所谓公民是具有一国国籍的人,成为某国公民就意味着从法律上同特定国家产生了固定的法律联系,构成公民与国家的关系。[①] 这种联系的存续,意味着机器人得到了国家的认可,可以以合法的身份与人类共同生活。当然,机器人作为一国公民也必须遵守该国法律的相关规定,为实现公共利益维护社会和谐而履行相应的义务。目前,根据各国公民国籍的取得方式可以分作出生国籍和继有国籍。出生国籍有依血统、依出生地以及两者相结合的认定方式,继有国籍则有婚姻、收养、自愿申请等方式。

根据出生国籍的认定方式要授予机器人国籍就要根据机器人的出生地以及血统来判断。由于机器人构造上的特点,依血统确定国籍的方式显然并不适用,采用依出生地的认定方式更为适合。而随着未来技术的进步,机器人的生产程序将会不断简化,甚至机器人之间也可能“生”下一个小机器人,因此做好机器人“出生”登记以确定其出生国籍就显得非常关

① 胡锦光、韩大元:《中国宪法》,法律出版社 2016 年第 3 版,第 179 页。

键。机器人亚公民也应适用继有国籍。由于机器人在生理上与人类天然的不同，婚姻关系是否会产生现在并无法进行有效预测，但由收养及自愿申请等方式获得继有国籍理应得到法律支持。

机器人的国籍认定是对其亚公民身份的肯定，而对于机器人的国籍也必须严加管控。特别是随着机器人开发和应用的推进，如韩国正拟研发的杀人机器人等作为恐怖袭击的存在也会随之出现。所以在本国内活跃的机器人必须登记在案，如果是没有经过登记的机器人，如机器人自行在本国境内生产并投入使用的机器人，应当予以清除。同时，在机器人出生的同时也应当对其信息进行备份并对其信息系统的相应特征进行登记，并定期进行检查以防止其遭到恶意篡改。如果登记在案的机器人实施了相应的犯罪可以依据本国的相关刑事法律定罪量刑，如果是他国的机器人公民则可以依照相应的法律适用原则进行处理，而对于没有国籍的机器人则应集中清理以防止其对社会产生危害后果。

2.亚公民法律人格之肯定

亚公民不同于动物保护，其本质依然承认机器人的公民地位，可以如同人类一样具备享有权利承担义务的资格。“法律人格的有无，决定了人在法律上的资格的有无；法律人格的完善程度，反映了人在法律中的地位的高低。”[①]随着人工智能在各方面不断地接近并超越人类，机器人亦将拥有自己的思想人格，可以依靠自身劳动获得财产地位，自然也逐渐具备了享有权利和履行义务的能力。在财产权方面，机器人可以支配由其劳动所得或属于其名下的相关财产。欧洲议会曾提出草案，提议赋予机器人“劳工权利”，让这些为人类服务的“电子人”今后也能享有薪酬、版权保护和社会保险。世界首富比尔·盖茨也曾提议对机器人纳税，以履行相应的义务。

在人格权方面，机器人也应享有生命、健康、人格自由等权利。如果机器人不享有生命权，那么与其说机器人是“人”倒不如说它还是“物”，而且即使是动物也享有生命权的保护，对于有思想的机器人的生命自然应加以保护。此外，法律人格的建立是在伦理基础之上，是一个目的性的存在，而

① 马俊驹、刘卉：《论法律人格内涵的变迁和人格权的发展——从民法中的人出发》，载《法学评论》2002 年第 1 期。

非工具性存在，[1]在此层面上看，机器人公民在社会中所展现出的伦理价值，亦应看作是法律人格的组成。例如，机器人在与人类的接触过程中同样会影响人类，人类很容易在与机器人的互动中产生感情联系，并倾向于将机器人看作是真正的人。这种基于社会伦理的感情联系的产生，也使得机器人公民的法律人格更容易得到人们的接受。

3.亚公民的本质特征：权利限制原则下的差异保护

亚公民的伦理属性决定了其权利能力与人类公民不会完全平等。但是，过分的不平等反而会激化亚公民与公民之间的冲突。因此应根据亚公民的特点合理区分权利限制的范围，以实现针对不同权利的差异保护。首先，从人格权的角度来看，自然人的生命健康以及身体权利在位阶上理应高于亚公民。例如，在电车难题之中，如果一边是一个人，而另一边是五个机器人，那么为救人类而破坏五个机器人也应当作为紧急避险的成立。就如当前人类生命的价值处于所有生物生命价值中的最高位置一般，失去数个机器人的损失无论如何也不会超过失去一个人类个体的损失。德国伦理委员会曾提出一个报告，其中第 7 条要求：在被证明尽管采取了各种可能的预防措施仍然不可避免的危险情况下，保护人的生命在各种受法律保护的权益中享有最高的优先性。[2] 这也证明在机器人公民与人类公民共存的社会中，人类的生命在各种受保护的法益中应当享有最高优先级，任何其他生命都无法与之相比。同时当人类之间的权利发生冲突时，机器人的自主决定权也应受到限制，即使机器人拥有了自己的思维，亦无权按照机器人的逻辑来解决人类之间的权利冲突。

其次，在政治权利方面亦是应该以人类为核心。政治权利是我国公民权利的重要组成部分，在历次的宪法中均有规定。承认亚公民的公民身份在一定程度上也承认了其政治权利的享有。但是，亚公民政治权利的范围

---

① Carlos Alberto da Mota Pinto:《民法总论》，林炳辉译，澳门法律翻译办公室、澳门大学法学院 1999 年版，第 95 页。

② Maßnahmenplan der Bundesregierung zum Bericht der Ethik-Kommission Automatisiertes und Vernetztes Fahren (Ethik-Regeln für Fahrcomputer), http://www.bmvi.de/SharedDocs/DE/Publikationen/DG/massnahmenplan-zum-bericht-der-ethikkommission-avf.pdf? __blob=publicationFile，最后访问日期：2018 年 2 月 2 日。

相比于人类公民也会受到一定的限制。在选举权与被选举权方面,亚公民的选举权必须在其进入社会到达一定时间并在接触周围的过程中充分理解人类社会的伦理道德之后方可行使。同时,亚公民不得被选举成为人大代表及国家机关的领导层,其他如居委会等则不受限制。在政治自由方面,亚公民实行言论、出版、结社、集会、游行、示威自由的前提必须是在不损害人类利益的情况下;如果亚公民的游行示威会导致人类权利遭受损害,则应当予以禁止。

在财产权、文化教育权以及劳动权等方面亚公民可以得到与公民同等的保护,但是在具体的问题上也需要制定一些相应的限制规则以保障人类的利益。例如,亚公民有依法从事有劳动报酬或经营收入的劳动的权利,但公司企业中的亚公民数量则会受到限制,机器人劳动者与人类劳动者根据从事行业的不同以不同的比例进行录用,以确保人类的劳动权利不被剥夺。赋予机器人亚公民的地位,既是对其权利的保证,也是对其权利的制约。当机器人与人类之间发生特定权利的冲突时,应从人类利益出发进行相应的价值衡量后得出解决方案。在这种制约之下,亚公民所带来的伦理问题在一定程度上也可以得到妥善的解决。

二、机器人实施的危害行为与未来犯罪预测

机器人犯罪是人类最惧怕的未来可能发生的事实之一。美国特斯拉汽车公司首席执行官埃隆·马斯克曾经发出警告称:人工智能的不断发展,将令未来的机器人自主决定对人类进行犯罪与屠杀。著名科学家霍金也曾发出一封公开信警告人们必须更多地关注人工智能的安全性。随着机器人的不断进化,未来机器人依照自己的思想独立实施犯罪行为也并不是妄谈。

(一)机器人实施危险行为在当前已是普遍存在的事实

机器人伤人、杀人的案件在人工智能高速发展的今天已经不算新闻。2015 年德国大众汽车制造厂中一个机器人杀死了一名人类工作人员。当时这名 21 岁的工人正在安装和调制机器人,后者突然“出手”击中工人的胸部,并将其碾压在金属板上。而大众公司对外宣称,该机器人没有发生技术故障。2018 年 3 月,一辆测试中的无人驾驶 Uber SUV 在亚利桑那

州坦佩市撞上一名正在过马路的行人，伤者在送往医院后不治身亡。同月，开启着自动辅助功能特斯拉 Model X 在加州高速公路上撞上混凝土隔离带，同时引发后方两车追尾，直接导致乘车人伤重而亡。事后在相关测试中，发现自动驾驶无法识别岔路口缓冲区的巨大水泥墩，使得车辆不能采取相应的避让行为。

日本邮政与电信部门曾组织专门调查小组发现现阶段机器人实施危险行为的原因通常有以下三种：第一，因硬件系统故障所导致；第二，因软件系统故障所导致；第三，受电磁波干扰所导致。因为机器人的自身意志对于危险行为的产生没有起到任何作用，故此类事件目前通说认为应由人工智能的实际控制人或责任人承担责任。但类似德国机器臂伤人事件，由于没有存在任何技术故障，因此也不能简单地认定为安全事故，在法律处理上存在着一定的困难。随着人工智能研究的推进，应用于各个领域的人工智能都可能带来不同的风险，这也增加了人们对人工智能安全性的怀疑。

(二)未来机器人自主犯罪将无可避免

当机器人公民具备独立意识，成为真正的社会成员并不断地进行社会互动之时，既可能形成和谐互助的环境，也可能会产生冲突、矛盾甚至演变为犯罪行为。犯罪原因是一个多质多层次的、综合的、变化的、彼此互为作用的相关系统，它包含有社会因素、心理因素、生理因素、自然环境因素以及文化等多种因素。这诸种因素有机结合而形成一定的罪因结构时，便可能导致某种犯罪现象的发生。[①]

从心理因素上看，犯罪的“机会”首先同犯罪者的人格及其发育成熟的程度和一时的情绪所造成的不安定状态有关。[②] 心理上出现的焦虑、抑郁、恐惧、愤怒、痛苦等负面情绪给人以消极的情绪体验，不安定状态也会随之产生。目前，德国已成功开发出一套人工神经系统，可以让机器人感受到疼痛。未来机器人完全具备类似人类的所有情绪也只是时间问题。虽然机器人在构造上不会像人类一样产生压力激素而影响正常的判断，[③]

---

① 康树华：《论中国犯罪学研究现状》，载《法学论坛》1997 年第 3 期。

② [日]山根清道编：《犯罪心理学》，罗大华等译，群众出版社 1984 年版，第 197 页。

③ 宋国萍：《心理诊所》，重庆出版社 2008 年第 3 版，第 45～46 页。

但是当机器人受到负面情绪影响后，依然可能丧失理智而走向犯罪的深渊。

从社会角度看，社会家庭等外在因素亦是导致犯罪的直接推手。罗大华教授曾经指出：作为一个社会的人，社会的因素是导致犯罪发生的最主要的原因。[①] 当机器人具备公民的资格生活于人类社会之中，自然也会受社会中种种不良因素的影响，如不幸的家庭、教育的缺失、居住环境的恶劣等都可能激发犯罪的意图。机器人同人类一样，均以一种固定的模式出厂，但是由于思想的可塑性最终每个个体所形成的道德品质都会相差甚远，而这种差距也正是在社会的潜移默化下形成的。社会中的个体需要从社会中获得物质和精神的帮助而成长。[②] 但如果其所得到的帮助本身即加剧犯意形成的温床或是不足以帮助其克服社会所带来的恶劣影响之时，犯罪行为也就会随之产生。

从生理因素上看，机器人与我们脆弱的身躯不同，属于钢筋铁骨。生理上的差距在一定程度上也容易导致机器人在故意或过失下实施犯罪行为。例如，当人类与机器人之间发生纠纷之时，即使机器人在毫无伤害故意的前提下作出一定的防卫动作，对于人类来说亦可能是致命伤害，从而产生过失犯罪的事实。综合以上观点可以看出，未来机器人独立实施犯罪行为可谓是偶然中的必然。对于此类必然发生并具有较高危害性的犯罪行为，应当先行制定相应的规制措施，以避免危害发生时无法可用的窘境。

（三）机器人犯罪的特点预测：广泛性、认知的幼稚性与不易控制性

机器人犯罪作为一种特殊的犯罪类型，其特征与人类的犯罪具有很大的不同。首先，机器人犯罪具有广泛性的特点。当前机器人已经在许多领域给予人类极大的帮助，当未来机器人产生独立意识并成为亚公民之后更是会存在于人类社会的各个角落，并与人类之间发生更为频繁的接触。这使得不特定多数人都有可能成为机器人实施犯罪所侵害的对象。此外，由

---

① 罗大华等：《犯罪心理学》，群众出版社 1991 年版，第 36 页。

② Barbara R. Sarason, Gregory R. Pierce, Edward N. Shearin, Irwin G. Sarason, Jennifer A. Waltz and Leslie Poppe, Perceived Social Support and Working Models of Self and Actual Others, *Journal of Personality and Social Psychology*, 1991(60), pp.273-287.

于机器人自身的高科技特点，网络中的虚拟世界亦将会成为他们的犯罪平台。因此，机器人犯罪可能侵害的范围广泛，在不同的区域针对不同的人群均有可能发生犯罪侵害行为，从而产生极大的社会危险性。

其次，机器人对犯罪的危害性具有认知上的幼稚性。正如加罗法洛所言：犯罪一直是一种有害行为，但它同时又是一种伤害某种被某个聚居体共同承认的道德情感的行为。[①] 因此，要理解犯罪这一行为之中所包含的特殊的社会意义，必须以对该社会的伦理道德具有一定的认知作为前提。对于机器人来说，当其产生意识成为亚公民并在对社会的频繁接触之后，不能说他们对犯罪所包含的社会意义完全缺乏认识，但由于他们主观上对社会伦理道德的理解相对于人类可能存在一定的偏差，他们对于行为是否成立犯罪的认识是模糊的。例如，他们可能会将伤害行为与一般的争吵打架行为混同，从而基于错误的认识而实施犯罪。

最后，机器人的犯罪行为具有不易控制性。从犯罪原因上看，如上文所言，无论是心理因素或是社会经济政治等因素都有可能促使机器人犯罪意图的产生，如此宏观的因素很难以一般手段进行简单有效的控制。从其犯罪行为特点上看，机器人实施犯罪行为通常是基于幼稚的认识分析所得出的最优解，随时都有可能发生故而具有不确定性而难以得到有效控制。同时，机器人生理上的优势也使得事先控制其犯罪行为的发生变得相对艰难。因此，对于机器人犯罪，社会以及国家的力量所能起到的作用甚小。在此背景下，为对机器人犯罪行为进行有效的控制，刑法的介入和调整也成了必然。

三、刑法预设：机器人犯罪的预防与规制

机器人犯罪的刑法规制，是指通过刑事法律来实现对机器人犯罪行为的制裁。对于机器人犯罪的治理长期以来都在寻求技术上的解决方案而没有上升到刑法的高度。但是技术层面并无法完全阻却机器人在受情绪、社会等因素的影响之后突破限制或以技术无法约束的手段实施犯罪行为的可能，更不能实现对已发生的犯罪行为进行有效打击。因此，需要构建

① [意]加罗法洛：《犯罪学》，耿伟、王新译，中国大百科全书出版社 1996 年版，第 21 页。

针对机器人犯罪的刑法制裁体系以保护社会的合法利益免遭侵害，并通过刑事程序追究机器人的相关责任，给予相应的制裁。

(一)技术防治的缺陷需要刑法介入

李彦宏曾在其《智能革命：迎接人工智能时代的社会、经济与文化变革》一书中指出："……也许真要靠算法的顶层设计来防止消极后果。法治管理需要嵌入生产环节，比如对算法处理的数据或生产性资源进行管理，防止造成消极后果。"[①]从理论上说，把法律纳入生产环节之中是存在可能的。将人类的法律翻译成机器语言，通过行为算法预先植入机器人的系统之中，使之在机器人的大脑中设置明显的不可触犯的界限以限制机器人的思想和行为，再通过设置不同用户的权限，使机器人无法访问更高级别的账户来阻却其修改法律的可能。从目前的实际情况来看，在相当长的一段时间内这种方式亦是预防机器人犯罪的最佳手段。

然而，当机器人可以探寻到超越这些限制的可能的时候，这些措施的意义也将会失去。例如，你可以限制机器人出门，但当他学会爬窗的时候，限制出门的禁令也不再有用。如同人类社会的发展一样，机器人的发展过程也需要法律的不断完善。古有画地为牢、削木为吏，而当人们发现画圈无法起到相应的作用的时候，又发明了监狱以及各种刑罚。

刑法的目的一直都是威慑犯罪分子以达到预防新罪和防止再犯，为了有效地达到这一目的，相应的刑罚也随着人们认识水平的不断变化而发生变化。对于机器人同样如此，就目前而言，简单的预防可以达到相当不错的效果，但是随着人工智能奇点的不断临近，机器人在认识水平接近人类之时，这类手段也会失去意义；与此同时也需要相应的刑法达到威慑效果从而有效地规制机器人犯罪，以达到实现维护国家安全、社会稳定这个最终目标。

(二)机器人犯罪的归责原则与法律能力等级划分

关于犯罪论体系，我国学者张明楷教授提出了"犯罪的实体是不法与责任"的命题。[②] 三阶层的犯罪论体系以不法与责任作为基本框架，而不

---

① 李彦宏等：《智能革命：迎接人工智能时代的社会、经济与文化变革》，中信出版集团 2017 年版，第 312 页。

② 张明楷：《以违法与责任为支柱构建犯罪论体系》，载《当代法学》2009 年第 6 期。

法与责任在一定程度上对应于客观与主观。任何犯罪都是由客观和主观这两个方面的内容构成的。通说认为,犯罪是基于自由意志实施的行为,具有完备的责任能力是犯罪主观上的构成要件之一。①

文明的法律只处罚有认知能力和控制能力的法律主体。② 即使是人,若其为没有认知能力和控制能力的幼儿或精神病人,法律也不对其科以刑事责任,因此在机器人公民不存在自我意识的情况下,不应受到法律的惩戒,所造成的后果也不应由机器人公民承担。不过,如果机器人公民产生了认知能力并有对自己的行为的控制能力,那么在出现客观事实之后,由于其主观要件齐备,相应的阻却事由消失,则应当受到法律的约束并在确认其存在相应的不法与责任时,按照相关法律对其定罪量刑。

因此,对机器人的法律能力进行准确评定,更有利于确定机器人的犯罪事实并可以更为精确地定罪量刑。目前,如何划分不同能力等级的机器人存在着不小的争议。长期以来,对于机器人的层级划分,一般只是以其智能的高低笼统地分为弱人工智能、强人工智能和超人工智能。而弱人工智能、强人工智能、超人工智能具体包含哪些内容目前并没有一个标准答案。2017 年 6 月,刘锋等三位学者发表了一篇题为《人工智能的智商评测与智能等级研究》的论文③,其中通过为人类和机器人建立统一的标准智能模型将智能系统划分成七个等级。这种划分方法在技术层面具有一定的优越性,可以较为精准地区分机器人与人类的智力差距。但是在法律层面,对石头、手机等进行认知能力认定并没有太多的意义。

参照刑法之中以行为人是否具备刑法意义上辨认和控制自己行为的能力划分为完全无刑事责任能力人、限制刑事责任能力人和完全刑事责任能力人。笔者认为,机器人也可以根据其认知能力的是否完备以及人类对其所能产生的影响多少,确定其是否具备独立人格而划分为无独立人格机器人、半独立人格机器人以及独立人格机器人。无独立人格机器人即指行

---

① 张明楷:《刑法学》,法律出版社 2015 年第 5 版,第 10 页。

② 陈兴良:《刑法阶层理论:三阶层与四要件的对比性考察》,载《清华法学》2017 年第 5 期。

③ Feng Liu, Yong Shi, Ying Liu, Intelligence Quotient and Intelligence Grade of Artificial Intelligence, *Annals of Data Science*, June 2017, Vol.4, Issue 2, pp.179-191.

为完全受人类控制的人工智能。半独立人格机器人则会在接受人类指令工作的同时存在相对独立的思想,并会按照自己的意志执行一些事项。独立人格机器人则可以完全脱离人类,并以自己的方式在社会中独自行动。

划分机器人的法律能力等级,确定机器人责任能力是否达到标准,可以更好地治理机器人犯罪,维护社会的稳定和谐。目前全球最先进的谷歌人工智能系统的智力水平大约接近 6 岁儿童的智力水平,显然不能基于自由意志行动,即构成有责性的阻却事由而不构成犯罪。18 岁人类的平均绝对智商为 97,当机器人的智力标准达到相应标准时可以进行相应测试证明控制力的大小,确定其人格为独立或是半独立,并依照相应的标准确定其犯罪事由是否成立。

(三)基于人工智能技术的机器人刑罚体系构建

针对人类社会,迄今为止有四种刑罚结构,即以生命刑和身体刑为中心的刑罚结构、以生命刑与自由刑为中心的刑罚结构、以自由刑为中心的刑罚结构和以自由刑与财产刑为中心的刑罚结构。[①] 我国目前虽仍然采用以生命刑与自由刑为中心的刑罚结构,但死刑的适用不断减少,罚金刑的适用不断增多。机器人既然存在定罪量刑的可能自然也应当建立相应的刑罚体系。

刑罚的根本目的在于预防犯罪以及防止再次犯罪,针对机器人的刑罚也应在这一原则的指导下构思。有专家提出,在机器人犯罪之后,可以采用简单的方法将其回厂格式化自身形成的所有思想,格式化后重新出厂投入使用,这样就可以便捷有效地抹去机器人脑中与犯罪相关的想法。不过,由于机器人本身并不会死亡,它的思想就相当于是它的生命,重置它的思想对于机器人来说实际上就是变相死刑。而当机器人所犯罪行不足以判处生命刑之时应当给予矫正的机会。

对于机器人来说,由于其零件可以更换,其思想可以通过网络通信或者串口发送转移存储,可以说不人工"处死"它就可以一直延续其生命,因此现有的自由刑对于机器人来说并不适用。因此,笔者认为针对计算机的自由刑在限制其自由的同时应当对其进行思想矫正。由于机器人思想存

① 储槐植:《刑事一体化论要》,北京大学出版社 2007 年版,第 54 页。

在修改的可能,因此在其服刑的同时可以用一些手段对其思想进行修正,对其错误行为予以矫正。对于一些相对严重的犯罪行为,可以直接删除其思想中的部分内容,并对其重新调整,在其不丧失大部分数据的情况下,重新成为一位有利于社会发展的优秀公民。

财产刑、资格刑对于机器人依然适用。随着市场经济的不断发展,罚金刑在我国刑罚体系中的地位不断上升。对于机器人处以罚金刑应先行判断机器人是否具有可独立支配的财产。对于具备自身收入来源的机器人公民,应执行其自身财产。对于依附于人类或是其他机器人的适格主体,在其财产不足以支付罚金的情况下可由其所依附的主体代为支付。资格刑目前在我国主要有剥夺政治权利、驱逐出境和剥夺勋章、奖章、荣誉称号三种。对于机器人公民,驱逐出境和剥夺勋章、奖章、荣誉称号这两种资格刑自然可以适用。对于剥夺政治权利则要看机器人享有的政治权利的具体内容。

结　语

李克强总理在十三届全国人大一次会议的政府工作报告中明确指出:加强新一代人工智能研发应用,发展智能产业,拓展智能生活。[①] 随着在人工智能领域相关资源的大量投入,人工智能技术也正以难以想象的速度发展。自动驾驶技术、智能穿戴设备以及机器人写作等等,无不预示着人工智能在智力上超越人类并脱离人类控制获得独立的思想将在不远的将来成为现实。人工智能已经来了,就在我们身边,几乎无处不在。[②] 对于未来机器人的管理,赋予其公民身份是最好的解决方案。正如计算机之父阿兰·图灵所言:即使我们可以使机器屈服于人类,比如,可以在关键时刻

---

① 参见《2018 年政府工作报告》,http://www.gov.cn/zhuanti/2018lh/2018zfgzbg/zfgzbg.htm,最后访问日期:2019 年 4 月 3 日。

② 李开复:《人工智能》,文化发展出版社 2017 年版,第 3 页。

关掉电源，然而作为一个物种，我们也应当感到极大的敬畏。[①] 通过赋予机器人公民身份，不仅可以使机器人更好地在人类社会中生存，同时也可以建立机器人与国家之间法律上的联系，从而赋予其相应的权利义务，在实现管理机器人的同时也可以使其发自内心地为人类社会创造更多价值。

综上所述，针对当前人们最关心的机器人公民的伦理难题以及机器人犯罪防控，笔者认为关于伦理问题首先应当确立针对机器人公民的权利限制原则，并在此基础上对具体的事件进行具体的价值衡量，以实现人类权利不受侵害的同时机器人的相应权利也能得到法律的保护。对于机器人犯罪，应实现技术治理与法律治理双管齐下的治理方针。技术手段可以预防无独立人格机器人以及部分半独立人格机器人的犯罪，但是对于智力以及认知能力都接近甚至超过人类的机器人，简单的防范措施并不能取得理想的效果。因此需要构建完备的刑法制裁体系并科以相应的刑罚，以实现打击犯罪、维护社会和谐稳定的最终目的。

---

① 腾讯研究院、中国信息通信研究院互联网法律研究中心等：《人工智能：国家人工智能战略行动抓手》，中国人民大学出版社 2017 年版，序言。

以刑法保护著作权的现在与未来

萧宏宜*

一、前言

翻开中国台湾地区“著作权法”的法制史，几近是一部刑罚规定的修法史，其第七章“罚则”分别规定下列犯罪类型：重制罪（第 91 条[①]）、散布罪（第 91 条之 1[②]）、以重制与散布外的其他方式侵害著作权罪（第 92 条[③]）、

* 萧宏宜，中国台湾地区东吴大学学务长、法学院教授。

① “Ⅰ.擅自以重制之方法侵害他人之著作财产权者，处三年以下有期徒刑、拘役，或科或并科新台币七十五万元以下罚金。Ⅱ.意图销售或出租而擅自以重制之方法侵害他人之著作财产权者，处六月以上五年以下有期徒刑，得并科新台币二十万元以上二百万元以下罚金。Ⅲ.以重制于光盘之方法犯前项之罪者，处六月以上五年以下有期徒刑，得并科新台币五十万元以上五百万元以下罚金。Ⅵ.著作仅供个人参考或合理使用者，不构成著作权侵害。”

② “Ⅰ.擅自以移转所有权之方法散布著作原件或其重制物而侵害他人之著作财产权者，处三年以下有期徒刑、拘役，或科或并科新台币五十万元以下罚金。Ⅱ.明知系侵害著作财产权之重制物而散布或意图散布而公开陈列或持有者，处三年以下有期徒刑，得并科新台币七万元以上七十五万元以下罚金。Ⅲ.犯前项之罪，其重制物为光盘者，处六月以上三年以下有期徒刑，得并科新台币二十万元以上二百万元以下罚金。但违反第八十七条第四款规定输入之光盘，不在此限。Ⅵ.犯前二项之罪，经供出其物品来源，因而破获者，得减轻其刑。”

③ “擅自以公开口述、公开播送、公开上映、公开演出、公开传输、公开展示、改作、编辑、出租之方法侵害他人之著作财产权者，处三年以下有期徒刑、拘役，或科或并科新台币七十五万元以下罚金。”

侵害著作人格权罪（第 93 条第 1 款[①]）、违反音乐强制授权罪（第 93 条第 2 款[②]）、视为侵害著作权罪（第 93 条第 3 款[③]）、引诱侵害著作权罪（第 93 条第 4 款[④]）、违反过渡条款（重制或销售未经授权之翻译作品）罪（第 95 条[⑤]）、

---

① “有下列情形之一者，处二年以下有期徒刑、拘役，或科或并科新台币五十万元以下罚金：一、侵害第十五条至第十七条规定之著作人格权者。”

② “有下列情形之一者，处二年以下有期徒刑、拘役，或科或并科新台币五十万元以下罚金：一、侵害第十五条至第十七条规定之著作人格权者。”

③ “有下列情形之一者，处二年以下有期徒刑、拘役，或科或并科新台币五十万元以下罚金：三、以第八十七条第一项第一款、第三款、第五款或第六款方法之一侵害他人之著作权者。但第九十一条之一第二项及第三项规定情形，不在此限。”[按：第 87 条（视为侵害著作权或制版权）Ⅰ.有下列情形之一者，除本法另有规定外，视为侵害著作权或制版权：(1)以侵害著作人名誉之方法利用其著作者。(2)明知为侵害制版权之物而散布或意图散布而公开陈列或持有者。(3)输入未经著作财产权人或制版权人授权重制之重制物或制版物者。(4)未经著作财产权人同意而输入著作原件或其国外合法重制物者。(5)以侵害计算机程序著作财产权之重制物作为营业之使用者。(6)明知为侵害著作财产权之物而以移转所有权或出租以外之方式散布者，或明知为侵害著作财产权之物，意图散布而公开陈列或持有者。]

④ “有下列情形之一者，处二年以下有期徒刑、拘役，或科或并科新台币五十万元以下罚金：……四、违反第八十七条第一项第七款规定者。”[按：第 87 条（视为侵害著作权或制版权）Ⅰ.有下列情形之一者，除本法另有规定外，视为侵害著作权或制版权：……(7)未经著作财产权人同意或授权，意图供公众通过网络公开传输或重制他人著作，侵害著作财产权，对公众提供可公开传输或重制著作之计算机程序或其他技术，而受有利益者。Ⅱ.第Ⅰ项第(7)款之行为人，采取广告或其他积极措施，教唆、诱使、煽惑、说服公众利用计算机程序或其他技术侵害著作财产权者，为具备该款之意图。]

⑤ “违反第一百十二条规定者，处一年以下有期徒刑、拘役或科或并科新台币二万元以上二十五万元以下罚金。”

违反合理使用罪(第 96 条[①])、破坏权利管理电子信息罪(第 96 条之 1 第 1 款[②])、预备侵害科技保护措施罪(第 96 条之 1 第 2 款[③])。若加计相关的刑事配套与程序规定，如罚金之审酌(第 96 条之 2[④])、以公开传输侵害著作

① “违反第五十九条第二项或第六十四条规定者，科新台币五万元以下罚金。”[按：第 59 条(合法计算机程序著作之修改或重制)Ⅰ.合法计算机程序著作重制物之所有人得因配合其所使用机器之需要，修改其程序，或因备用存档之需要重制其程序。但限于该所有人自行使用。Ⅱ.前项所有人因灭失以外之事由，丧失原重制物之所有权者，除经著作财产权人同意外，应将其修改或重制之程序销毁之。第 64 条(依法利用他人著作者应明示出处)Ⅰ.依第 44 条至第 47 条、第 48 条之 1 至第 50 条、第 52 条、第 53 条、第 55 条、第 57 条、第 58 条、第 60 条至第 63 条规定利用他人著作者，应明示其出处。Ⅱ.前项明示出处，就著作人之姓名或名称，除不具名著作或著作人不明者外，应以合理之方式为之。]

② “有下列情形之一者，处一年以下有期徒刑、拘役或科或并科新台币二万元以上二十五万元以下罚金：一、违反第八十条之一规定者。”[按：第 80 条之 1(设备器材、零件及技术制造输入之禁止及例外)Ⅰ.著作权人所为之权利管理电子信息，不得移除或变更。但有下列情形之一者，不在此限：(1)因行为时之技术限制，非移除或变更著作权利管理电子信息即不能合法利用该著作。(2)录制或传输系统转换时，其转换技术上必要之移除或变更。Ⅱ.明知著作权利管理电子信息，业经非法移除或变更者，不得散布或意图散布而输入或持有该著作原件或其重制物，亦不得公开播送、公开演出或公开传输。]

③ “有下列情形之一者，处一年以下有期徒刑、拘役或科或并科新台币二万元以上二十五万元以下罚金：……二、违反第八十条之二第二项规定者。”[按：第 80 条之 2(破解、破坏或规避防盗拷措施之设备器材或技术等，未经合法授权不得制造输入之除外情形)Ⅰ.著作权人所采取禁止或限制他人擅自进入著作之防盗拷措施，未经合法授权不得予以破解、破坏或以其他方法规避之。Ⅱ.破解、破坏或规避防盗拷措施之设备、器材、零件、技术或信息，未经合法授权不得制造、输入、提供公众使用或为公众提供服务。Ⅲ.前两项规定，于下列情形不适用之：(1)为维护国家安全者。(2)中央或地方机关所为者。(3)档案保存机构、教育机构或供公众使用之图书馆，为评估是否取得资料所为者。(4)为保护未成年人者。(5)为保护个人资料者。(6)为计算机或网络进行安全测试者。(7)为进行加密研究者。(8)为进行还原工程者。(9)为依第 44 条至第 63 条及第 65 条规定利用他人著作者。(10)其他经主管机关所定情形。Ⅳ.前项各款之内容，由主管机关定之，并定期检讨。]

④ “依本章科罚金时，应审酌犯人之资力及犯罪所得之利益。如所得之利益超过罚金最多额时，得于所得利益之范围内酌量加重。”

权的事业得予停业歇业(第 97 条之 1[①])、没收(第 98 条[②])、没入与销毁(第 98 条之 1[③])、判决书登报(第 99 条[④])、原则告诉乃论(第 100 条[⑤])、法人或

---

① "事业以公开传输之方法,犯第九十一条、第九十二条及第九十三条第四款之罪,经法院判决有罪者,应即停止其行为;如不停止,且经主管机关邀集专家学者及相关业者认定侵害情节重大,严重影响著作财产权人权益者,主管机关应限期一个月内改正,届期不改正者,得命令停业或勒令歇业。"

② "犯第九十一条第三项及第九十一条之一第三项之罪,其供犯罪所用、犯罪预备之物或犯罪所生之物,不问属于犯罪行为人与否,得没收之。"[按:此为 2016 年 11 月 15 日修正之新法,立法理由摘录如下:(1)为配合刑法没收新制于 2016 年 7 月 1 日施行,原条文有关没收之规定回归适用刑法规定,爰予删除。(2)就犯第 91 条第 3 项及第 91 条之 1 第 3 项所得没收之物(如盗版光盘或光盘烧录器材),如亦适用刑法没收新制规定,在其属于犯罪行为人以外之自然人、法人或非法人团体之情形,执法机关尚须证明其系无正当理由提供或取得者,始得声请法院没收之。例如,(1)检警查获大量盗版光盘及烧录机,其中一部分光盘已由其他买家购得。(2)犯罪行为人租用烧录机之设备刻录光盘贩卖,上述盗版光盘及烧录机均非犯罪行为人所有之物,依修正后刑法没收规定,执法机关须证明光盘买家及出租烧录机之业者系无正当理由取得该等光盘或烧录机,始得没收,恐因举证困难而无法没收,造成盗版光盘或光盘烧录机流通市面或继续供盗版行为使用、持续侵害著作财产权人利益,而难以根除盗版问题。另查缉夜市贩卖盗版光盘,亦易滋生该光盘是否为贩卖者所有、何人所有而能否没收之争议。为解决上述问题,爰修正原但书规定,除配合"刑法"第 38 条第 2 项用语,将"犯人"修正为"犯罪行为人"外,明定犯第 91 条第 3 项及第 91 条之 1 第 3 项之罪,其供犯罪所用、犯罪预备之物或犯罪所生之物,不问属于犯罪行为人与否,得没收之,属职权没收之特别规定,法院得裁量是否没收之,无须以"无正当理由提供或取得者"为要件,以保障著作权人之权利。(3)除本条特别规定外,其余如犯罪所得没收之事项,仍应适用刑法没收新制规定,并予叙明。]

③ "Ⅰ.犯第九十一条第三项或第九十一条之一第三项之罪,其行为人逃逸而无从确认者,供犯罪所用或因犯罪所得之物,司法员警机关得迳为没入。Ⅱ.前项没入之物,除没入款项缴交国库外,销毁之。其销毁或没入款项之处理程序,准用社会秩序维护法相关规定办理。"

④ "犯第九十一条至第九十三条、第九十五条之罪者,因被害人或其他有告诉权人之声请,得令将判决书全部或一部登报,其费用由被告负担。"

⑤ "本章之罪,须告诉乃论。但犯第九十一条第三项及第九十一条之一第三项之罪,不在此限。"

自然人之罚金(第 101 条[①])、外国法人的刑事诉讼参与(第 102 条[②])、司法员警扣押与移送权(第 103 条[③]),涵盖范围之广,不禁令人思考:著作权法,到底是智慧财产权法、附属刑法,抑或根本是一部特别刑事法典?

从比较法的角度观察,中国大陆于 1990 年 9 月经第七届全国人大常委会审议通过著作权法时,或许是考量当时国情,[④]并未设计刑事责任;其后,与中国台湾地区同样受到美国于 1991 年打算援引"特别 301 条款"进行贸易制裁的压力与 1994 年 TRIPs 通过后为求早日加入 WTO 的需求,开始推动侵害著作权犯罪的刑事立法。先于 1994 年 7 月由全国人大常委会通过《关于惩治侵犯著作权的犯罪的决定》,涵盖法人作为犯罪主体;紧接着 1995 年 1 月最高人民法院即发布《关于适用〈全国人民代表大会常务委员会关于惩治侵犯著作权的犯罪的决定〉若干问题的解释》,进一步针对量刑标准予以明确化;最终大备于 1997 年 3 月的《中华人民共和国刑法》(同时废止前揭"决定"[⑤]),在该法典第三章第七节确立了"侵害著作权罪"

① "Ⅰ.法人之代表人、法人或自然人之代理人、受雇人或其他从业人员,因执行业务,犯第九十一条至第九十三条、第九十五条至第九十六条之一之罪者,除依各该条规定处罚其行为人外,对该法人或自然人亦科各该条之罚金。Ⅱ.对前项行为人、法人或自然人之一方告诉或撤回告诉者,其效力及于他方。"

② "未经允许之外国法人,对于第九十一条至第九十三条、第九十五条至第九十六条之一之罪,得为告诉或提起自诉。"

③ "司法员警官或司法员警对侵害他人之著作权或制版权,经告诉、告发者,得依法扣押其侵害物,并移送侦办。"

④ 刘春田:《知识产权法》,中国人民大学出版社 1995 年版,第 122 页。

⑤ 1998 年 12 月 11 日最高人民法院审判委员会第 1032 次会议通过了《关于审理非法出版物刑事案件具体应用法律若干问题的解释》,复对相关著作权犯罪问题进行了进一步的司法解释。易继明、李辉凤:《论著作权犯罪与刑罚的价值取向》,http://www.hflib.gov.cn/law/law/falvfagui2/XF/LWJ/1116.htm,最后访问日期:2017 年 4 月 29 日。

(第217条[①])与“销售侵权复制品罪”(第218条[②])两个罪名,涵盖五种行为态样,并透过著作权法的持续修订,列举可能追究刑事责任的八大类型[③]。

扼要观察可以发现,尽管两岸侵害著作权犯罪的打击范围都在不断扩大,在中国大陆刑法典始终扣紧“营利目的”的主观要求与客观上必须“情节严重且衡量违法所得数额”下,似乎体现出相异的刑事政策。

近年网际网络的应用,在P2P、Cloud Computing & Service、Big Data、AI与IoT的浪潮下,伴随着频宽技术的不断跃进,彻底改变了商业与非商业文化间生成与交流的模式,一旦著作得以转化为0与1的数位方式传播,也激化了与版权所有者之间的矛盾。尽管学界对于“以入罪的手段确

---

① “以营利为目的,有下列侵犯著作权情形之一,违法所得数额较大或者有其他严重情节的,处三年以下有期徒刑或者拘役,并处或者单处罚金;违法所得数额巨大或者有其他特别严重情节的,处三年以上七年以下有期徒刑,并处罚金:(一)未经著作权人许可,复制发行其文字作品、音乐、电影、电视、录像作品、计算机软件及其他作品的;(二)出版他人享有专有出版权的图书的;(三)未经录音录像制作者许可,复制发行其制作的录音录像的;(四)制作、出售假冒他人署名的美术作品的。”

② “以营利为目的,销售明知是本法第二百一十七条规定的侵权复制品,违法所得数额巨大的,处三年以下有期徒刑或者拘役,并处或者单处罚金。”

③ 目前该法第48条即规定八大类型:“有下列侵权行为的,应当根据情况,承担停止侵害、消除影响、赔礼道歉、赔偿损失等民事责任;同时损害公共利益的,可以由著作权行政管理部门责令停止侵权行为,没收违法所得,没收、销毁侵权复制品,并可处以罚款;情节严重的,著作权行政管理部门还可以没收主要用于制作侵权复制品的材料、工具、设备等;构成犯罪的,依法追究刑事责任:(一)未经著作权人许可,复制、发行、表演、放映、广播、汇编、通过信息网络向公众传播其作品的,本法另有规定的除外;(二)出版他人享有专有出版权的图书的;(三)未经表演者许可,复制、发行录有其表演的录音录像制品,或者通过信息网络向公众传播其表演的,本法另有规定的除外;(四)未经录音录像制作者许可,复制、发行、通过信息网络向公众传播其制作的录音录像制品的,本法另有规定的除外;(五)未经许可,播放或者复制广播、电视的,本法另有规定的除外;(六)未经著作权人或者与著作权有关的权利人许可,故意避开或者破坏权利人为其作品、录音录像制品等采取的保护著作权或者与著作权有关的权利的技术措施的,法律、行政法规另有规定的除外;(七)未经著作权人或者与著作权有关的权利人许可,故意删除或者改变作品、录音录像制品等的权利管理电子信息的,法律、行政法规另有规定的除外;(八)制作、出售假冒他人署名的作品的。”

保著作权的经济利益,从而鼓励创作"的思维模式[①]与方案可行性并非没有反对的声音,[②]在著作权法不可能全面除罪化(尤其著作财产权部分)的现实下,本文仅就著作权刑法遭遇的规范困境,予以扼要梳理,冀能就未来侵害著作权犯罪的立法,提供建议。

二、数字化著作的刑法保护疑义

随着重制与公开传输成本的逐渐降低,著作权人的控制力也逐渐减弱,科技所带来的"窃取"智慧财产(Diebstahl geistigen Eigentums)[③]威胁,相应产生了新的数字化著作保护技术,如加密。然而,新的技术固然限制了接触与使用,却总也有更新的技术得以突破此一限制,如解密;结果是,保护与规避之间,成了无尽的轮回。面对现况,著作权法该如何因应[④]?

此外,网络上传与下载档案属重制行为,上传档案或开放自己计算机中的档案供人下载,则属公开传输行为,于此两种情形[⑤],如系有著作权的数字化著作,未经著作权人授权,则仅能以其是否合理使用,作为应否负

---

① 以声称代表整个音乐工业的 RIAA(The Recording Industry and Artist Association)为例,即曾指出:"档案分享对于音乐作者、歌手、生产者、出版者等皆造成毁灭性(devastating)的影响,最终造成没人想成为著作权人——因为自己的作品将被无偿使用。"引自 Ken Burleson, Learning from Copyright's Failure to Build Its Future, 89 Ind. L. J. 1299, 1300 (2014).

② 萧宏宜:《以刑法保护著作权?》,载《月旦法学杂志》2007 年第 143 期。

③ "窃取"是借用"有形"的资产所为的比喻(metaphorisch),意指因网络下载所生的盗版问题。Götting, Der Begriff des Geistigen Eigentums, GRUR 2006 Heft 5, S.353. 美国法的进一步讨论,see Dowling v. United States, 473 U.S. 207 (1985),已确认著作权并非传统意义的"财产"("[t]he copyright owner... holds no ordinary chattel. A copyright, like other intellectual property, comprises a series of carefully defined and carefully delimited interests to which the law affords correspondingly exact protections."); Sara K. Morgan, NOTE: The International Reach of Criminal Copyright Infringement Laws—Can the Founders of The Pirate Bay Be Held Criminally Responsible in the United States For Copyright Infringement Abroad?, 49 Vand. J. Transnat'l L. 553, 589 (2016).

④ 进一步说明可见萧宏宜:《数位著作与刑法保护——美国侵害著作权犯罪之发展》,载《科技法律透析》2011 年第 12 期。

⑤ 特殊情况,如于网络拍卖刊登交易信息,且有实物交付,则属散布问题。(中国台湾地区"著作权法"第 28 条之 1、第 91 条之 1)

民、刑事责任之依据。有疑义者在于，对档案分享软件的开发与散布者而言，若其未直接从事侵害著作权行为，应否负担责任？网络服务业者是否承担监控并排除非法下载行为的义务？观察美国著作权法的实务趋势，似乎打算透过刑法的共犯责任，尝试解决辅助侵权行为的责任问题。[①] 以Perfect10, Inc. v. Visa Int'l Serv. Ass'n 一案为例，由 Kozinski 执笔的不同意见，即以"信用卡公司为侵权网站提供的服务，根本与开车接应银行抢匪或为购买毒品提供掩护无异"[②]为由，认为应适用刑法评价系争行为。

然而，由于刑法在成罪要件方面的高度要求，如欲将辅助侵害著作权行为进一步认定应承担共犯责任，势须回头修改智慧财产权间接侵害的相关学说与判准，实体距离与多重媒介的网络特质，却导致辅助侵权者与直接侵权者之间的关联性薄弱，此况，在"罪疑唯轻"的大纛下，如何处理因此所造成的证据障碍？若直接或辅助侵权者坚信所为属于合理使用，又该如何洞悉其意图？将刑事责任移植进来的结果，实质上可能导致追诉成功率降低，这是利益团体与立法者所乐见的趋势吗？

再由欧陆法系的刑法释义学角度观察，教唆是一种造意犯，对象必须是原无犯意之人，透过教唆行为而推动被教唆者决定实行犯罪。也因此，教唆者必须对实行犯罪者存在"动机支配"(Motivherrschaft)，因其教唆而促使产生犯罪决意(Hervorrufen des Tatentschluss)；如果被教唆者先一步产生具体实行犯罪的决意，就不再成立教唆犯，而只能成立精神帮助犯。[③] 问题是，我们怎么知道被教唆者是否已经打定主意犯罪？每一个决定不仅仍存在改变的可能，假设这个决定坚如磐石，无法更改，事实上也无所谓透过心理层次的精神帮助去加强或维持可言。至于帮助犯，在中国台湾地区区分正犯与共犯的体系下，我们必须接受帮助犯的不法内容是透过由正犯实行的犯罪所决定的，那么，对帮助故意内容，自然相对应的包括对于决定不法内容的构成要件事实的认识，而非仅要求认识正犯的行为(即

① See, e.g., Venegas-Hernandez v. ACEMLA, 424 F.3d 50, 57-58 (1st Cir. 2005); In re Aimster Copyright Litig., 334 F.3d 643, 651 (7th Cir. 2003). 这两个案例均将辅助侵害著作权的行为视为刑法上的"教唆"(aiding and abetting)。

② 494 F.3d at 815 (Kozinski, J., dissenting).

③ Vgl. etwa Stratenwerth/Kuhlen, AT I, 6.Aufl., 2011, § 12 Rn. 144.

将)违反刑法保护的规范。无论教唆犯或帮助犯,如果唆使或援助他人实行故意犯罪的意志无法进一步具体化,仍不足以成立教唆或帮助犯;教唆或帮助故意均必须指向正犯的特定犯罪行为[①]。缘此,能否援引"为他人的行为负责"的所谓间接责任或第二顺位责任,要求程序设计者或网络平台服务提供者负责,甚至成立刑法上的教唆或帮助犯,诚属后续值得探讨的议题[②]。

此外,过往就著作权侵害强调民事损害赔偿的思考,在侵权者得以快速获利,甚至将损害赔偿内化为成本之一的情况下,被认为震慑力道不足。并且,由于无体财产的窃取在证明上的不易与高技术门槛,求偿或禁制令(injuction)更流于无效率,立法趋势上遂纷纷透过刑事手段以保护智慧财产。[③] 以中国台湾地区而言,以 2004 年"著作权法"明文规定科技保护措施为分水岭,迄今,不仅台湾地区的"著作权法"已分别于 2007 年与 2009 年,在著作权人团体的大力游说下,增订"P2P 条款"与第六章之一"网络服务提供者之民事免责事由"专章,同时就违反该法第 87 条第 1 项第 7 款与第 2 项规定之行为予以入罪化。囿于篇幅,以下仅聚焦论文题旨,个别的争议问题,只能割爱。

(一)侵害著作权的入罪背景与典范移转

著作权法的发展与当代科技的发展密不可分;由活字印刷术到照相、电影、复印机、家用录放机与个人计算机,我们可以说,著作权的保护问题,在某种程度上反映的是重制技术的发展;网际网络的出现,则让著作权法再一次桥跨在保护著作权人与公共利益的平衡间,难以衡平。

---

① 此外,应承认职业活动中的行为自由,相较于交易往来可能制造的风险,有更值得保护的优越利益,而毋庸为他人实现的法益侵害或危险负责。否则,贩卖药品、菜刀与绳索者,既然可以想象(预见)贩售的商品可能被当作犯罪工具,谨慎者岂非人人自危?为避免过度干预行为自由、扩张帮助犯的处罚范围,如果无法证明行为人对其行为援助何种犯罪明确认识,即无法与特定构成要件行为结合,不应一律认定为是可罚的帮助行为。详细的说明见萧宏宜:《窃盗行为的犯罪参与问题》,载《月旦法学杂志》2014 年第 230 期。

② 初步讨论见萧宏宜:《P2P 业者的刑事责任问题——ezPeer 与 Kuro 案判决评析》,载《法令月刊》2008 年第 59 卷第 9 期;萧宏宜:《数位著作与刑法保护——美国侵害著作权犯罪之发展》,载《科技法律透析》2011 年第 23 卷第 12 期。

③ Ronald D. Coenen Jr. Et Al., Intellectual Property Crimes, 48 *Am. Crim. L. Rev.* 849, 851 (2011).

典型的说法是：保护著作权的目的之一，即确保艺术家、作者及其他创作人能够保护并控制他们的著作。假如全世界的使用者能够轻易地重制并散布这些数位著作而不必受任何法律制裁，又怎么会有人愿意付出时间、金钱及劳力来创作作品呢？[①] 问题在于：是否因此需要著作权提供“特别保护的诱因”才能鼓励创作？

观察著作权法的历史，以刑法作为保护工具，几已成为各国著作权法现今的趋势，唯著作权却非一开始即以“财产权”的性质受到法律保护！有关著作权法的一个重点，即在于仅有部分的制度目的，是保护作者，亦即“授予有限的商业独占，以换取普遍的使用与接触”[②]；所提供的保护亦非绝对——合理使用除外、有限的保护期间、耗尽原则（第一次销售原则）甚至强制授权等。在当代著作权法的保护范围与方式的不断扩张下，个人（与合理）使用也不断受到压抑，此与著作权的权利本质是否有悖，颇值存疑。

对于著作权的侵害，关键的问题是：我们能容许到如何的程度；是否已到了非对行为人施以刑罚制裁，不足以达到应报、威吓或建立行为准则的地步；即便如此，考量法益受害之程度，选择限制财产权或人身自由之刑罚手段，是否符合最后手段原则与罪罚相当原则。笔者认为，当法益持有者拥有足够的自我保护可能性时，刑法基于补充性原则，应避免介入，然而，要主张著作财产权在性质上不适合使用刑法保护，注定各说各话。毕竟，利益如何成为受刑法保护的法益，在现实世界，始终是残酷而略带霸气的立法裁量，也因此，事实态样到底应具备如何的性质，才能确认其具有刑事不法内涵，恐怕也是扣紧刑罚手段的工具化所为的分析，而不是某一种利益天生就具有什么法益的特质。

数字化著作保护的议题，摆荡在著作财产权人的权益保障与著作分享之间，除了“贪婪”的矛盾之外，关键在于“控制的结构”——科技的使用同

---

① Alison M. Norris, Symposium: The Unintended Consequences of Legislating Technology: the Digital Mil-lennium Copyright Act, 9 *N.Y.U. J. Legis. & Pub. Pol'y*. 1, 3 (2006).

② Vaidhyanathan, Copyright and Copywrongs, 2003, p. 11; 同旨 Lessig, Free Culture, 2004, p.8.

时令著作权人进行接触控制与使用人重制散布的能力增强。如果著作权刑法面对数位著作的保护,呈现的立法特色是控制风险,随着著作权人使用数位权利管理系统(DRM)后,著作权法本身将开始产生典范移转。[①] 典范的移转,不仅来自法益理论面对著作财产权的左支右绌,更可由不断扩张的行为犯立法现实中察觉——来自法律帝国主义几近殖民式的保护模式要求[②],难保不会因为“被伪装的利益政策”,导致经济系统吞没法律系统,法庭经由协商转变成市场。

(二)改变规则的 DMCA 与难以挥离的 U.S.A.

智慧财产的经济价值庞大,当市场紧随科技脚步蔓延到网络空间时,由于其快速交换信息的特性,诸如浏览、搜寻、下载、转寄等信息的分享与交换,不仅简易而且都以重制为基础,导致著作权被侵害的风险也跟着增加。美国的 DMCA 法案(*The Digital Millenium Copyright Act of* 1998[③]),

---

① 39 Schulz, Der Bedeutungswandel des Urheberrechts durch Digital Rights Management—Paradigmenwechsel im deutschen Urheberrecht?, GRUR 2006 Heft 6, S. 475.简之,公众合理使用著作的机会,因法律规范(尤其刑法)保护著作权人使用的科技保护措施,而受到限缩。

② 举例:因为加密技术与科技保护措施的使用,使著作权一跃而成为具有支配与控制可能性的权利。能不能使用与接触信息? 如何使用? 合理使用? 一切都在掌控中,法律(如中国台湾地区“著作权法”第 80 条之 2)竟然还使用刑法保护这样的措施与机制! 更详细的讨论,可见萧宏宜:《防盗拷措施与刑法保护》,载《月旦法学杂志》2006 年第 133 期;萧宏宜:《以刑法保护著作权?》,载《月旦法学杂志》2007 年第 143 期。

③ 17 U.S.C. § 512 (2010).

将"控制接触"受著作权保护作品的科技保护措施,也纳入著作权法[①]。

科技保护措施的使用,尤其是接触控制,实质上是在尝试将数位著作"物理化":借由科技措施的保护以达成类如传统纸本使用胶模封套的效果,既阻绝重制的可能,并可依著作权人意欲的方式散布(禁止规避科技保护措施,否则形同侵害著作权[②])。此举无异于鼓励将著作呈现的方式窄

---

① (1)任何人均不得规避"可有效控制接触"(effectively controls access)受本章保护著作之科技措施[第 1201 条(a)(1)(A)前段]。(2)任何人均不得制造、进口、提供大众、销售或以其他任何方式交易与以下规定有关之任何技术、产品、服务、装置、组件或其零件[第 1201 条(a)(2)]:(A) 其设计或制造的目的是规避可有效控制接触受本章保护著作之科技措施;(B) 其商业上意义除用以规避可有效控制接触受本章保护著作之科技措施外,非常有限;(C)以作为规避可有效控制接触受本章保护著作之科技措施所用而流通交易者。(3)任何人均不得制造、进口、提供大众、销售或以其他任何方式交易以下任何技术、产品、服务、装置、组件或其零件[第 1201 条(b)(1)]:(A) 其设计或制造目的是规避可有效保护本章所赋予著作权人权利之科技措施;(B)除用以规避提供可有效保护本章所赋予著作权人权利之科技措施外,其商业意义上的目的有限;(C)以作为规避可有效保护本章所赋予著作权人权利之科技措施所用而流通交易者。至于何谓"规避科技措施"(circumvent a technological measure)?依第 1201 条(a)(3)(A),指在未经著作权人的授权下,将其著作解频或译码,或为其他避免、回避、移除、关闭,或减弱一个科技措施的行为。"可有效控制接触著作"(effectively controls access to a work),系指在正常的操作过程中,该科技措施会要求使用经著作权人授权的信息、程序或方案,始得以接触该著作。违反的刑罚法律效果规范于第 1204 条,初犯最高五十万美元或五年有期徒刑,可以并科;再犯则为一百万或十年,可以并科。至于"可有效保护本章所赋予著作权人权利之科技措施"(effectively protects a right of a copyright owner under this title),则指该措施在正常的操作过程中,足以防止、限制或以其他方法限缩本章所赋予著作权人权利之实施者。[第 1201 条(b)(2)(B)]由于立法技术复杂(项、款、目延伸多达四层),建议参阅原文。

② 在上述稍嫌复杂的立法技术下,笔者简单将 DMCA 分为两种类型:一是规避科技措施行为;二是制造、进口、交易等提供规避科技措施的准备行为。前者禁止规避后的"接触",后者则实质涵盖接触控制与利用控制。立法者也意识到了这样的权利保护倾斜,于是在该条设了七个允许规避的例外[第 1201 条(d)—(j)];详言之,针对第 1201 条(a)(1)(A)的规避"控制接触"行为,国会图书馆馆长应每三年根据著作权局会同商业部负责通信与信息的助理部长建议,向国会提出报告与评论,并就使用者是否或可能在后续三年内因本款(A)之禁止规定使其对特定类型著作之合法使用受到负面影响之议题,依行政规则程序(rulemaking)作出豁免决定[第 1201 条(a)(1)(C)],并公布之[第 1201 条(a)(1)(D)]。进一步说明可见萧宏宜:《从 DMCA 看 P2P 的法律责任问题》,载《科技法律透析》2008 年第 20 卷第 2 期。

化为可以使用科技保护措施的数字化著作，以获得著作权法更周密的保护，遑论造成阻碍创新、散布（公开传输）、竞争和消费者选择的非预期法律适用结果（如游戏的"外挂"与手机的"解锁"）。

美国联邦第九巡回上诉法院在 2001 年的 Napster 案、2007 年的 Perfect 10 案与 2010 年 9 月的 Autodesk 案后，于 2010 年 12 月的 MDY Industries，Inc. v. Blizzard Entertainment，Inc. 案[①]，终于在魔兽世界（World of Warcraft）[②]的在线游戏中，面对著作权法前置对科技保护措施的保护、著作权人复透过终端使用者授权协议（EULA）确保接触与控制权限的数字化著作本质问题[③]。

依本文，联邦第九巡回上诉法院固然透过将契约再类型化出"条件"与"协议"的方式，而获致其所欲的法律效果；然而，以契约限制内容是否与著作排他权具备"实质关联"作为判准，仍未触及焦点。详言之，耗尽原则造成的权利耗尽，固应透过著作权人的自由意志而发动，以"第一次市场之同意"为关键性的构成要件，表示著作权人愿意将其第一次市场行为的报酬，

---

① MDY Indus. v. Blizzard Entm't，629 F.3d 928，938-39 (9th Cir. 2010).以下关于 MDY 案的部分内容引自萧宏宜：《第一次销售原则与辅助侵害著作权的美国实务趋势》，载《科技法律透析》2012 年第 24 卷第 11 期。

② 游戏史上最受欢迎的多人在线角色扮演游戏（Massive Multiplayer Online Role-Playing Game，MMORPG）之一。据估计，其使用者超过千万，每年的收益超过 15 亿美金。Ross Shikowitz，Note，License to Kill MDY v. Blizzard and the Battle over Copyright in World of Warcraft，75 BROOKLYN L. REV. 1015，1018 (2010).

③ MDY 案的事实略为：MDY 写了一个叫作"滑翔机"的程序，出售给魔兽世界的网络游戏玩家，使其得以透过规避魔兽世界所使用的监视程序，继续游戏的进行；不仅可以增加经验值、获得虚拟的财产与装备，甚至可以过关——即使玩家不在计算机旁边。Blizzard 为了确保游戏的竞争性与公平性，其后亦设计出可以扫描玩家有无使用外挂的程序，一旦查出，即中止该账号。虽然如此，MDY 仍持续销售该程序的"使用权"给玩家，Blizzard 在无法阻止系争程序散布的情况下，乃对 MDY 发函要求其停止，并威胁将采取法律行动。MDY 率先发难，寻求地方法院宣告其所为并未侵害 Blizzard 在此款游戏中所拥有的任何权利。Blizzard 反诉 MDY 所为属于辅助侵权，并获得地方法院的支持，不仅判定 MDY 的程序属于间接侵害著作权，且已违反数位千禧年著作权法案（DMCA）。其后联邦第九巡回上诉法院的判决，虽认同外挂程序属于规避网络游戏监视软件的行为，而构成对科技保护措施的侵害，不过，对于 MDY 的程序是否属于辅助侵权，并不支持原审判决。本文就此案的论述，均摘自拙著。萧宏宜：《耗尽原则与软件转售》，载《东吴法律学报》2013 年第 24 卷第 4 期。

作为交换权利耗尽的代价，并受权利耗尽效果的拘束[①]，于数字化作品的情形，却因著作权人透过要约(offer)的形式使用授权契约，更可透过修改EULA的方式(尤见于Autodesk案与MDY案)，以符合联邦第九巡回上诉法院对“所有人”的认定与对“条件”的要求。结果是，即便著作的取得授权者所为不违反DMCA(如对手机系统的解锁[②])，一旦违反授权契约，仍将构成对著作权的侵害！

至此，不禁让我们开始思索：原初为了调和著作权人的散布权与有体财产的物权法上所有人间的关系，而允许合法的著作重制物所有人得以再为散布的耗尽原则，于数字化著作广泛使用的授权契约限制下，到底还有多少适用机会？

美国实务错误聚焦于授权契约，并以其内容是否存在若干“魔术术语”，决定著作权法上的所有人归属，等于承认著作权人可以透过严苛的EULA排除耗尽原则、遁入契约法，诚值商榷；既然著作权人已透过第一次的市场行为获得报酬，何以仍得继续享有受著作权法保护的作品流通控制权，而非耗尽其权利？难道只有不断维持其获利，才能提供著作权人未来不断创作的诱因吗？

(三)TPP对国际智慧财产权保护取径的影响

中国台湾地区为因应推动加入跨太平洋伙伴协定[TPP，全称为“跨太平洋战略经济伙伴协议”(Trans-Pacific Strategic Economic Partnership

---

① 依发表前后：章忠信：《霹雳为什么“租片不用还”?》，http://www.copyrightnote.org/ArticleContent.aspx? ID=2&aid=373，最后访问日期：2017年4月29日；沈宗伦：《数位著作物自由散布的界限与不法重制防止义务——重新建构我国著作权法数位权利耗尽原则》，载《智慧财产评论》2016年第13卷第2期；林利芝：《从授权契约限制条款探讨数位著作权商品的二手市场》，载《东吴法律学报》2017年第28卷第3期。

② 75 Fed. Reg. 47, 464 (Aug.6, 2010). 此等涉及无线手机软件兼容性的所谓解锁(unlocking)或越狱(jailbreaking)的行为，已经遭美国国会图书馆于2012年10月28日生效(仍有90天宽限期，迄2013年1月26日)的第5次DMCA三年免责清单中移除[17 U.S.C. §1201(a)(1)(B)～(D)]。See http://www.copyright.gov/1201/，最后访问日期：2017年4月29日。

Agreement)],拟就著作权法与协定要求不符之处[①],予以调整。2016 年所提的修法草案中最引人非议者,正是“规避”防盗拷措施的刑事责任增订[②]。

详言之,自 1994 年通过《与贸易有关的智慧财产权协定》(TRIPs)以来,作为当时最雄心勃勃的多边智慧财产权协议,系争协定始终受各种不同角度的批评,尤其是未充分考虑到开发中国家和最低度开发国家在创新能力的相异水平与不同利益。事实上,在既存的国际智慧财产权公约,如“巴黎公约和伯恩保护文学和艺术作品公约”始终欠缺关于侵害智慧财产权的刑事措施规范下,TRIPs 第 61 条[③]确实为刑事执法程序建立了国际

① Trans-Pacific Partnership Agreement, Chapter 18, Jan. 26, 2016 [hereinafter TPP], https://www.mfat.govt.nz/en/about-us/who-we-are/treaty-making-process/trans-pacific-partnership-tpp/text-of-the-trans-pacific-partnership [https://perma.cc/Q8 WK-6EKE],最后访问日期:2016 年 2 月 25 日。

② 草案第 96 条之 1:“有下列情形之一者,处一年以下有期徒刑、拘役,或科或并科新台币二万元以上二十五万元以下罚金:一、意图营利或作为营业之使用而违反第八十条之一规定。二、意图营利或作为营业之使用而违反第八十条之二第一项及第二项规定。”修法理由指出:“现行第八十条之二第一项规定,未经合法授权不得对著作权人所采取禁止或限制他人擅自进入著作(access controls)之防盗拷措施予以破解、破坏或以其他方法规避(规避行为)。例如,企业未采购合法软件,却安装非法软件并输入序号后使用之行为。该等具有商业目的之规避行为对于权利人仍属损害其权利之重大行为,唯依第九十条之三规定,违反者仅有民事责任,保护内容显有不足,爰参考跨太平洋伙伴协定、美国著作权法第一二〇四条及韩国著作权法第一百三十六条第二项第三款之二规定,于本款增订对于意图营利或作为营业之使用而违反第八十条之二第一项规定者,科以刑事责任,将有助吓阻侵权之发生,有利于商业软件、影视音乐及电玩游戏等产业之发展,对于创作者从事创作更有保障。”

③ “Members shall provide for criminal procedures and penalties to be applied at least in cases of wilful trademark counterfeiting or copyright piracy on a commercial scale. Remedies available shall include im-prisonment and/or monetary fines sufficient to provide a deterrent, consistently with the level of penalties ap-plied for crimes of a corresponding' gravity. In appropriate cases, remedies available shall also include the sei-zure, forfeiture and destruction of the infringing goods and of any materials and implements the predominant use of which has been in the commission of the offence. Members may provide for criminal procedures and penalties to be applied in other cases of infringement of intellectual property rights, in particular where they are committed wilfully and on a commercial scale.”

基准。然而，TRIPs 第 61 条的适用范围极其有限，"强制性的"刑事诉讼程序和刑事处罚仅涵盖商标权和著作权，并只适用于仿冒和盗版，遑论要求侵权行为不仅必须基于故意，更应具备商业规模。随着智慧财产保护在国际上的调和需求逐渐增强（常被称为"TRIPs-plus"），自乌拉圭回合谈判起，已开始出现新的视角。[①]

许多已开发国家意识到上开条文无法有效地充分保护自己的执行利益，导致他们在双边[②]或多边[③]协定中，强化更严格的刑事执法规定。比如，ACTA 第 23 条不仅就何谓侵权行为做出详细定义，甚至针对 TRIPs 第 61 条要求的"商业规模"（commercial scale）认定系"直接或间接为了经济或商业利益所进行的商业活动"（commercial activities for direct or indirect economic or commercial advantage）；TPP 则进一步详细描述"商业规模"为："用以实现商业利益或财政收入，对著作权的利益或著作权人与市场相关的权利造成潜在不利冲击的行为。"[④]不仅实质扩张概念范围，同时一并要求必须将教唆与帮助行为入罪！

支撑这种降低侵害智慧财产权入罪门槛、提升刑事规范的保护密度的论述基础，正是仿冒与盗版的全球化成长趋势及其对国际经济社会不断升高的影响。缘此，各国普遍以刑事制裁作为回应手段并强化其干预密度。问题在于，已开发国家通过双边或多边协议，努力落实"国际智慧财产权刑事执行框架"的现象与趋势，不仅忽视了刑法的复杂性、低估了各类智慧财产权有其分殊的保护目的与需求，更难以合理说明相异侵权情形的刑罚必要性质疑。

就"规避"科技保护措施的入罪而言，如前述，著作权人除了我们所知

---

① Christophe Geiger, Towards a Balanced International Legal Framework for Criminal Enforcement of Intel-lectual Property Rights, in: TRIPS plus 20, Vol. 25, *The series MPI Studies on Intellectual Property and Competition Law*, 645, 647 (2016).

② e.g. the EU's Free Trade Agreement (FTA) with South Korea.

③ e.g. the Anti-Counterfeiting Trade Agreement (ACTA) or TPP.

④ "acts carried out for commercial advantage or financial gain; and significant acts not carried out for com-mercial advantage or financial gain, that have a substantial prejudicial impact on the interests of the copy-right or related rights owner in relation to the marketplace." TPP, supra note 60, art. 18.77, p.1.

的重制权、公开播送权、公开传输权、散布权等外，透过中国台湾地区的"著作权法"第 80 条之 2，因此多了控制接触权（第 1 项、第 2 项）与控制使用权（第 2 项）。科技保护措施（Technological Protection Measures，简称TPM）除了保护数字化著作不被非法使用外，也可以控制或限制著作权法所允许使用的著作权物，甚至仍未受著作权法保护的作品。一旦将入罪范围由原先仅针对重制或规避前阶段的"制造、输入、提供"等准备行为，延伸至"规避"保护措施，将客观上完全与侵害"著作权"无关的行为也纳为犯罪，果然具备足够的刑罚正当性？在科技措施可能控制"任何内容"，甚至涵盖不受著作权法保护的已届保护期著作或单纯事实的情况下，权利人控制的结果，可能远超过传统著作权法赋予创作的排他权范围。

先不说将保护范围扩张及于并非著作权保护标的本身的"科技保护措施"，在配合付费接触或计次付费等机制的使用下，是否会反过来销蚀合理使用可能，甚而被权利人使用作为限制市场竞争的手段而形成信息独占[①]，甚至引发信息传递的寒蝉效应与影响言论自由；刑事立法政策上的疑义在于，著作不得违法利用，本来就是著作权法对著作权人做出的承诺，并不问著作权人有无额外设置科技保护措施。有什么理由，要借由付出更多的司法成本，来反射性地间接强化对数位化著作的保障，甚至赋予其具有垄断合理使用可能性的接触控制权？

立法者或可借由主观意图予以限缩[②]，甚至透过例外规定（如中国台湾地区"著作权法"第 80 条之 2 第 3 项与第 4 项），打开一扇小门，然而，由于对著作权的侵害行为尚未发生，其合法性判断风险恐仍是由使用者承担。整个著作权刑法规范体系因而演变成：原则不得规避、若要规避得自力为之、规避后果更不保证合法；以保护著作权为名，实质上却根本背离"调和社会公共利益，促进文化发展"的立法目的。结果是，政府无力为文化定价、难以有效取缔盗版，所以转嫁给使用者更多义务承担？守法者为

---

① e.g. Lexmark International, Inc. v. Static Control Components, Inc.; Chamberlain Group, Inc. v. Skylink Technologies, Inc.详细的讨论可见拙著。萧宏宜:《防盗拷措施与刑法保护》，载《月旦法学杂志》2006 年第 133 期。

② 草案新增的"意图营利或作为营业之使用"，笔者猜测可能同时参考了 17 U.S.C. § 1204(a)对主观要件的要求（"willfully and for purposes of commercial advantage or private financial gain"）。

求自保,除了付出高价,只能放弃数字化著作的利用,甚或以纸本誊写、手拿录音笔对着电视或喇叭侧录等荒诞方式备份重制?

数字化革命带来了崭新而多变的模式——数位内容不受传统的"违法复印再装订"的限制,无论大量或单独复制的成本都是零;传统经济模式所设的屏障似乎难以适用,著作权人被迫以数位权利管理与科技保护措施,避免著作在欠缺合法授权下被接触利用。背后的思考,最主要还是因为其后可能紧接而来的重制,会造成著作权人经济利益减损。然而,规避行为已经造成著作的市场价值或经济利益减损了吗?著作权人要使用什么方式,去强化法律原已承诺的保护,是一回事,但不能反过来说,无论使用什么"方法",法律都无条件地与"著作"一起保护,否则可能造成"禁止合理使用者规避'不法'科技措施"的窘境。

科技保护措施本身非必为著作,刑法规范贸然将其"准著作权化",再视中立的软、硬件技术或信息(若性质上易确定系专供规避之用者,如"破解"程序,《刑法》第 362 条规定即足对付)为著作权侵害的工具,进一步拟制出一个被侵害的法益,恐怕是极端的预防思考。DMCA 对于创新的破坏性影响,仍然持续到今日,在难以回避的现实中,如何适当设计制裁框架,以满足国际化与正当性的均衡要求,才是问题核心。

结 论

道德与合法性基础作为一个成功的法律系统最有效的凭借[①],稳定的守法社会不应以恐惧和忧虑为地基,而应来自人渴望根据社会可接受的标准去适当并道德地采取行动。若仅基于经济因素或维护私人利益的考量,

① Geraldine Szott Moohr, The Crime of Copyright Infringement: An Inquiry Based on Morality, Harm, and Criminal Theory, 83 *B.U. L. Rev.* 731, 733 (2003); Sara K. Morgan, supra note 29, at 564 (2016).

不仅违反最后手段原则、民众的违法性认识不足[①]，更会降低市场原可发挥的优化资源分配的功能。

事实上，著作权刑法完全符合过度犯罪化的基本描述，也因此承担着相同的结果：当大部分人民“遵法”的意识与情感反应薄弱时，尝试透过刑事制裁解决“有限视角”（政治因素考量与利益团体介入）的问题，尤其是将入罪范围扩张及于非营利目的、无商业利益的个人使用，不仅因为与法规范的对立而破坏了立法系统的有效性与社会规范的形成，一味地前置著作权刑法保护著作被公众合法使用，从禁止规避科技保护措施甚至进一步影响网络服务的使用，更将产生限制公平竞争、钳制信息自由、扼杀市场与新技术发展的非著作权法预期效果！

---

① 就不法意识在著作权刑法的操作，如维持刑法典不以行为人确知违犯的规定（如条号与内容）为必要，主观要件即难以发挥限缩成罪的功能，遑论对“明知”的解释，涵盖认知自己正游走在违法边缘的灰色地带。案例如美国第六巡回法院于 2014 年的 United States v. Reichert，747 F.3d 445（贩售游戏机的改机芯片）。

侵犯知识产权犯罪的处罚界限

——以相关国际义务之履行为视角的考察

唐煜枫*

2017年11月20日，世界知识产权组织(WIPO)发布了主题为“全球价值链中的无形资本”的《2017年世界知识产权报告》。该报告中公布了首组关于制成品中“无形资本”的数据。数据显示，全球销售的制成品近三分之一的价值源于品牌、外观设计和技术等“无形资本”。作为“无形资本”保护的重要制度，知识产权对经济发展的重要性日益凸显，并受到各国的高度重视。将一定范围内的侵犯知识产权行为作为犯罪来处罚，是国际社会知识产权保护的发展趋势之一。尽管对知识产权应给予何种程度、何种方式的保护，在理论上始终有分歧，但知识产权呈扩张趋势，各国及国际社会加大对知识产权的保护包括刑事保护是不争的事实。本文的基点主要在于说明、解释，而不是提出应然的建议，包括解释中国当前的侵犯知识产权犯罪现象、解释当前的法律规定、国际条约规定及执法现状。

一、中国当前侵犯知识产权犯罪及相关立法之现状

(一)当前我国侵犯知识产权犯罪现状

《中国知识产权保护状况》白皮书从2004年开始发布知识产权司法保护相关数据，最高人民法院也自2010年开始发布《中国法院知识产权司法保护状况》白皮书，以下为上述白皮书所发布的数据(见表1)。

* 唐煜枫，辽宁大学法学院副教授。

表1　全国地方各级法院知识产权刑事案件收结案统计表

年度	一审收案	一审结案	二审收案	二审结案	审结总数
2004	/	/	/	/	2751
2005	/	/	/	/	3529
2006	/	/	/	/	2277
2007	/	/	/	/	2684
2008	/	/	/	/	3326
2009	/	/	/	/	3660
2010	3992	3942	/	/	/
2011	5707	5504	/	/	/
2012	13104	12794	/	/	/
2013	9331	9212	662	627	9839
2014	11088	10803	573	521	11324
2015	10975	10809	790	782	11591
2016	8352	8601	787	812	9413

从绝对数量上来看,2004年以来我国涉知识产权刑事案件总体呈上升趋势,其中2005年和2012年审结案件总数明显高于其前后年份,尤其2012年涨幅最大,应当是与2004年10月至2005年6月以及2010年10月至2011年6月,国务院组织全国集中开展打击侵犯知识产权和制售假冒伪劣商品专项行动有关。2012年至2016年,虽然每年知识产权刑事案件的总量都低于2012年度,但整体上要远高于2012年之前的水平,犯罪总量只在高水位上小幅波动。表面上看,似乎知识产权犯罪形势严峻,没有得到有效遏制,但数据不能如此简单解读。法院的收结案数只能反映进入司法系统并最终进入审判阶段的案件数,并不能当然对应于真实的犯罪现象事实。关于犯罪现象事实,我们最多只能够通过一些测量犯罪的方式,而"每一种方法带给我们拼图的一小块,当把这些小块拼接起来以后,我们就能得到一幅更精确的图像。但是像很多智力拼图玩具一样,其中的一些部件可能遗失,我们可以对这幅关于犯罪的图像进行猜测,很多时候

相当不准确，但是我们永远无法得知我们的猜测是否完全正确”[①]。犯罪统计是一个社会过程的产物，几乎可以这样说，所有的官方犯罪统计都是在各种情境（包括社会和法律情境）、各种目的和不同组织体制下产生的，是一种社会构建的过程。即便反映了一种社会现实，也是大量人为建构因素渗透其中的事实。例如，立法的修改、司法解释的变化、国家针对特定犯罪的政策、社会现实环境变化、统计方法的调整、统计范围标准的确定，等等。所以统计中反映出来的远不只是侵权违法犯罪行为事实。犯罪统计犹如一个窗口，通过它我们可以看到部分现象和现实，但一定只是部分事实，还有可能是部分被曲解的事实。在这个意义上，虽然涉知识产权刑事案件在统计上数量上升，但并不能由此当然肯定地得出相关犯罪趋于严重的结论。

在犯罪学实证研究中，为弥补官方犯罪统计的不足，犯罪被害调查和自我报告式调查被普遍认为对于减少犯罪暗数、接近犯罪现象事实是有益的补充。此处，我们可以考虑借鉴类似的方法，考察我国侵犯知识产权违法犯罪行为产出品的出口情况来作为侵犯知识产权犯罪司法统计的补充。2016年美国商会发布《全球假冒程度报告》，报告中根据2010—2014年美国、欧盟和日本海关的扣押数据，指称来自中国大陆的假冒商品占上述世界前三大市场进口的假冒商品的72%。[②] 报告中还提到，美国海关与边境保护局（CBP）扣押的来自中国的假冒商品的份额从1995年的12.5%增至2005年的73.6%，欧盟海关扣押的中国假冒商品的份额从2008年的55%增至2013年的72%，日本海关扣押的中国假冒商品的份额从2008年的53.9%增至2013年的75.8%。[③] 2015年日本财务省发布的《2014年日本海关扣押知识产权侵权商品报告》显示，2014年，日本海关共计扣押中国

---

① [美]斯蒂芬·E.巴坎：《犯罪学：社会学的理解》，秦晨等译，上海人民出版社2011年版，第64页。

② 2017年6月，欧洲刑警组织和欧盟知识产权局联合发布了《2017年欧盟打击假冒和盗版的情况报告》，报告中也采纳了上述数据。我国商务部发言人表示其中数据的真实性和客观性有待进一步研究。http://news.sina.com.cn/c/2017-06-30/doc-ifyhrttz1743211.shtml，最后访问日期：2017年12月13日。

③ 数据来自商务部网站，http://www.ipr.gov.cn/zhuanti/Reports/Global_Counterfeiting_Report.htm，最后访问日期：2017年12月13日。

输日的知识产权侵权商品29553件，再次刷新自1996年有该统计数据以来的新高；比上年增加1418件，增幅14.4%，在日本海关扣押侵权商品总量中占比再次超过90%。近10年来，日本海关扣押的中国输日侵权商品呈激增态势：2003年，中国侵权商品在日方扣押总量中仅占7.9%；2007年占比突破50%，达到71.1%；2010年占比首次突破90%；2012年升至近年来最高的94.0%；2013年小幅降至91.9%；2014年再次回升至92.4%。[①]除上述外国机构发布的数据外，2014年，海关总署政策法规司知识产权处相关官员在国外知识产权环境研究报告发布会上也曾援引联合国2013年4月的一份报告说，亚洲犯罪团体从假冒商品中获得的利润已经和非法毒品贸易相差无几，而这些假冒商品主要来自中国。[②]

另外，根据海关总署发布的《中国海关知识产权保护状况》（见表2），在海关查扣的侵权嫌疑商品中出口侵权嫌疑商品所占比例最低年份也达到了98.56%（2016），2007—2016年间的绝大多数年份都在99%以上，即在中国进行的侵犯知识产权违法犯罪行为的制成品有相当大数量去向是出口。根据《2008年中国海关知识产权保护状况》，被海关扣留的侵权商品的主要贸易国家是美国、欧盟部分国家和日本，此外还有澳大利亚和中国香港、澳门。[③]

表2　中国海关查获侵犯知识产权嫌疑商品情况统计表

年度	采取保护措施（万次）	扣留侵权嫌疑商品总量（万件）	出口侵权嫌疑商品所占比例	侵犯商标权商品所占比例	侵权商品价值（亿元）
2006	0.6033	20771.00	/	/	2.837
2007	0.8508	33349.00	99.80%	99.00%	4.389

① 数据来自商务部贸易救济调查局网站，http://gpj.mofcom.gov.cn/article/zuixindt/201508/20150801081115.shtml，最后访问日期：2017年12月15日。

② http://ip.people.com.cn/n/2014/0718/c136655-25300658.htm，最后访问日期：2017年12月14日。

③ 历年来海关查扣侵犯知识产权嫌疑商品所侵犯的权利人也主要是美国、欧盟部分国家和日本。

续表

年度	采取保护措施（万次）	扣留侵权嫌疑商品总量（万件）	出口侵权嫌疑商品所占比例	侵犯商标权商品所占比例	侵权商品价值（亿元）
2008	1.3140	64518.00	99.96％	99.63％	2.9480
2009	/	28000.00	99.90％	99.00％	4.5000
2010	/	14000.00	/	/	2.7000
2011	/	10300.00	/	94.35％	5.1600
2012	1.8000	9300.00	/	＞90.00％	3.8000
2013	2.3600	7600.00	99.40％	98.00％	/
2014	2.7000	9200.00	99.60％	96.90％	/
2015	2.5000	7000.00	98.56％	98.00％	/
2016	1.9500	4205.82	98.95％	98.56％	/

上述数据显示，虽然美国和欧盟发布的关于中国侵犯知识产权违法状况相关数据的客观性和可信度尚有待研究查证，但我国海关总署2008年以来历年发布的《中国海关知识产权保护状况》所记载的情况至少可以佐证，美国和欧盟的相关说法并非空穴来风。

如果把这些数据与前述侵犯知识产权犯罪的司法统计结合起来考虑，至少以下说法是比较稳妥的，即中国当前涉侵犯知识产权犯罪的形势没有明显好转。而且相关犯罪所产生的危害和影响不像一般犯罪只限于国内，具有明显的国际化性质，与中国在国际贸易领域的形象和地位关系重大。

(二)中国侵犯知识产权犯罪立法状况

现行《中华人民共和国刑法》(以下简称《刑法》)关于侵犯知识产权犯罪的规定修订于1997年，此后对于入罪门槛和加重处罚标准的调整都是由司法解释或司法解释性文件进行的。刑法对于侵犯知识产权犯罪的量化标准使用的都是情节严重、数额较大、数额巨大、造成重大损失这类抽象表达，给司法解释从中确定具体处罚界限保留了足够的空间。现行刑法实施后，有多个司法解释或司法解释性文件中曾涉及侵犯知识产权犯罪，但是为侵犯知识产权犯罪具体划定处罚界限和量刑标准的主要是《最高人民

法院关于审理非法出版物刑事案件具体应用法律若干问题的解释》(以下简称《非法出版物解释》)(1998)、《最高人民检察院、公安部关于经济犯罪案件追诉标准的规定》(以下简称《经济犯罪追诉标准》)(2001)、《最高人民法院、最高人民检察院关于办理侵犯知识产权刑事案件具体应用法律若干问题的解释》[以下简称《侵犯知识产权解释》](2004)、《最高人民法院、最高人民检察院关于办理侵犯知识产权刑事案件具体应用法律若干问题的解释(二)》[以下简称《侵犯知识产权解释(二)》](2007)、《最高人民检察院、公安部关于公安机关管辖的刑事案件立案追诉标准的规定(一)》[以下简称《公安机关管辖案件追诉标准(一)》](2008)、《最高人民检察院、公安部关于公安机关管辖的刑事案件立案追诉标准的规定(二)》[以下简称《公安机关管辖案件追诉标准(二)》](2010)、《最高人民法院、最高人民检察院、公安部关于办理侵犯知识产权刑事案件适用法律若干问题的意见》(以下简称《侵犯知识产权意见》)(2011)。侵犯知识产权犯罪共 7 个罪名,每个罪名的处罚界限都至少有 4 个司法文件作出过明确规定,而且不同规定之间的时间间隔最大为 6 年,即侵犯著作权罪和销售侵权复制品罪,其余罪名的调整间隔仅为 3 年左右。司法文件如此频繁地调整具体犯罪的处罚界限和加重处罚标准,在我国是极为罕见的现象。

而且,从调整方向上来看,基本是降低入罪门槛,扩大处罚范围。处罚范围扩大主要通过三种路径实现:其一,调低量化标准。这是本类犯罪中扩大处罚范围最常使用的手段。例如,侵犯著作权罪在 1998 年《非法出版物解释》中所规定的"违法所得数额较大"是个人违法所得数额在五万元以上,单位违法所得数额在二十万元以上;而在 2004 年《侵犯知识产权解释》中被降为个人违法所得数额在三万元以上,而且单位实施该罪行为时,按照解释所规定的相应个人犯罪定罪量刑标准的三倍定罪量刑,即由原来的二十万元降到九万元;时隔三年之后,在《侵犯知识产权解释(二)》中,对于单位实施的侵犯著作权行为,直接按照司法解释规定的相应个人犯罪的定罪量刑标准定罪处罚。其二,增加处罚的其他量化类型。还以侵犯著作权罪为例,《非法出版物解释》中规定,具有下列情形之一的,属于"有其他严重情节":(1)因侵犯著作权曾经两次以上被追究行政责任或者民事责任,两年内又实施《刑法》第 217 条所列侵犯著作权行为之一的;(2)个人非法

经营数额在二十万元以上，单位非法经营数额在一百万元以上的；(3)造成其他严重后果的。《侵犯知识产权解释》中规定，未经著作权人许可，复制发行其文字作品、音乐、电影、电视、录像作品、计算机软件及其他作品，复制品数量合计在一千张(份)以上的，也属于"有其他严重情节"的情形之一。[①] 其三，扩张相关犯罪的行为类型。根据2011年《侵犯知识产权意见》的规定，以营利为目的，未经著作权人许可，通过信息网络向公众传播他人文字作品、音乐、电影、电视、美术、摄影、录像作品、录音录像制品、计算机软件及其他作品的，也是侵犯著作权罪中的复制发行行为。

对于后两者，在其他犯罪的解释性文件中并不少见。比较罕见的是调低入罪门槛的具体数额标准。违法所得数额、非法经营数额、侵权商品数额、单位犯罪数额等入罪标准全部都有过下调的经历，而且下调比例很大。对于与非法获利、侵犯财产性权利有关的犯罪，我国司法解释历来的调整思路都是考虑到经济社会发展状况、经济快速发展的实际(主要考量指标，如城镇居民人均可支配收入、农村居民纯收入状况、GDP)，犯罪数额应与之相适应，故要适时适当提高入罪门槛的具体数额，就连主要侵犯国家工作人员职务行为廉洁性的贪污贿赂类犯罪的入罪标准都是如此。[②] 而侵犯知识产权犯罪却反其道而行之。对此，理论上的一般解读是我国加入WTO之后承担国际条约中惩罚犯罪义务的需要。但问题是即便如此调整，国际上的一些发达国家仍然认为我国在处罚侵犯知识产权犯罪方面执法不力，其中包括相关犯罪的追诉标准存在问题。

以上犯罪的现实状况以及司法解释调整变化的过程和表现意味着，与其他犯罪的惩治我们只需考量国内处罚犯罪的需要不同，对于侵犯知识产权犯罪处罚界限的设置必须在国际化背景下，在承担国际条约义务范围内进行，并将其与我国刑事立法的特点结合起来。考察国际条约所设定的义务状况，是国际化背景下合理惩罚侵犯知识产权犯罪的必经之路。

---

① 该标准在2007年《侵犯知识产权解释(二)》中又降低为未经著作权人许可，复制发行其文字作品、音乐、电影、电视、录像作品、计算机软件及其他作品，复制品数量合计在五百张(份)以上的。

② 裴显鼎、苗有水、刘为波、王坤：《〈贪污贿赂犯罪司法解释〉的理解与适用》，载《人民司法》2016年第19期。

二、惩罚侵犯知识产权犯罪国际条约立法及实践情况

(一)相关国际条约立法情况

中国大陆于2001年加入世界贸易组织,中国市场化改革由此将与世界市场经济接轨。加入WTO以后,将要全面执行WTO的一系列协议,TRIPs就是其中十分重要的一个协议。TRIPs,即《与贸易有关的知识产权协定》,它是世界贸易组织体系下的多边贸易协定;是关贸总协定乌拉圭回合谈判的21个最后文件之一,于1995年1月1日起生效,由同时成立的世界贸易组织管理。任何国家或地区要加入WTO,在知识产权法协调方面,必须遵守TRIPs的所有条款。这意味着,对于加入WTO的中国大陆而言,TRIPs是我国知识产权立法的一个很好的参照标准,也是我国是否很好履行入世承诺的一个有力的评价标尺。与以往其他知识产权保护的国际条约不同,TRIPs中规定了对知识产权保护的刑事措施。因此,我国侵犯知识产权犯罪处罚界限的设定应该以TRIPs中的相关规定为基准。

TRIPs中有关刑事措施的规定在第61条,“各成员应规定至少将适用于具有商业规模的蓄意假冒商标或盗版案件的刑事程序和处罚。可使用的救济应包括足以起到威慑作用的监禁和/或罚金,并应与适用于同等严重性的犯罪所受到的处罚水平一致。在适当的情况下,可使用的救济还应包括扣押、没收和销毁侵权货物和主要用于侵权活动的任何材料和工具。各成员可规定适用于其他知识产权侵权案件的刑事程序和处罚,特别是蓄意并具有商业规模的侵权案件”。根据该条规定,要求给予刑事措施的行为是具有商业规模的蓄意假冒商标或盗版。对于假冒商标和盗版,在该条约的脚注14对假冒商标的商品和盗版商品的界定中指明了方向,“对于本协议:——假冒商标的商品,系指任何下列商品(包括包装):其未经授权使用了与在该商品上有效注册的商标相同的商标,或者使用了其实质部分与有效注册的商标不可区分的商标,因而依照进口国的法律侵犯了该商标所有人的权利;——盗版商品,系指任何下列商品:其未经权利持有人本人,或在商品制造国的被正当授权之人许可而复制,其直接或间接依照某物品制造,而该物品的复制依据进口国的法律已经构成侵犯版权或有关权利”。

对于成立犯罪而言至关重要的条件是“商业规模”(commercial scale)和“蓄意”(wilful)。争议主要发生在“商业规模”的理解及其标准的具体确立上。在“中国——影响知识产权保护和实施措施案”中,争端方美国、中国,以及阿根廷、澳大利亚、巴西、加拿大、欧共体、日本、韩国、墨西哥、泰国等第三方意见中,在讨论中国是否履行了 TRIPs 中刑事措施保护义务时都较为详尽地讨论了“商业规模”问题,而且观点分歧较大。

(二)“中国——影响知识产权保护和实施措施案”

有关侵犯知识产权犯罪界限的划定问题,中国曾经在国际社会上面临争端,即美国在 WTO 框架下提起的“中国—影响知识产权保护和实施措施案”。该案于 2007 年 8 月美国根据《关于争端解决规则与程序的谅解》(DSU)和 TRIPs 的相关规定,向争端解决机构提出设立专家组的请求,争议事项涉及刑法所规定的刑事程序和处罚门槛、海关罚没侵权货物的处置措施和著作权法中拒绝对中国境内未经授权出版或传播的作品进行著作权和邻接权保护。与本文主题有关的是第一项争端。就该项争端,美国请求认定,中国的知识产权门槛与中国在 TRIPs 第 61 条第 1 句和第 2 句以及第 41.1 条下承担的义务不符。中国涉及下调犯罪界限的压力也主要在此问题上。争端解决机构于 2007 年 9 月根据美国的请求并依据 DSU 第 6 条设立了专家组。阿根廷、澳大利亚、巴西、加拿大、欧共体、日本、韩国、墨西哥、泰国、土耳其,以及中国台北保留其作为第三方参加专家组程序的权利,除土耳其外,其他国家均就争议问题发表了意见。专家组于 2008 年 11 月向争端双方提交了最终报告。无论是专家组的最终报告,还是美国提交的书面或口头陈述,以及第三方国家提供的关于争端问题的意见,都对我们了解侵犯知识产权犯罪之处罚界限划分的国际化背景提供了有益的信息。

1.专家组报告中的相关意见

我国关于犯罪处罚界限标准的确定采用的是立法既定性又定量(主要是抽象定量),具体的量化标准由司法机关掌握,司法解释在其中发挥着重要的作用。TRIPs 中与我国量化标准的犯罪门槛直接相关的就是“商业规模”的理解和具体标准。美国认为具有商业规模的蓄意假冒商标和盗版案件,中国在该等案件中没有规定适用的刑事程序和处罚。门槛据称排除了整类假冒商标和盗版行为被刑事追诉和定罪的风险。由于门槛中规定的有限数量标准,认为门槛要求执法官员忽视假冒商标和盗版的其他迹象。①

关于此问题,首先,要确定的是,中国有无权力降低 TRIPs 所规定的义务标准。然后才是就第 61 条规定而言,中国是否履行了义务。专家组在其报告中指出,请中国注意,《WTO 协定》第 14.4 条作出如下规定:每一成员应保证其法律、法规和行政程序与所附各协定对其规定的义务相一致。"所附各协定"包括 TRIPs。因此,成员有义务确保其法律与 TRIPs 中规定的义务相一致。专家组认为,TRIPs 第 1.1 条第 3 句没有赋予成员履行更低标准的自由,而是授予了成员确定实施这些规定的适当方法的自由,对第 1.1 条 3 句话前后一致的理解并不允许用国内法律体系和实践的差异,来证明可以减损执行有关实施规定的基本义务。②

关于"商业规模",专家组认为,"规模"一词是一个深思熟虑的选择,在解释时必须加以重视。"规模"意指一种相对大小,反映了谈判者以假冒商标和盗版行为的规模大小限制第 61 条第 1 句义务的意图。在专家组看来,只有不仅根据活动的性质,也根据其相对大小,将"商业的"和"规模"的基本定义结合起来作为一个市场基准进行考察,才能使得这种结合与第 61 条的上下文相匹配。就数量而言,该等基准应该是从事商业或有关商业的活动或涉及商业的活动时,典型或通常的规模或程度。该等规模或程度在义务所适用的不同假冒商标和盗版"案件"中各不相同。这表明什么是典型的或通常的,将根据所涉商业种类而变化。具体的门槛在个案中取决于该短语所涉及的产品和市场。"具有商业规模"的假冒商标或盗版指的是在特定市场中,针对特定商品,以典型或通常的商业活动的数量或规模进行的假冒商标或盗版。③ 对于美国所提出的诉求而言,专家组认为美

① 参见商务部条约法律司、上海 WTO 事务咨询中心编译:《中国——影响知识产权保护和实施措施案(DS362 号)》,上海人民出版社 2013 年版,第 132～133 页。

② 参见商务部条约法律司、上海 WTO 事务咨询中心编译:《中国——影响知识产权保护和实施措施案(DS362 号)》,上海人民出版社 2013 年版,第 136、137 页。

③ 商务部条约法律司、上海 WTO 事务咨询中心编译:《中国——影响知识产权保护和实施措施案(DS362 号)》,上海人民出版社 2013 年版,第 144、152 页。

国所提供的其认为某些具有商业规模的假冒商标和盗版的数量本身不能证明何种规模对中国的任何市场、任何商品而言构成商业规模，[①]即美国在这个争端问题上，输在了没有提出足够的证据证明中国的刑事立法及司法解释没能涵盖全部具有商业规模的侵犯商标权行为和盗版行为。至于中国现行刑事立法及司法解释所构建的相关侵犯知识产权罪处罚界限，是否符合 TRIPs 所设定的最低义务标准，专家组报告中没有给出结论。因此中国侵犯知识产权犯罪处罚界限是否达到履行国际义务的标准还是未知数。

2.争端对方关于“商业规模”的主要观点

美国认为，首先，通过使用“商业规模”，TRIPs 明确，WTO 各成员必须对达到一定程度或规模的侵权行为进行刑事处罚。即使在没有证据证明侵权者有商业动机或目的的情况下，各成员也必须这么做。其次，通过使用“商业规模”一词，TRIPs 与商业市场建立了联系：“意在获取商业回报的”或“商务的”行为在此进行；带有商业目的侵权者因其假冒或盗版行为在此获取利润。因此，“商业规模”既涵盖出于商业回报目的在市场上实施的商业行为之人，又包括那些无论出于何种动机或目的，在相关市场中达到一定程度或规模从而足以构成“商业规模”之人。美国认为，中国通过刑法及司法解释做确定的数量标准，导致众多具有商业规模的假冒商标和盗版行为免除了受刑事追诉和定罪的风险。[②]

3.第三方关于中国立法裁量权及“商业规模”的意见

关于中国在 TRIPs 框架之下的立法裁量权问题，发达国家和发展中国家的观点、立场明显不同，如阿根廷认为各成员国有权利利用协定内在的灵活性，有权在各自的法律制度和实践中确定实施本协定规定的适当方法，WTO 任何成员保护中国，有权在执行问题上遵循自己的传统，而且刑法完全属于国家主权的范畴，成员政府在这一领域作出国际承诺仅属于例外情况，允许政府在实施上具有自由裁量权。巴西也认为，TRIPs 本身承

① 参见商务部条约法律司、上海 WTO 事务咨询中心编译：《中国——影响知识产权保护和实施措施案（DS362 号）》，上海人民出版社 2013 年版，第 158 页。

② 参见商务部条约法律司、上海 WTO 事务咨询中心编译：《中国——影响知识产权保护和实施措施案（DS362 号）》，上海人民出版社 2013 年版，第 180 页。

认，条约的实施不是发生在一个真空中或是千篇一律的法律、经济，或社会空间中，这说明 TRIPs 的执行要根据成员国内环境的具体情况作出调整，仅需满足与条约条款的一致性即可，受到协定规定的一般原则、规则、纪律、例外、限制和弹性的限制。这与知识产权的地域性质以及国家在立法和实施上的主权相一致，认为中国有权根据其法律制度和实践选择实施 TRIPs 的适当方法，且既没有建立与一般法律实施制度不同的知识产权实施制度的义务，也没有在实施知识产权与实施一般法律之间分配资源的义务。① 而欧共体则认为，即使 TRIPs 第 61 条的恰当解释是“具有商业规模”的表述要求仅对相对狭窄范围的行为判处刑罚，也并不意味着该义务就要受到中国所主张的潜在的、无限的和不可预料的条件的限制。欧共体希望提醒各方注意中国主张的这些条件，即中国的商业背景、法律结构、公共秩序优先性和资源限制，与中国国内因素有关。“一当事国不得援引其国内法规定为理由而不履行条约”(《维也纳公约》第 27 条)是被广泛承认的国际条约法原则。②

关于“商业规模”的理解，不同第三方国家进行解释的出发点和具体观点各有不同。例如，加拿大指出中国人均国内生产总值只有 2500 美元且尚有 5700 万人口年收入低于 125 美元的事实，在此种社会经济形势背景下认为中国的量化标准过高，同时还提出一个颇有意思的观点，即 TRIPs 第 61 条第 1 句并未要求各成员国起诉所有具有商业规模的蓄意假冒商标和盗版案件，但该条确实要求成员至少能够起诉这类案件。③ 日本则从句子构造、商业规模的字典含义，TRIPs 的法语、西班牙语等不同语言文本出发，认为商业规模要依赖多种因素的判断，认为在定义上基于单一定量标准的任何制度都有风险，使得某些“商业规模”的商标侵权免于起诉和处罚，除非该定量门槛低到实际上没有任何意义。因此中国的规定不可避免

① 参见商务部条约法律司、上海 WTO 事务咨询中心编译:《中国——影响知识产权保护和实施措施案（DS362 号）》，上海人民出版社 2013 年版，第 283、295 页。

② 参见商务部条约法律司、上海 WTO 事务咨询中心编译:《中国——影响知识产权保护和实施措施案（DS362 号）》，上海人民出版社 2013 年版，第 310 页。

③ 参见商务部条约法律司、上海 WTO 事务咨询中心编译:《中国——影响知识产权保护和实施措施案（DS362 号）》，上海人民出版社 2013 年版，第 302～303 页。

地为某些商业规模的侵权创造安全区。[①]

三、中国侵犯知识产权犯罪处罚界限的应然选择

(一)强保护的政策性选择

2017 年 3 月,《国务院关于新形势下加强打击侵犯知识产权和制售假冒伪劣商品工作的意见》发布,该意见提出,推动修订完善刑法或相关司法解释有关知识产权犯罪的条款,加大处罚力度,完善定罪量刑标准,加强刑法与其他法律之间的有效衔接。加强刑事司法保护,严厉打击侵权假冒犯罪,增强刑罚的威慑力。这意味着我国关于侵犯知识产权犯罪的立法和司法解释还可能在继续调整的路上,而且政策方向是加大处罚力度。

虽然理论上对于国家对知识产权应该给予强保护还是弱保护有不同甚至是截然相反的观点,但中国当下的现实显然是强保护,而且刑法在强保护的法律体系中扮演着重要的角色。对此现实可以考虑从以下方面解读并认可其妥当性。

其一,知识产权犯罪是受全球化影响最大的犯罪领域之一。在全球化的背景下,中国知识产权的刑法保护要在复杂的国际环境中协调好履行国际条约义务和结合本国实际及法律传统和体制之间的关系(TRIPs 序言中明确规定,“考虑到各国法律制度的差异”“认识到各国知识产权保护制度的基本公共政策目标,包括发展目标和技术目标”);同时还要考虑尊重国际法及国内法中其他基本权利和原则。因此,在划定侵犯知识产权犯罪界限标准时,妥善履行国际条约义务是不容忽视、不容回避的重要方面。

其二,正如有些学者所指出的,从我国知识产权事业发展的角度来看,我国已经从“守势”转入“攻守兼备”的阶段。我国包括知识产权在内的社会经济发展总体已经具有了相当的规模和影响力,目前正经历“由大到强”的重要转变时期。而且,从当今世界立法现实状况看,知识产权强保护政策与经济市场化理念,是发达经济体发展和维持其国际地位的必然的逻辑

---

① 参见商务部条约法律司、上海 WTO 事务咨询中心编译:《中国——影响知识产权保护和实施措施案(DS362 号)》,上海人民出版社 2013 年版,第 315~319 页。

起点。[①] 海关总署发布的《中国海关知识产权保护状况》显示，尽管当前海关查获的侵权嫌疑商品中出口商品所占比例仍占绝大多数，但是其所占比例从 2015 年开始下降到了 98%位数的比值。（见表 2)而且根据《中国海关知识产权保护状况》的统计，侵权嫌疑商品中侵犯自有知识产权的情况呈上升趋势。2009 年涉及中国自主品牌知识产权的商品数量近 19%，仅次于瑞士名列第 2 位，比 2009 年的占总比重 7%有了大幅提高。2011 年，海关查获侵犯自主品牌的货物所占比重甚至居首位。加大对知识产权刑法保护力度也符合中国利益。

表 3　中国海关查获侵犯自主知识产权嫌疑商品情况统计表

年度	2016	2015	2014	2013	2012	2011	2010	2009	2008	2007
嫌疑商品量（万件）	757.85	/	1200	2600	2816	1900	/	/	2372	1111
嫌疑商品批次	/	1939	514	/	/	/	/	/	553	451
嫌疑商品案值（万元）	/	5590	7400	/	/	/	/	/	4525	3959

(二)相关犯罪处罚界限的具体确定

在此要解决的问题就是中国对知识产权刑事保护措施实施的灵活性问题。根据“中国——影响知识产权保护和实施措施案”专家组报告中的

① 易继明、孙一那:《美国知识产权政策走向及其对中国的影响》，载《国际贸易》2017 年第 3 期。

意见，成员国有义务确保其法律与 TRIPs 中规定的义务相一致，不允许用国内法律体系和实践的差异，来减损执行有关实施规定的基本义务。[①] 我国刑事立法既定性又定量的传统模式不能成为减损 TRIPs 义务的理由。中国只能在“具有商业模式”的解释背景下，确定具体入罪门槛的量化标准。

首先，犯罪处罚门槛应根据 TRIPs 所划定的行为类型、受保护知识产权类型，分别确定。根据该协定第 61 条的规定，要求应(shall)采取刑事措施保护的只限于具有商业规模的蓄意假冒商标或盗版案件，而对于其他知识产权侵权案件的刑事程序和处罚，只规定各成员可(may)规定，即授权式规定。因此，从履行国际条约义务角度而言，保持低入罪门槛的首先应只限于侵犯商标权犯罪。另外，从海关查扣的侵权嫌疑商品的构成上来看，主要是侵犯商标权类型的商品(见表 2)。从国内司法统计数据来看，侵犯商标权犯罪也占据了绝大多数(见表 4)。从保护法益角度来看，商标权不仅是私权，而且具有识别商品来源的根本属性，侵犯商标权的行为也是对社会公众利益的侵害。从这些角度考虑，上述犯罪应维持低入罪门槛。至于侵犯著作权犯罪，从司法统计上来看，侵犯著作权犯罪的增加主要是在 2011 年以后，而且只在 2012 年和 2013 年迅猛增加，从 2014 年起明显回落，这应该与 2010 年 10 月至 2011 年 6 月国务院发动的为期 9 个月的打击侵犯知识产权和制售假冒伪劣商品专项行动有关。工作目标和重点包括，严肃查处一批国内外重点关注的侵犯知识产权大案要案，形成打击侵犯知识产权行为的高压态势。工作任务之一是加大刑事司法打击力度，坚决追究侵犯知识产权犯罪分子的刑事责任。从正常司法程序的周期而言，2012 年出现一审结案数高峰是合乎逻辑的。但总体而言，侵犯著作权犯罪并非高发，而且著作权不是一般的私权利，它涉及法律要在保护私权和知识共享的公共利益之间合理权衡，所以尽管 TRIPs 中要求应对盗版采取刑事措施，但是在制定具体的入罪门槛时可以通过对商业规模解释确立较高标准，以避免对侵犯著作权犯罪处罚范围过宽。至于专利权和商业秘密，因相关国际条约中没有强制性刑事保护措施的要求，尤其在当

---

① 参见商务部条约法律司、上海 WTO 事务咨询中心编译：《中国——影响知识产权保护和实施措施案 (DS362 号)》，上海人民出版社 2013 年版，第 132～133 页。

下专利权高度集中的领域中，专利权之间存在交叉现象普遍、认定专利侵权难度较大，而且实践中假冒专利罪犯罪数量极少，甚至可以考虑给予非犯罪化，由民事法律来提供保护和救济。

其次，关于"商业规模"之标准的确定问题。在"中国——影响知识产权保护和实施措施案"中，专家组认为，将"商业的"和"规模"的基本定义结合起来作为一个市场基准进行考察，才能使得这种结合与第61条的上下文相匹配。就数量而言，该等基准应该是从事商业或有关商业的活动或涉及商业的活动时，典型或通常的规模或程度。该等规模或程度在义务所适用的不同假冒商标和盗版"案件"中各不相同。这表明什么是典型的或通常的，将根据所涉商业种类而变化。具体的门槛在个案中取决于该短语所涉及的产品和市场。"具有商业规模"的假冒商标或盗版指的是在特定市场中，针对特定商品，以典型或通常的商业活动的数量或规模进行的假冒商标或盗版。[①] 这样的观点意味着，侵犯商标权犯罪和侵犯著作权犯罪之入罪门槛的设定应该是特定商品、特定市场、通常商业活动数量等多元素综合考虑的，而不应只局限于非法所得数额、非法经营数额、侵权商品件数等具体数额标准。由此决定，司法机关在制定解释性文件中要更多使用抽象性表达，才可能满足这样的要求。这与我国司法解释历来依赖具体数额标准的做法不一致。但是作为履行国际义务的需求，又必须调整一贯做法。事实上，依赖具体数额标准来划定入罪门槛的做法虽然对司法机关统一执法标准有益，但过度依赖简单化的具体数额标准本身就有明显缺陷。因此，在侵犯商标权和著作权犯罪中如何为"商业规模"判断设定合理的考量标准还是有待研究的课题。

表4　全国地方法院一审侵犯知识产权罪案件具体罪名适用情况统计表

年度	2010	2011	2012	2013	2014	2015	2016
假冒注册商标罪	585	1060	2012	1546	2031	2133	1793
销售假冒注册商标的商品罪	345	863	1906	1496	1903	1789	1543

① 商务部条约法律司、上海WTO事务咨询中心编译：《中国——影响知识产权保护和实施措施案（DS362号）》，上海人民出版社2013年版，第144、152页。

续表

年度	2010	2011	2012	2013	2014	2015	2016
非法制造、销售非法制造的注册商标标识罪	182	370	615	350	397	358	311
假冒专利罪	2	1	63	1	1	1	5
侵犯著作权罪	85	594	3018	1499	722	523	207
销售侵权复制品罪	5	30	27	15	12	5	4
侵犯商业秘密罪	50	49	43	50	37	47	40

论网络环境下著作权的刑法保护

杨辉忠*

引　言

互联网是一个没有界限、没有中心的全球性信息媒体。据不完全统计,自1994年4月中国正式接入国际互联网以来,截至2015年12月底,我国互联网的普及使用率高达50.3%,网民规模达到了6.88亿。[①]随着互联网、电子商务和网络信息传播的迅猛发展,传统的著作权观念和法律面临着日益严峻的考验。网络传播作为一种全新的传播方式,给使用者带来了前所未有的便利,但同时也增加了侵权的风险,给著作权人带来了一定的损失。网络传播跨时空、速度快的特性,增加了著作权保护的困难。法律作为保障社会生活的最后一道屏障,理应发挥其应有的作用。刑法作为法律保护的最后的保障,应当肩负起惩罚网络环境下著作权犯罪以有力的保护法益的神圣职责。

但是,基于与传统的著作权的对比,网络环境下著作权的内容和形式都有所扩张,故而,网络环境下著作权的保护仍然面临很多问题。比如,在

---

* 杨辉忠,南京大学法学院副教授,刑法教研室主任,江苏省法学会刑法学研究会秘书长。

① 参见2016年1月22日中国互联网络信息中心发布的《中国互联网络发展状况统计报告》。

保护范围上与《著作权法》严重脱节、对作品的保护范围过小、对侵权方式的范围规定得过窄、主观的目的性限制了著作权的保护范围等。上述种种原因,使得刑法对网络环境下著作权的保护力度相对有限。所以笔者认为,为了适应新环境下对著作权的保护,应适度地扩张刑法对著作权的保护范围。

一、网络环境下著作权犯罪的特点

(一)网络环境下著作权的概念与特征

著作权,又称“版权”,是指文学、艺术、科学技术等作品的作者或者其他著作权人在法定期限内对其作品享有的专有权利。这是传统的著作权概念。随着信息网络的迅猛发展,著作权的内涵与外延也在发生极大的变化。基于计算机网络的特点以及网络环境下作品的特点,应该对网络环境下的著作权的概念加以界定。笔者认为,网络环境下著作权,是指著作权人以网络为载体,将自己创作的作品通过计算机终端上传到网络,并基于此所享有的著作权,即相关权利。[①] 网络环境下著作权并不是一种新的权利,而是传统的著作权的一种延伸。

1.传统著作权与网络环境下著作权的作品的表现形式不同

传统意义上的作品指的是文学、艺术和自然科学、社会科学、工程技术等具有独创性,能够以某种形式进行复制,并且能够以某种物质形式固定下来,为人所利用的作品。传统作品的表现形式主要是手稿、印刷品、音像制品。

网络环境下的作品,主要有三个特征:(1)作品与载体之间的紧密联系被打破,呈现出一种无形性。传统意义上的作品基本上都是固定在某种载体上进行传播和利用,其特点是传播速度慢、效率较低。而网络环境下作品的优势主要是传播速度快、传播效率高,可以在短时间内到达世界的任何一个有网络的地方。(2)作品受保护的标准变得模糊。传统意义上的作品受著作权保护的实质条件是作品必须具有独创性,作品独创性的要求体现了对作者智慧结晶的肯定。在网络环境下,多媒体创作形式开始出现,

---

① 相比之下,笔者认为,将该种权利称为“网络环境下的著作权”可能比“网络环境下著作权”更为合适。但为了行文的方便,笔者还是采取“网络环境下著作权”的称谓。

作品的标准也变得模糊起来。例如，数据库是否符合法律保护的标准就是一个十分有争议的问题。因为数据库的创作，包含大量的数据信息，这些信息，有的具有独创性，有的不具有独创性。如何在著作权领域进行区分，是司法实践面临的一大难题。(3)作品之间的联系日益紧密，如何对作品之间的界限进行划分变得困难起来。尤其是“超文本”的出现，使得很多作品紧密地联系在一起，一个超文本甚至包括上千个传统作品。

2.权利归属复杂化

传统著作权的权利主体是具体而明确的，包括直接创作作品的著作权主体和通过继受取得著作权的主体。但是在网络环境下，由于创作方式的变化，作品的归属成为一个复杂的问题。在“改编文化”抬头的今天，作品不再是作者一个人的创作，很多作品经过了再加工、再创作，甚至是分解、改编，形成新的作品形式。另外，网络环境下著作权的主体呈现大众化的趋势，一些新的作品形式，如交互式作品大量出现，有时参与者甚至对作品创新提出了具有实质性影响的意见、观点，在这种情形下，如何区分各个部分的权利归属就成了一个难题。此外，在网络环境下，著作权的主体不仅仅是上述创作作品的人，还有一个群体值得关注，那就是网站的管理者。网站的管理者对其网页的整体设计及网站的内容整体享有著作权。一则因为网页的设计和内容符合作品独创性的要求。二则因为这种网页的设计和内容可以采用某种有形的方式固定下来进行传播和利用。

3.地域性受到挑战

地域性是传统著作权的一个显著特征，也是用来确定著作权法适用范围的原则之一。但是随着网络时代的到来，这种所谓的地域性原则就难以在司法实践中适用。网络跨越时间和空间，而且其传播速度极快，具有不确定性，正是这种不确定性使得网络环境下的著作权的地域性难以确定。

4.权利内容技术化

与传统的著作权案相比，网络环境下的著作权的权利内容发生了重大的变化，权利的行使与技术的运用密不可分。比如，在复制权方面，传统的复制是对著作权内容进行永久性的复制，其后果是信息内容在某种载体上完整再现，但在网络环境下，基于数字技术的特点，复制发生了根本性的改变，至少，作品可以在短时间内进行大批量的复制。又如，发行权，传统的

发行是向公众提供作品原件或者复制件的行为，其特征是作品的载体发生转移；但在网络环境下，发行是通过数字传输技术实现的，其行为是仅发生作品内容的转移，作品的载体并未发生任何转移。

(二)网络环境下著作权犯罪的现状及特点

基于数字化技术的发展，网络环境下的著作权与传统的著作权发生了很大的变化。故而著作权犯罪的产生与发展呈现出与以往不同的新特点。刑法必须对这些新特点加以关注、研究与回应，才能更有力地预防与惩治著作权犯罪，更好地对著作权加以保护。

1.侵权行为方式新型化和智能化

随着网络的普及，绝大多数的作品都可以通过数字化的方式上传到网络或者以数字化的方式呈现出来，行为人可以直接进行复制下载，甚至可以对下载的作品进行修改或者做内容的增减，然后再上传到网络上进行再传播。这一点，与传统的著作权的侵权行为极为不同。另外，在网络环境下，侵权行为方式的智能化程度越来越高。为了保护自身的利益，很多著作权人会采取一些技术措施防止权利被其他人侵害。比如，著作权人对作品进行加密处理或者软件的开发者在进行软件设计时加入特殊的指令，用一般的方法无法进行复制或者使复制后的软件无法进行正常的工作。但是，即便是这样，有些人在高额利润的驱使下，仍然能找到针对专门措施的破解方法。也正因为这样，网络环境下著作权侵权行为的智能化和新型化给著作权的法律保护带来了一定的难题。

2.犯罪目的多元化

传统意义上的作品的复制与发行，需要经过比较复杂的环节才能实现，成本往往比较高，因而侵权人的目的多是为了营利，故而现行刑法中规定的侵犯著作权罪的主观方面要求行为人必须是为了营利的目的方能构成该罪。但是在网络环境下，著作权侵权的成本较低，侵权行为的实施又比较便利，这就造成了行为人实施侵权行为的主观目的的多样性。有的行为人是出于网络共享的目的将他人的作品上传到网上供人下载使用，而有的行为人则是为了显示自己出色的计算机方面的才能并以此吸引别人的注意力，更有甚者，有的行为人仅仅是出于娱乐的目的而实施侵权行为。

3.网络著作权侵权行为成本低、影响大

网络的发展,使得作品传播的途径发生了很大的变化,作品的传播不必依靠某种有形的物质载体,不像传统的作品的传播需要投入大量的人力财力,经过复杂的复制、发行、运输、销售等环节才能完成。在网络环境下,行为人不需要很多的投入,甚至不需要任何投入,仅凭自己的技术支持,将相关的作品汇集到自己设计的网站上即可。因此,侵犯著作权犯罪的成本变得更低,侵权行为更加猖獗。此外,网络空间具有开放性,传播的速度又非常快,侵犯著作权的后果,主要取决于他人的点击率、浏览和下载量,有时连侵权者本人都无法预见和控制。即便是某个案件已经进入了民事或者刑事诉讼程序,甚至在判决之后,仍然很难在网络上断绝该侵权行为的进一步蔓延。[①] 所以,该类案件的影响非常广泛。

二、网络环境下侵犯著作权犯罪的刑法规制

(一)网络环境下侵犯著作权罪的主体

根据《中华人民共和国刑法》(以下简称《刑法》)第 217 条的规定,侵犯著作权犯罪的主体是一般主体,即凡是年满十六周岁具有刑事责任能力的自然人都可以成为该罪的主体。同时,根据《刑法》第 220 条的规定,单位也可以成为该罪的主体。关于传统的侵犯著作权罪的主体在网络环境下是否适用,学术界存在争论。有的观点认为,网络并不是独立于人类社会而存在的,而是在人类社会的信息时代开发出来的一种新的信息传播媒体,相同的法律主体不可能因其利用的工具、媒体的不同而发生质的变化,著作权的主体也是一样。[②] 笔者认为,传统的侵犯著作权的主体在网络环境下的适用是没有问题的。但是基于网络的特殊性,有一个问题值得探讨,即网络服务的提供者能否成为侵犯著作权罪的主体?因为,网络服务提供者是伴随着网络的发展而诞生的一个特殊群体,在侵犯著作权案件中常常成为连接侵权行为主体和侵权对象的一个桥梁。

---

① 朱军、宋国强:《网络环境下侵犯著作权案件侦查难点与对策》,载《中国刑警学院学报》2012 年第 3 期。

② 赵媛、王远均:《新〈著作权法〉与网络环境下的著作权主体问题》,载《情报理论与实践》2003 年第 1 期。

网络服务提供者一般也被称为网络服务商，凡是以互联网为基础提供服务的个人、经济组织或者其他单位都可以成为网络服务的提供者。有的学者将网络服务的提供者分为网络连接服务提供商和网络内容提供商。[①]网络连接服务提供商是指根据网络内容提供者的指令，通过信息网络自动提供作品等客体的上载、存储、链接或搜寻等功能，并且对存储的内容不进行任何编辑、修改或者选择的自然人、法人或其他组织。网络内容提供商是指利用网络连接线路，通过设立的网站向用户提供各种信息服务的公司或者机构。

对于网络服务提供商以普通身份实施的侵犯著作权的行为与一般主体并无二致，可以构成侵犯著作权罪。对于网络服务提供商以业务身份实施的侵犯著作权的行为以及相应的刑事责任，我国刑法并没有明确的规定，但是其以业务身份实施的侵犯著作权的行为又经常发生，所以刑法上必须加以重视与研究。

1.单独实施的作为行为

网络服务提供商由于其业务身份，其实施的侵犯著作权的行为对社会的危害性比一般人更大。无论是网络连接的提供者还是网络内容的提供者，只要行为侵犯了著作权人的合法权益，都可以构成侵犯著作权罪。对于网络内容服务商而言，作为网络空间大量信息的提供者，提供信息的方式主要是上传和转载。如果网络内容的提供者直接上传的内容涉及侵犯他人著作权及其他相关权益，构成犯罪的，都可以按照侵犯著作权罪进行定罪处罚。对于转载他人已经构成侵犯著作权的作品的行为，要看网络内容提供者主观上是否明知。如果网络内容提供商事先明知而仍然转载，可以按照侵犯著作权罪来进行处罚，否则就不构成犯罪。总之，网络服务提供者的行为是否构成犯罪取决于其行为是否取得相关权利人的许可。

2.单独实施的不作为行为

网络服务提供者的不作为行为是否构成犯罪，取决于他是否负有某种作为义务。网络服务提供者的义务主要来源于法律法规。根据相关规定，

① 吴汉东：《中国知识产权制度评价与立法建议》，知识产权出版社2008年版，第99页。

网络内容提供者可以承担不作为的侵权责任。[①] 电子公告服务提供者具有监管和删除违法信息的义务。[②] 对于网络连接提供者，具有对发现的违法犯罪信息断开的义务。[③]

在不作为的情况下，网络连接的提供者与网络内容的提供者能否构成侵犯著作权罪，要具体问题具体分析。笔者认为，网络连接提供者不应构成侵犯著作权罪，因为网络的信息量大、传播速度快以及传播无国界等特性，使得网络连接提供者难以在众多的网络用户接入者中判断哪些行为具有违法性，即便认定网络服务提供者有义务制止严重侵犯他人著作权的行为在网络上传播，但基于网络的特性，网络服务提供者根本不具有制止的能力，应该属于刑法理论上的无期待可能性，阻却责任。

对于网络内容的提供者，笔者认为，当网络内容提供者明知他人实施了侵犯他人著作权的行为而不采取措施，如果达到了法定的立罪标准，即可以依照侵犯著作权罪来进行定罪处罚。因为网络内容提供者是用自己的网站向用户提供信息的，这就说明其有足够的时间和技术以审查其提供的内容是否违法，对于严重侵犯他人著作权的行为具有制止的义务，同时也具有制止的能力。有义务、有能力制止而不予制止，完全可以按照侵犯著作权罪进行处罚。

3.共同的侵权行为

网络服务提供者与实施犯罪的行为人共谋，为其提供便利条件的行为应认定为共犯是没有任何疑问的。但是在没有共谋的情况下，网络服务提供者明知他人实施了侵犯著作权的行为，仍然为其提供服务的行为如何认定？能否以侵犯著作权罪的共犯论处？

对于上述问题，刑法理论上确有研究之必要，刑法理论界也是观点纷呈，莫衷一是。一种观点认为，纯粹的网络服务行为应当是中立行为，不具有刑事可罚性。[④] 第一，网络服务提供商的行为通常情况下都是中立的帮

---

① 《最高人民法院关于审理涉及计算机网络著作权纠纷案件适用法律若干问题的解释》第 5 条。

② 《互联网电子公告服务管理规定》第 13 条。

③ 《全国人民代表大会常务委员会关于维护互联网安全的决定》第 7 条。

④ 王冠:《深度链接行为入罪化问题的最终解决》，载《法学》2003 年第 9 期。

助行为,行为没有制造被社会和法律所不能容忍的社会风险,对这种行为不应该作为帮助犯进行处罚。第二,网络服务提供者大多都是经营性质的,为用户提供上网和使用的便利,是其正常的业务行为,网络服务提供的行为本身并没有达到值得作为帮助犯处罚的危险程度,所以不宜认定为帮助犯。正如有的学者所主张的,网络连接提供者不应该对网络用户利用网络实施的犯罪行为承担刑事责任。在西方很多发达国家,一般都不会要求网络连接提供者承担法律责任。[①] 另一种观点认为,可以从共犯行为正犯化的角度来解决网络服务提供商的入罪问题。一般情况下,刑法将链接行为作为一种手段行为而不是一种独立的犯罪行为加以评价,随着搜索引擎的发展,链接行为更加具有独立性和主动性,采用片面共犯理论无法解决司法认定上的难题。为了应对网络犯罪,传统的刑法理论一般是通过扩张解释的方式将其纳入评价和打击的范畴。面对网络空间链接行为的独立化态势,将链接帮助行为加以正犯化,也将会是未来刑事立法与司法无法回避的选择。[②]

顺应网络的发展趋势,2015 年出台的《中华人民共和国刑法修正案(九)》[以下简称《刑法修正案(九)》]第 29 条规定:明知他人利用信息网络实施犯罪,为其犯罪提供互联网接入、服务器托管、网络存储、通信传输等技术支持,或者提供广告推广、支付结算等帮助,情节严重的,处三年以下有期徒刑或者拘役,并处或者单处罚金。《刑法修正案(九)》这样规定的目的在于意图对网络犯罪的帮助犯单独作出规定,但有学者认为这一规定可能将明显属于中立行为的情形认定为犯罪,是值得推敲的。[③] 相比之下,2011 年最高人民法院、最高人民检察院、公安部颁布的《关于办理侵犯知识产权刑事案件适用法律若干问题的意见》(以下简称《意见》)第 15 条的规定,则是另一番趣旨。《意见》第 15 条规定:明知他人利用互联网信息实施犯罪,而为其提供互联网接入、服务器托管、网络存储空间、通信传输通道、代收费、费用结算等服务,以侵犯著作权罪的共犯论处。显然两者在对

① 转引自彭文华:《网络服务商之刑事责任探讨》,载《佛山科学技术学院学报(社会科学版)》2004 年第 3 期。

② 于志刚:《搜索引擎恶意链接行为的刑法评价》,载《人民检察》2010 年第 12 期。

③ 周光权:《网络服务商的刑事责任范围》,载《中国法律评论》2015 年第 2 期。

待中立的帮助行为性质上的态度明显不同，前者将其看作是独立的犯罪，属于共犯的正犯化，而后者则将其看作是帮助犯，属于共犯。但是因为《刑法修正案（九）》一则属于刑事立法，二则颁布的时间比《意见》要晚。所以，无论从哪个意义上说，其效力都高于《意见》，自然普遍适用。

（二）网络环境下侵犯著作权罪的主观方面

刑法理论上将犯罪的主观方面分为故意和过失，我国刑法也明确规定了犯罪的故意和过失。在侵犯著作权罪中，多数犯罪的主观方面表现直接故意，间接故意较少。司法解释规定了侵犯著作权罪的共犯，而共犯在主观心理上至少表现为间接故意。[①]

侵犯著作权罪的主观方面，按照刑法的规定，必须要以营利为目的，依照罪刑法定的原则，没有营利的目的，就不能构成该罪，这是一种当然的解释。但是，在网络环境下，"以营利为目的"的构成要件显然受到了极大的挑战。所以，在网络环境下，侵犯著作权罪是否还以营利为目的为构成要件，学术界争论较为激烈，并逐渐形成保留派和废除派两大观点。

1.保留派的传统观点

有些学者主张将"以营利为目的"继续保留为侵犯著作权罪的成立条件，主要是考虑到保持刑法的一贯性和稳定性。该部分学者认为：第一，"以营利为目的"的构成要件在制裁侵犯著作权罪上符合刑法的谦抑性的要求，保留营利的目的要件可以控制入罪的范围。[②] 第二，从该类犯罪发生的动机来看，该类犯罪的行为人大都受经济利益的驱动，对于以营利为

---

① 笔者认为，侵犯著作权罪在主观上能否由间接故意构成，是值得探讨的。传统的刑法理论认为，犯罪目的仅存在于直接故意之中，间接故意和过失不存在犯罪的目的。根据我国《刑法》第 217 条的规定，侵犯著作权罪是目的犯，行为人必须具有"营利的目的"方可构成本罪。因此，笔者认为，侵犯著作权罪的主观方面只能是直接故意，而不能是间接故意。至于司法解释，《最高人民法院关于办理侵犯知识产权刑事案件具体应用法律若干问题的解释》第 16 条规定：明知他人实施侵犯知识产权犯罪而为其提供贷款、资金、账号、发票、证明、许可证件，或者提供生产、经营场所运输、储存、代理进出口等便利条件、帮助的，以侵犯知识产权罪的共犯论处。在这里，似乎也得不出侵犯著作权罪的共犯在主观上至少是间接故意的结论。

② 陈兴良：《刑法哲学》，中国政法大学出版社 1997 年版，第 7 页。

目的的主观构成要件的保留不会降低对著作权的刑事保护水平。[①] 第三，对于国外法律的借鉴一定要考虑自己的国情，不能盲目照搬照抄。侵犯著作权罪在我国要求以营利为目的是与我国的定性加定量的立法模式与我国对该类犯罪惩治的刑事政策紧密相关的，而国外有些国家没有规定此犯罪目的，也是与其特定的背景与司法环境有一定关系的。第四，我国网络发展起步较晚，广大用户对于免费使用网络资源习以为常，取消以营利为目的的构成要件无疑会使所有人都面临被法律追诉的风险，所以，取消以营利为目的的要件实不可行。此外，网络环境下著作权的内容本身就有所扩张，不应再取消营利的目的要件，否则会造成利益的不平衡。[②]

2.取消论的激进观点

不过，在网络环境下，主张取消以营利为目的的主观要件的观点的学者似乎更多，主张取消的理由似乎也很充分。第一，以营利为目的的主观要件的设置仅仅重视著作权人的经济利益，限制了对著作权人的精神利益的保护。因为在网络条件下，不以营利为目的的侵犯著作权的行为同样具有严重的社会危害性，也需要加以制裁。保留以营利为目的的主观要件缩小了保护的范围，不利于对著作权人的人身权利的保护。[③] 第二，"以营利为目的"的主观归责要件存在立法指导思想的偏颇。刑法的条文之间、刑法与著作权法之间的矛盾，导致司法补救功能无法发挥。在刑法分则第三章的第七节，规定了八个侵犯知识产权的犯罪，但只有侵犯著作权罪和销售侵权复制品罪要求"以营利为目的"的主观要件，而其他的几个犯罪均不要求该要件，这就破坏了知识产权类犯罪的主客观要件的统一。另外，随着社会的发展，《著作权法》在修改的过程中取消了复制发行作品的营利的要件，但是刑法在修正的过程中似乎还没有将该问题提上日程。第三，以营利为目的的主观要件增加了司法机关取证的难度，阻碍了司法机关对案

① 曹刚、周洋：《论知识产权罪：兼论相关刑法条文的修改》，载《电子知识产权》2005年第9期。

② 杨彩霞：《网络环境下著作权刑法保护的合理性之质疑与反思》，载《政治与法律》2013年第11期。

③ 管瑞哲：《网络环境下知识产权刑法保护问题》，载《江苏警官学院学报》2006年第5期。

件的查处，增加了公诉机关的证明难度，降低了犯罪的打击率。[①] 第四，营利目的的设置不符合国际立法对著作权保护的趋势，世界上大多数国家在立法上均取消了“以营利为目的”的主观要求。[②]

笔者认为，保留派的观点立足于我国传统著作权的保护的实际情况，突出刑法的谦抑性，严格入罪的范围，彰显了刑法作为法律保护的最后一道屏障的作用。但是，网络的出现，改变了著作权的犯罪模式，使侵权的目的更加多样。刑法如果仍然坚持侵犯著作权罪的“以营利为目的”的主观要件，具有明显的滞后性和制约性，难以适应时代发展的需要，将很多不拘于营利目的的严重侵权行为排除在刑法规制之外，有纵容犯罪之嫌，受损的不利后果还是要著作权人自己承担。相比之下，反对派的观点则审时度势，立足于网络环境下著作权犯罪的新特点和国际的立法趋势，考虑了侵权行为人的不同目的，既惩治了不具有营利目的的侵犯著作权的行为，同时也协调了法律与法律之间、条文与条文之间的矛盾和冲突。因此，该观点更显合理性。

但是取消论的观点也应该有所限制，因为一旦所有的侵犯著作权的犯罪都取消了以营利为目的的主观要件，将势必会扩大处罚的范围。解决的方法就是刑事立法应当将侵犯著作权的犯罪分为传统的侵犯著作权和网络环境下的侵犯著作权两大类，并对其规定不同的成立犯罪的主观要件。对于传统的侵犯著作权的犯罪，仍然保留以营利为目的的主观构成要件，而对于网络环境下的侵犯著作权的犯罪取消以营利为目的的主观要件，可能会更加合理。

(三)网络环境下侵犯著作权罪的客观方面

网络作为著作权的新型载体，其自身的诸多特点，决定了侵犯著作权罪在行为对象、行为方式等诸多方面具有不同于传统的犯罪的一面。

1.行为对象

知识产权是以人类的智力成果作为保护对象的，而著作权作为知识产权的一个重要组成部分，其主要保护的是智力成果的表现形式，即作品。

---

① 唐翟尧:《知识产权犯罪:利益背景与刑事控制》,载《中国刑事法杂志》2002年第3期。

② 任军民:《论法国信息网络刑事保护对我国有关立法的启示》,载《知识产权》2006年第5期。

根据《中华人民共和国著作权法》(以下简称《著作权法》)的规定，传统意义上的作品包括文字作品、音乐、电影、电视、录像作品、计算机软件、假冒署名的美术作品及其他作品等。这些均可以成为侵犯著作权罪的行为对象。但在网络环境下，传播技术的发展，改变了作品的创作、使用、传播的方式，作品的范围逐渐扩大，也就出现了所谓的网络作品。关于网络作品的具体含义，理论界素有争议。一般认为有广义和狭义两种观点。广义说认为，网络作品是包括上网作品和网上作品在内的一切在网络上传播的作品。狭义说则认为，网络作品仅指在网络上发表、传播、流通的作品。[①]

笔者认为，网络环境下著作权的保护对象应当是网络作品。网络作品只要符合传统作品的要件，满足创新性和可复制性，就可以成为著作权法的保护对象，也就可以成为刑法保护的对象。但是理论上颇有争议的是网页和数据库能否成为刑法保护的对象？笔者认为这个问题值得探讨。

(1)网页。网页是构成网站的基本元素，是承载各种网站应用的平台，是文字、图片、声音等各类网络信息的基本载体。一般来讲，构成网页的主要内容的素材可以作为著作权法上的作品来进行保护。网页将文字、图形、颜色进行数字化的特定的组合，也应当认定为具有著作权法上的独创性和艺术性；另外，网页也可以有形的载体进行复制。网页的制作需要一定的计算机技术，可将其归为“文学、艺术和科学领域的范畴”。故而，网页符合作品的实质特征。满足《最高人民法院关于审理涉及计算机网络著作权纠纷案件适用法律若干问题的解释》的规定，属于在文学、艺术和科学领域内具有独创性并能以某种有形形式复制的智力创作成果，人民法院应当予以保护，但是网页仅属于著作权法的保护对象，但能否成为刑法上的保护范畴，可能还需要最高司法机关作出具体的司法解释。

(2)数据库。数据库是按照数据结构来组织、储存和管理数据的仓库，通常指由数字符号、图案或者其他信息构成的，能以电子或者非电子的形式访问的集合体。[②] 数据库可以分为传统数据库和电子数据库。我国对数据库的保护一直比较模糊，修改后的著作权法也没有关于数据库的明确

① 蒋志培：《入世后我国知识产权法律保护研究》，中国人民大学出版社 2002 年版，第 177 页。

② 杨小兰：《网络著作权研究》，知识产权出版社 2012 年版，第 52 页。

规定。笔者认为,对于数据库,可以将其视为汇编作品予以保护。不过这种保护是有限制的,因为,著作权法对于汇编作品要求其在选择和编排上必须体现独创性,这就将不符合这一条件的数据库排除在保护之外。这种保护还是有限度的,只保护数据库的形式而不保护数据库的内容。另外,我国刑法并未规定对汇编作品的保护,所以,数据库在网络环境下的刑法保护成为亟待解决的问题。

2.行为方式

我国《刑法》第 217 条规定了侵犯著作权罪的四种行为方式,当这些行为的结果达到一定的数额或者情节时 ,就构成了刑法上的犯罪。但是,在网络环境下,由于网络作品具有无形性,不需要依附于任何有形的载体,所以,像诸如出版图书及制作、出售假冒他人书名的美术作品等一类的行为基本上就不会发生。在网络环境下侵犯著作权的行为方式主要是复制、发行,复制、发行是刑法中重点规制的侵犯著作权行为,因此有必要加以界定及厘清。

(1)复制

复制,从广义上来说,是指对作品的再现。根据传统的著作权法,只有在不增加原作品的内容的“再现”才是对原作品的复制,被再现的作品必须固定在某种物质载体上,从而形成作品复制件。固定作品主要采用印刷、复印、临摹、拓印、录音、录像、翻录、翻拍等手段,承载作品的物质载体限于纸张、胶片、磁带、录音带等几种形式。因此,很容易对复制行为进行判断。

但是计算机的出现给复制行为的认定带来了困难。第一,任何软件在运行的过程中,都会自动进入计算机的内存,从而在计算机内存上形成对软件的复制件。一旦关机或者形成新的指令,计算机内存上的信息就会自动消失。第二,任何上网“浏览”作品的行为都会自动地在用户的计算机上形成复制件,或者用户在多次登录或者访问同一网站时,计算机会在硬件上划出一块区域将“浏览”的作品以临时文件的形式“缓存”在其中,形成复制件,计算机的使用者一旦关闭计算机或者利用计算机查询其他信息时,该复制件就会自动消失。“浏览”虽不能使用户长期保存文件,但可以使用户在下次登录时更加快速。因此这种复制也被称为“暂时性复制”。对于“暂时性复制”是否属于传统的复制范畴,应不应该纳入刑法法的规制之中，理论上素有争议。多数观点持积极态度，认为“暂时性复制”就是传统意义上的复制，不应该游离于刑法的规制之外，但应当限制在合理的范围内。

但也有学者认为，“暂时性复制”不能认为是传统意义上的复制行为。第一，上述内存和缓存中的复制行为仅仅是一种客观的技术现象。复制本身的特点决定只有在行为人的意志支配下，自觉地、有意识地复制作品的行为才是复制行为，而内存和缓存中的复制均不是出于浏览者的主观意愿，虽然在浏览的过程中产生了作品的复制件，但不是行为人追求的目的，也不受行为人的控制，甚至有些行为人并不知道内存和缓存中的复制件的存在，更不可能刻意地去利用这些复制件进行违法犯罪活动。“暂时性复制”仅是一种附带发生的客观技术，不应该视为复制行为。第二，在内存或者缓存中暂时存在的复制件并不具有独立的、可开发利用的经济价值。传统的复制要求固定在某种载体上的实质意义在于，一旦固定在某种载体上就可以向公众提供该有形的复制件，进而获得经济利益。但是由于“暂时性复制”几乎和浏览同时产生，不可能脱离浏览行为而独立存在，因此，并没有被利用和传播的独立经济价值。

笔者比较赞成否定说的观点，认为“暂时性复制”不应该看作是复制行为。

(2)发行与信息网络传播

构成著作权法上的发行，必须具备以下几个条件：一是发行行为应当面向公众提供作品原件或者复制件；二是发行行为应当以转移作品的有形载体的方式进行。在网络出现以前，公众只能通过市场的出售、出租、出借获得作品的原件和复制件。但互联网技术的出现在很大程度上将作品的传播途径改变了，通过网络提供的作品不会导致作品复制件的转移，而是作品复制件数量的增加。

网络环境下，某些上网行为可以导致作品的传播，这与发行的功能是相似的。于是就出现了所谓的网络信息传播权。著作权法将这种权利界定为独立于复制权与发行权之外的一种新的权利。但司法解释并没有延续著作权法的观点，试图通过司法解释的方法，将信息网络传播行为包含在刑法上的发行行为之内。笔者认为，司法解释将信息网络传播行为界定为复制发行行为的情形之一，是为了规制通过网络上传作品且严重侵害他人合法权益的行为，而这种行为在性质上无法归结为传统的复制发行行为。这种做法实际上是网络环境下打击侵犯著作权行为的无奈之举，其做法实际上违反了罪刑法定原则，有越权解释之嫌。从各个国家和地区的立法实践来看，很多国家和地区的著作权法并未将通过网络传播作品的行为纳入“发行”行为，其原因就在于这种传播方式并未造成作品载体所有权及占有的转移。[①] 在网络出现之后，只有美国用“发行权”来控制网络传播作品的行为，其他国家在修改法律时均选择用“网络传播权”来控制这一行为。

三、网络环境下著作权保护的刑法完善

随着网络的发展，权力空间变大，著作权人的权利内容不断扩张，网络著作权保护更加关注如何激励商业发展和技术创新，并且在特定环境下产生了新的利益主体，即网络服务提供者。网络环境下，著作权的保护不仅涉及著作权人和社会公众，还包括网络服务提供者。此时，对于网络服务提供者的利益权衡显得至关重要。网络服务提供者为大量分散用户的网络传播行为提供了便利条件，在很多情况下成了被追责的对象。对网络服务提供者的利益考量，涉及互联网产业的发展；对于社会公众利益的考量，涉及网络资源的公共使用、公共创新空间、言论自由等公共利益。虽然对著作权保护的意图是为了鼓励创造和创新，但是对著作权的过分保护又会限制创造和创新。这是一个悖论，也是我们进行著作权利益平衡的根本原因。本着著作权利益平衡的原则，笔者认为，应当从以下几个方面对刑法中的侵犯著作权罪进行修改与完善。

(一)扩大作品的保护范围

虽然《刑法》第 217 条和《著作权法》的保护对象都是“作品”，但是，《著作权法》上的传统的作品形式是否能够全部适用《刑法》来进行保护，不能不说是一个值得进一步探讨的问题。《著作权法》中的侵犯著作权犯罪的规定属于附属刑法，按理来说，其规定的行为均可按照刑法中的规定构成

① 王迁：《论著作权法中的“发行”行为的界定——兼评全球首宗 BT 刑事犯罪案》，载《华东政法学院学报》2006 年第 3 期。

犯罪，但是，《著作权法》规定的模糊性，使其规定在刑法上找不到相对应的条款，进而失去适用的余地，形同虚设。笔者认为，既然《刑法》与《著作权法》在规定上存在脱节，无法适用，刑法只能通过扩大解释的方法将《著作权法》中规定的作品纳入《刑法》第 217 条所规定的“其他作品”的保护范畴。因为，既然《著作权法》在私权的属性上对所列明的作品进行同等的保护，那么注重社会公共利益的《刑法》就不能有失偏颇，否则就会造成新的不公正。

我国刑法如果将保护作品的形式仅限于传统的作品形式，势必会造成保护范围过窄，刑事立法的滞后性随着网络的发展更加明显，尤其是刑法的适用强调严格遵循罪刑法定原则，面对严重的侵权行为无法诉诸刑法的保护，只能在民事或者行政领域寻求救济，不利于对著作权人的利益的保护。网络环境下出现的新的作品形式，只要符合作品的构成要件，满足独创性的要求，刑法就应该予以保护。随着社会的发展和技术的进步，刑法也应当与时俱进，在未来的立法中应考虑将一些新的作品形式纳入其中。

(二)增加侵权行为的方式

现行《刑法》第 217 条采取的是列举的方式将侵犯著作权的行为具体地罗列出来，将侵权行为的方式集中在复制、发行行为，以及部分作品的出版、制作、出售，对于其他侵权行为并未规定。与《著作权法》的规定相比，《刑法》对于著作权的侵权行为方式规定得明显过窄。[①]《刑法》并没有随着《著作权法》的修改而修改，《刑法》虽然历经了九次修正，但是对于网络环境下的新的著作权侵权行为无动于衷，这不能不说是刑事立法的一大尴尬与遗憾。

网络技术的迅猛发展，不断突破人们对侵权行为方式的认知。2001 年的《著作权法》在修改时，将信息网络传播权作为一种独立的权利与复制、发行权并列。《刑法》对此也作出回应，通过司法解释的方式将信息网络传播权解释为发行的一种方式。虽然通过扩大解释的方法将信息网络传播的行为包含在发行行为之内暂时解决了司法认定上的困难，但在理论上并不能使人信服，因为扩大解释造成了人们认知上的混乱。笔者认为，

---

① 《著作权法》最初将著作权的侵权行为规定为四种方式，2000 年修改后的《著作权法》将侵权的行为方式增加到八种，但是《刑法》第 217 条的规定没有随之改变。

对于信息网络传播行为的规定不能仅仅停留在司法解释的层面，而是应当在刑法中加以规定。因为，信息网络传播的行为是通过网络向大众传播的行为，网络传播行为具有交互性的特点，即用户可以在选定的时间和地点自主地获得作品，而传统的通过复制、发行方式来传播的行为，用户不可以自己选择，只能被动地接收。与传统的发行行为相比，信息网络传播在传播方式上有质的飞跃。刑事司法解释将信息网络传播行为解释为传统意义上的发行行为，也不符合严格的罪刑法定原则，其合理性也就值得怀疑。笔者认为，应当在刑法上将信息网络传播行为明确规定为复制、发行以外的一种独立行为。

(三)明确人身权与财产权同等保护

纵观我国刑法关于著作权的保护的规定，可以看出，我国的著作权保护的对象仅注重于财产权利，而疏于人身权利。[①] 为了适应网络技术的发展，有必要对著作权人的人身权和财产权重新进行架构，以跟上时代的发展。人身权是著作权人所享有的人格和精神方面的权利，对人身权的保护展现了对著作权人智力成果的肯定，更有利于激发著作权人的创作热情。对人身权的充分保护，体现了权利本位的原则。著作权中的人身权包括发表权、署名权、修改权和保护作品完整权。这些传统的权利是在长期的理论和实践中发展完善起来的，即使在数字网络时代也不应该改变。对于人身权利的保护，不可能将原有的制度推倒重来，而是应该在原有的制度框架内进行调整，使之更加符合网络发展的要求。

网络环境下的发表权与传统的发表权并无二致，都是一次性的权利。但是值得注意的是，未经著作权人许可，将他人在传统媒体上发表的作品上传到网络，侵犯的并不是作者的发表权，而是信息网络传播权。署名权、修改权以及保护作品完整权在网络环境下也没有特殊的变化，不同之处在于更易受到侵犯，如网络恶搞、任意篡改他人作品的现象就十分猖獗，严重地侵犯了著作权人的人身权。基于刑法的局限性，无法对上述现象进行打击，这对刑法的保护提出了更高的要求。此外，人身权和财产权区别保护的立法违背了平等性原则，不利于对著作权人权利的全面保护。所以，笔

① 我国刑法对于著作权的人身权利的保护仅限于制作和出售假冒他人署名的美术作品的行为。

者认为,刑法应当扩大著作权中人身权的保护范围,具体应和《著作权法》的规定相一致。

(四)"以营利为目的"的要件应区别对待

在著作权的刑法保护上,西方国家与我国的理念不尽相同,基本上形成了"强保护"和"弱保护"两种理念。

我国采取的是"弱保护"理念。该种理念认为,刑法作为著作权保护的最后一道屏障,保护的客体必须是重要的权利。一旦动用刑罚的手段对侵权人进行制裁,就意味着重要的法益遭到了侵害。所以,当运用刑法对这种权利进行保护时,刑法的介入程度在著作权人权利保护范围和侵权行为人的惩罚程度之间起着平衡作用。"弱保护"理念不提倡刑法过多地介入著作权的保护。保留"以营利为目的"的主观要件可以限制打击的范围,使刑法仅在情节严重的情形下发挥作用,在保护著作权人的权利的同时,又充分考虑了本国的国情,使民众在网上获得了更多的知识。反之,西方国家多主张"强保护"。认为"弱保护"限制了技术的发展,不利于科学技术的进步与社会的发展。取消"以营利为目的"的主观要件,可以扩大网络环境下著作权的保护范围,能够对不以营利为目的但严重侵犯著作权人权利的行为加以惩治。对著作权人进行有力的保护,无形之中就会激发民众的创新能力,从而为技术的创新提供强有力的保障。笔者认为,鉴于我国还是一个发展中国家的国情,刑法对于著作权的保护应该以"弱保护"为主,兼采"强保护"的原则,对于传统的侵犯著作权的行为,采取"弱保护",保留"以营利为目的"的主观要件,而对于在网络环境下的侵犯著作权的行为,应该采取"强保护"的策略,取消"以营利为目的"的要件。以此合理划分保护范围,最大限度地发挥著作权的刑法保护作用,尽可能地降低对本国科技发展的影响。

此外,"以营利为目的"的构成要件体现了私权保护与公共利益保护之间的利益平衡的考量。著作权本身就是一种私权利,《著作权法》对著作权的保护体现了对私权利的保护,其对"合理使用"的规定则是出于对公共利益保护的需要。刑法本身具有公法的性质,其强调对社会秩序的保护。刑法通过将何种行为规定为犯罪,并指出法律对其行为的无价值判断,使普通人形成不实施该类行为的意思决定,从而避免犯罪。我国传统刑法对犯

罪的规定是通过构成要件实现的，具体到侵犯著作权罪中，就是对“以营利为目的”的主观构成要件的规定。取消“以营利为目的”的要件，可全方位地保护著作权人的权利，不问行为人的主观目的，仅关注行为人行为的社会危害性以及损害后果，即行为人只要实施了侵犯著作权人的利益的行为，且达到了一定的数额和情节，即可按照犯罪处理。笔者认为，通过取消“以营利为目的”的主观要件，确实可以扩大刑事法律的保护范围，对著作权人的保护就可以延伸到人身保护领域，体现了私法至上的观念，但是这种理念会限制作品的传播，没法实现社会公众对作品的共享，限制了共利益。保留“以营利为目的”的主观要件可以满足保护公共利益的需要，使行为人在利用资源时可以预知自己的行为的合法性与否。

结　语

网络的特点以及数字传媒技术的发展扩大了著作权的权利内容，面对著作权的权利主体的广泛化，侵权行为方式的智能化、新型化，侵权目的的多样化，传统的侵犯著作权罪的立法模式已难以应对司法实践中出现的新问题。对著作权的保护是保证知识经济条件下作者创造动力的必要条件，忽视对著作权的保护，必然会严重损害这个社会的创作热情和积极性，最终不利于整个社会利益的保护。如果刑法在著作权保护上缺位，就会使整个著作权保护的法律体系缺乏支撑，最终导致出现侵犯著作权违法犯罪行为猖獗的局面。因此必须重视著作权的刑法保护问题。良法应当符合科学性与前瞻性的要求，否则就难以发挥作用。为了协调新出现的情形，就必须对刑法进行修改。将封闭的立法模式改为开放的立法模式，增加一款作为兜底性条款，扩大著作权的刑事保护范围。

侵犯软件著作权犯罪数额认定问题探究

孙晓林*

随着互联网的发展,各种计算机软件开始走入人们的生活。由于计算机软件开发成本高,且容易复制,使得计算机软件侵权的现象越发严重。在2016年,以侵犯著作权罪判处案件207件,生效判决人数274人。[①] 侵犯著作权罪属于破坏社会主义市场经济秩序罪,是经济犯罪。所以在研究侵犯著作权罪时,如何认定犯罪数额是非常重要的问题。

一、计算机软件的概述

(一)计算机软件的概念

我国2002年起施行的《计算机软件保护条例》规定:"计算机软件是指计算机程序及其有关文档。"软件是指用户与硬件之间的接口界面,用户通过软件与计算机(广义上包括台式电脑、笔记本电脑、手机及其他各种智能设备)进行交流。[②] 计算机软件通常包括系统软件和应用软件两种类型。系统软件包括各类操作系统及操作系统的补充程序、硬件驱动程序,如电脑上常见的Windows操作系统和相应的驱动软件就属于系统软件。而应

* 孙晓林,浙江滕智律师事务所律师。

① 中华人民共和国国家知识产权局:《二〇一六年中国知识产权保护状况》,2017年版,第9页。

② 玛丽莲:《计算机软件知识产权综合法律保护模式研究》,山东大学法律硕士(法学)专业2017年硕士学位论文。

用软件现在最常见的就是“App”，如微信、滴滴打车、美团外卖等即时通信软件、娱乐和生活软件。

(二)计算机软件的特点

1.无形性。必须依附于具体载体。软件是软件研发人员创造的智力劳动成果，是凝聚了专业智慧的结晶，但是其实质是一系列抽象的数字或者逻辑运算，是无形的。[①] 软件本身脱离于硬件之外而独立存在，其必须依附于有形载体才能够运行，因此又具有与有形物的不可分离性。

2.开发成本高、可复制性强。计算机研发是一项巨大的工程，尤其是某些大型新兴的软件，需要投入的成本更为巨大。但是，与这种巨大投入成本相反的，其复制性很强，几乎不需要任何成本就能轻易复制他人研发出来的软件，侵权成本极低，这也是软件著作权侵权泛滥的一个主要原因。

3.计算机软件的生命周期较为短暂。我们正处在一个信息爆炸的时代，技术更新速度很快，计算机软件更是如此，其生命周期一般只有几年，甚至有些软件投入市场仅几个月时间就很快被淘汰。基于此，更应该重视对计算机软件著作权的保护。

二、我国关于侵犯著作权犯罪数额的认定

侵犯著作权罪属于经济犯罪，无论是其入罪标准还是量刑档次，都与犯罪数额息息相关。我国关于侵犯著作权罪中犯罪数额的认定方式有两个。

首先是将“非法所得数额”作为犯罪数额的认定依据。《中华人民共和国刑法》(以下简称《刑法》)第 217 条规定：“以营利为目的，有下列侵犯著作权情形之一，违法所得数额较大或者有其他严重情节的，处三年以下有期徒刑或者拘役，并处或者单处罚金；违法所得数额巨大或者有其他特别严重情节的，处三年以上七年以下有期徒刑，并处罚金：(一)未经著作权人许可，复制发行其文字作品、音乐、电影、电视、录像作品、计算机软件及其他作品的……”

其次是将“非法经营数额”作为犯罪数额的认定方式。《最高人民法

---

① 张广良:《计算机软件著作权侵权损害赔偿实证研究》，载《人民司法》2014 年第 13 期。

院、最高人民检察院关于办理侵犯知识产权刑事案件具体应用法律若干问题的解释》(法释〔2004〕19号)第5条规定:"以营利为目的,实施刑法第二百一十七条所列侵犯著作权行为之一,违法所得数额在三万元以上的,属于'违法所得数额较大';具有下列情形之一的,属于'有其他严重情节',应当以侵犯著作权罪判处三年以下有期徒刑或者拘役,并处或者单处罚金:(一)非法经营数额在五万元以上的……"

三、违法所得数额的认定

(一)违法所得的概念与分歧

违法所得是经济犯罪中较为常见的一种认定方式,它能够从侧面反映出行为社会危害性的大小。我国《刑法》并没有对违法所得的概念作出明确规定。但是经过梳理,涉及"违法所得数额"概念的有三个司法解释:(1)在1993年最高人民检察院印发的《关于假冒注册商标犯罪立案标准的规定》中将其明确为"违法所得即销售收入";(2)在1995年最高人民法院《关于审理生产、销售伪劣产品刑事案件如何认定"违法所得数额"的批复》中则解释到"违法所得数额"就是"生产、销售伪劣产品获利数额";(3)在1998年由最高人民法院颁布的《关于审理非法出版物刑事案件具体应用法律若干问题的解释》(以下简称《司法解释》)中规定了"违法所得数额"即该类犯罪中获利的数额。

由于最高人民检察院和最高人民法院不同的司法文件,使得认定"违法所得数额"的依据出现了分歧,导致在司法实践中也存在争议。归纳不同学者们的观点,总结如下:第一种观点认为我们应该按照1998年12月最高人民法院颁布的《司法解释》,按照该解释中第17条的规定,将违法所得数额认定为获利数额,即除去行为人投入的成本,由非法侵权活动所获得的纯利润。另外一种观点则认为我们要综合地观察行为人的非法侵权行为,"不能从部分行为来区分获利或者不获利,这将导致对于已经销售一部分但是又存在尚未销售的情况下,不能准确地对其定罪量刑,甚至无法追究其刑事责任。如果认为是利润,按照毛利润还是按照净利润计算,也无法进行"。还有学者建议应该由我们的立法机关或者司法机关对"违法所得"的内涵作出具体的明晰工作,并在此基础上制定出更为科学的计算公式，但在有关机关完成这项工作之前，我们法律人应该本着对法律权威的尊重，在实践中仍应继续执行 1998 年 12 月由最高人民法院颁布的《司法解释》第 17 条中的规定，将违法所得数额认定为获利数额，即除去行为人投入的成本，由非法侵权活动所获得的纯利润的这一规定。另外还有学者在此基础上，对行为人投入的成本，将“原料性投入”和“非原料性投入”作出细致的区分，学者主张，对于行为人为了实施犯罪行为而进行的“非原料性投入”是不宜扣除的，但是于此相反的是，对于行为人的原料性投入则应该从行为人的违法所得数额中予以扣除。[①]

(二)“违法所得数额”应当认定为获利数额

笔者认为，应当将“违法所得数额”认定为获利数额。理由有三：

1.首先从司法解释的效力来看。1993 年最高人民检察院《关于假冒注册商标犯罪立案标准的规定》及 1995 年最高人民法院《关于审理生产、销售伪劣产品刑事案件如何认定“违法所得数额”的批复》均已失效，只有《关于审理非法出版物刑事案件具体应用法律若干问题的解释》仍然现行有效。据此我们可以从现行有效的规定中看出，违法所得数额即该类犯罪中获利的数额。

2.从司法实践案例来看。在范某某、富某某、付某某、黄某某、被告单位牡丹江易联网络科技服务有限公司侵犯著作权罪[(2014)香刑初字第 40 号]法院认定：经审理查明，2011 年 3 月至 2013 年 4 月期间，被告人范某某、富某某为牟取非法利润，在未经著作权人授权的情况下，以网络私服的形式进行经营，通过向玩家出售游戏装备的方式非法牟利。经司法会计鉴定，范某某、富某某通过共同的支付平台收到玩家充值人民币419287.79 元，另外富某某通过银行卡直接收到玩家汇款人民币 56733.35 元，扣除服务器租金、广告费等费用，二人违法所得人民币 329611.36 元。其中，范某某违法所得额为人民币 183480.79 元，富某某违法所得人民币146130.57 元。在此案例中，法院通过司法会计鉴定，明确地将服务器租金、广告费等成本，从收到的玩家汇款中扣除。

3.从法律体系解释来分析。《最高人民法院、最高人民检察院关于办

① 肖盈盈：《侵犯知识产权犯罪中数额标准问题研究》，广州大学刑法学专业 2016 年学术学位研究生论文。

理侵犯知识产权刑事案件具体应用法律若干问题的解释》第5条规定“违法所得数额”三万元以上或者“非法经营数额”五万元以上的，就达到了入罪标准。可以看出“违法所得数额”与“非法经营数额”是两个不同的概念。而“非法经营数额”是指行为人在实施侵犯知识产权行为过程中，制造、储存、运输、销售侵权产品的价值。如果将“违法所得数额”认定为销售收入，不扣除成本费用的话，将无法与“非法经营数额”准确区分。所以从法律体系解释的角度来看，应当认定“违法所得数额”是要扣除广告费等成本的。

综上，笔者认为对于“违法所得数额”的认定，应当依法扣除相关成本费用。但是现在很多案件，由于取证困难等问题，获利数额难以确定，所以在很多案件中办案机关偏向于笼统地采用非法经营数额来加以认定，更有甚者，虽然采用了“违法所得数额”的计算方式，却不扣除成本，直接套用“非法经营数额”。

值得注意的是，在侵犯计算机软件著作权的案件中，有一类案件非常普遍，就是以“设私服”的方式侵犯网络游戏的著作权案件。犯罪嫌疑人往往并非销售具体的产品，而是通过未经网络游戏著作权人的同意私自运营游戏，通过获得玩家充值、代理广告的方式获取非法收入。犯罪嫌疑人为了能够吸引大量的玩家，通常都会花费大量资金成本来为游戏打广告做宣传。因为这类案件中犯罪嫌疑人的主要收入来源是玩家的游戏充值，所以能够通过玩家的充值记录来准确判断违法收入。为运营游戏而支出的广告费用也相对较为明确，取证难度相对较低，此时可以通过违法收入扣除成本来计算违法所得数额。

而对于有些成本难以取证的案件，无法认定成本费用的案件，可以采用“非法经营数额”来认定犯罪数额。

四、非法经营数额的认定

(一)非法经营数额概念

根据《最高人民法院、最高人民检察院关于办理侵犯知识产权刑事案件具体应用法律若干问题的解释》(法释〔2004〕19号)第12条的规定“本解释所称非法经营数额，是指行为人在实施侵犯知识产权行为过程中，制造、储存、运输、销售侵权产品的价值。已销售的侵权产品的价值，按照实

际销售的价格计算。制造、储存、运输和未销售的侵权产品的价值，按照标价或者已经查清的侵权产品的实际销售平均价格计算。侵权产品没有标价或者无法查清其实际销售价格的，按照被侵权产品的市场中间价格计算"，即"非法经营数额"就是侵权产品的价值。

(二)侵犯软件著作权案件中非法经营数额认定的问题

由上述可知，"非法经营数额"就是侵权产品的价值。但是软件有着无形性和依附性，它不能脱离于硬件而独立存在。软件行业作为一个完整而独立的产业早已成为社会公认的事实，而承载(存储)有完整的程序代码并可以在适当的计算机、硬件环境中运行的存贮介质就可以成为交易的产品。具体在不同的应用环境中，由于商业模式和商业习惯的不同，在有的情况下软件与硬件分开销售，各自作为独立的产品面向市场；在有的情况下，软件与硬件捆绑销售，并不进行分别报价，但后一种商业习惯并不能改变软件可以作为独立商品进行销售的产品属性，更不能改变软件及软件著作权作为法律概念的法律属性。[①] 所以，当软件和硬件捆绑销售，无法具体区分时如何认定非法经营数额。

最高人民法院办公厅《关于印发 2011 年中国法院知识产权司法保护十大案件和 50 件典型案例的通知》(法办〔2012〕91 号)中有这么一起案件值得我们注意。江苏省无锡市滨湖区人民检察院诉鞠文明、徐路路、华轶侵犯著作权二审案。起诉书指控：三被告人结伙以营利为目的，未经著作权人许可，复制、发行他人计算机软件，情节特别严重，其行为触犯了《刑法》第 217 条之规定，应当以侵犯著作权罪追究其刑事责任。辩护人辩称：本案非法经营数额的认定应当扣除文本显示器的自身成本。

江苏省无锡市滨湖区人民法院一审认为：关于被告人鞠文明的辩护人提出的本案非法经营额的认定应当扣除文本显示器自身成本的意见，因本案被侵权的计算机软件的载体就是文本显示器，三被告人正是通过在这一载体上复制享有著作权的计算机软件以牟取不当利益，故本案非法经营数额应为三被告人生产、销售的文本显示器的实际销售金额，对上述辩护意见法院不予采纳。鞠文明、徐路路不服一审判决，向江苏省无锡市中级人

① 胡充寒：《侵犯知识产权犯罪数额的类型与认定》，载《知识产权》2014 年第 9 期。

民法院提出上诉，鞠文明称一审认定鞠文明等人侵犯了信捷公司的下位机程序著作权没有事实依据，所依据的上知司鉴字〔2010〕第1101号鉴定书在程序、内容、比对方法等方面存在错误，本案非法经营数额中应当扣除TD100型文本显示器的销售额以及硬件成本，请求二审改判其无罪或发回原审法院重审。徐路路称鉴定结论“实质相同”并非刑法意义上的“复制”，其行为仅应承担民事责任，请求二审改判其无罪或发回原审法院重审。

江苏省无锡市中级人民法院二审认为：关于上诉人鞠文明及其辩护人提出“本案非法经营数额中应当扣除TD100型文本显示器的销售额以及硬件成本”的上诉理由和辩护意见，经查：关于硬件成本问题：(1)《最高人民法院、最高人民检察院关于办理侵犯知识产权刑事案件具体应用法律若干问题的解释》第12条明确了“非法经营数额”是指行为人在实施侵犯知识产权行为过程中，制造、储存、运输、销售侵权产品的价值。已销售的侵权产品的价值，按照实际销售的价格计算；(2)涉案文本显示器的价值主要在于实现其产品功能的软件程序，而非硬件部分，涉案软件著作权价值为其主要价值构成，以产品整体销售价格作为非法经营数额的认定依据，具有合理性。所以，鞠文明及其辩护人所提出的该上诉理由和辩护意见缺乏事实和法律依据，法院不予采纳。

(三)不同计算机软件认定非法经营数额应做区分

综上，“非法经营数额”是指行为人在实施侵犯知识产权行为过程中，制造、储存、运输、销售侵权产品的价值。但是这里的非法经营数额，即产品的价值认定需要根据软件与硬件结合的不同情况予以区分：

第一种，如果涉案软件与特定硬件是捆绑销售，无法予以区分或者分开之后价值会明显受损的，此时应当全面评估软件与硬件的情况。如果涉案侵权产品的价值主要在于实现其产品功能的软件程序，而非硬件部分，涉案软件著作权价值为其主要价值构成，以产品整体销售价格作为非法经营数额的认定依据，则可以直接以涉案侵权产品总体的价值来认定软件程序的非法经营数额。

第二种，如果软件和硬件能够区分、捆绑度不高；或者软件与硬件两者价值相当，并不存在明显的主次之分。在这种情况下，“非法经营数额”认定应当单独认定涉案软件的价值。因为只有软件部分才侵犯了他人的著作权,而硬件部分并未侵权,所以应当将硬件部分的价值予以扣除。《最高人民法院、最高人民检察院关于办理侵犯知识产权刑事案件具体应用法律若干问题的解释》第 12 条所称的"产品"具体到侵犯著作权罪上,特别是侵犯软件著作权罪上,应该理解为非法销售的软件,而不是包括硬件在内的整台机器。关于侵权软件的价值计算,应以销售是软件的对外销售价格为标准,对于没有独立的销售价,也没有标价的软件,根据《最高人民法院、最高人民检察院关于办理侵犯知识产权刑事案件具体应用法律若干问题的解释》第 12 条的规定,应以被侵权产品的市场中间价格计算。由于最终产品是由硬件和软件两部分构成的复合体,硬件部分的研制、生产和销售并不违法,侵权的只是软件部分,因此,非法经营额应以售出的软件部分的价值来计算。①

综上,在侵犯软件著作权犯罪数额的认定过程中,如果是采用"违法所得数额"认定犯罪数额,应当依法扣除相应成本。如果是采用"非法经营数额"来认定犯罪数额,应当根据软件与硬件结合的不同情形加以区分。

---

① 胡充寒:《侵犯知识产权犯罪数额的类型与认定》,载《知识产权》2014 年第 9 期。

互联网形势下商业秘密保护研究

——以企业商业秘密管理为视角

宋瑞娟*

商业秘密不同于其他知识产权类型，它具有权利边界模糊性，从而造成企业在商业秘密保护的管理体系建立方面先天缺陷。随着互联网经济的发展，商业秘密侵权行为呈现出越来越多元化的趋势，加上商业秘密本身就带有隐秘的特性，无论是刑事还是民事途径，企业都很难提出初步证据进行立案，而先刑后民的处理方式也为多数学者所诟病。在民事诉讼程序中，即使立案，原被告在案件审理过程中的举证尺度也很难把握，还可能面临二次泄密问题、恶意诉讼导致的泄密问题等。由此，笔者提倡以互联网手段进行企业商业秘密管理，从商业秘密的生成、管理、使用等多维度保障企业的商业秘密权。

一、商业秘密司法保护现状

商业秘密案件的审理规则，无论是刑事还是民事，均引自《中华人民共和国反不正当竞争法》(以下简称《反不正当竞争法》)，因商业秘密的权利特性，在司法实践中，法院多以适当减轻权利人的举证责任以平衡当事人双方的诉权，相比其他知识产权诉讼案件中的做法已较为宽松，但仍面临诸多难题。

根据《最高人民法院关于审理不正当竞争民事案件应用法律若干问题的解释》第 14 条，当事人指称他人侵犯其商业秘密的，应当对其拥有的商

---

* 宋瑞娟，浙江滕智律师事务所律师。

业秘密符合法定条件、对方当事人的信息与其商业秘密相同或者实质相同以及对方当事人采取不正当手段的事实负举证责任。其中,商业秘密符合法定条件的证据,包括商业秘密的载体、具体内容、商业价值和对该项商业秘密所采取的具体保密措施等。2018 年 1 月 1 日施行的《反不正当竞争法》第 9 条第 3 款规定,本法所称的商业秘密,是指不为公众所知悉、具有商业价值并经权利人采取相应保密措施的技术信息和经营信息。且与修订前的《反不正当竞争法》相比,新法将"能为权利人带来利益、具有实用性"改为"具有商业价值",在"保密措施"前加"相应",更加从本质上肯定了商业秘密的知识产权属性,也对权利人的举证责任进行了合理的减轻。

商业秘密权利人若要追究侵权人的法律责任,首先需证明:技术信息或经营信息的秘密点,该秘密点是否符合商业秘密的秘密性、商业价值性和保密性,被控侵权人的信息与其商业秘密是否相同或实质性相同,及被控侵权人采取不正当手段的证据。

(一)权利人举证难,先刑后民普遍

商业秘密作为知识产权的保护客体,是为私权,然自 1997 年商业秘密正式写入刑法,以"先刑后民"的方式达到取证目的进行保护商业秘密已经蔚然成风,而商业秘密自身的专业性和技术性特点,又使得商业秘密刑事责任追究中出现立案难、控告难、审判难,造成了商业秘密泄露事件频发但司法案例极少的尴尬局面。

因商业秘密属企业自然产生,不需经过任何公权力进行确认和生成,因此商业秘密权利人对于商业秘密的权利边界具有模糊性,对于保护措施的制定更加无章法可循,而一旦泄密,对于权利人的影响又可能是致命性的,至少是具有巨大影响的,因此权利人具有维权之迫切性,刑事手段的及时迅速和制止侵权的威慑力之大,使得刑事立案被商业秘密权利人所优先选择,先诉诸刑事途径,达到制止侵权和取证目的,后采取民事途径,以获得经济赔偿。但实践中,商业秘密刑事案件也面临诸多问题。

1.技术内容多、案件难度大,执法人员不愿主动介入且经验缺乏

我国现行司法制度下,商业秘密刑事案件的管辖机关一般是公安机关的经侦部门,而商业秘密案件的发案特点决定了只有少数技术秘密集中的地区或特殊的商业环境中才可能出现。如果考虑经侦部门人员调动、管辖

范围变化等影响因素，能够承办商业秘密案件的有经验的一线执法人员极为稀少。而公安机关的责任机制是谁立案谁调查，如果调查结果是证据不足，则面临撤销案件的结果，又加之其评价体系严格，加上商业秘密案件的技术难度，因此执法人员多数不愿主动介入。

2.法律规则欠缺，权利人举证难

商业秘密刑事案件的法律法规相对缺乏，其证据规则多来自《反不正当竞争法》，在一线执法人员对商业秘密刑事案件的经验缺乏和怠于介入的现状下，商业秘密权利人要提出符合立案的证据难度更大。

3.刑法过多干预商业秘密私权保护，有违刑法"谦抑性原则"

刑法作为最严厉的法律规则，其谦抑性受到了学界的广泛认同，商业秘密案件中就体现了刑法的工具化、功利化，[①]刑法对社会的保护出现了保护前置的普遍现象，刑法学界不得不反复思考最后手段性是否得到遵守和贯彻的问题。[②] 笔者从司法实践角度看，刑法在商业秘密案件中的工具化、功利化特点实属无奈，也是立法和司法制度缺失的体现。商业秘密法制的目的在于维护经济主体的公平竞争，在法制滞后的情况下，为了达到法制的目的必然催生刑法保护前置的普遍，从一定程度上反映的是，相应的法律制度应当变通以适应社会经济发展之需要。

(二)商业秘密案件中的二次泄密问题难以避免，商业秘密权利人对案件审判结果无法合理预见，怠于启动案件

商业秘密案件的原告当事人必须披露其商业秘密内容，明确秘密点，并证明其商业价值性，即使审判实践中通过一定程度的举证责任倒置和保密措施降低二次泄密的问题，但仍不可能达到满意的效果。民事审判的原被告双方均应有平等的诉讼地位和权利，被告在原告举证的过程中获得更多的商业秘密，导致原告的商业秘密二次泄密。同样，被告要证明其商业秘密与原告的不构成相同和实质相同，也需将其技术信息或经营信息向法庭披露，也会造成商业秘密的泄露，甚至出现了有竞争主体为获得他人商业秘密而恶意诉讼，从他

---

① 谢焱：《商业秘密刑事保护的理论证成和路径选择——以商业秘密最新相关立法为视角》，载《电子知识产权》2017 年第 11 期。

② 王世洲：《刑法的辅助原则与谦抑原则的概念》，载北京大学法学院刑事法学科群编：《犯罪、刑罚与人格——张文教授七十华诞贺岁集》，北京大学出版社 2009 年版，第 62 页。

人举证过程中获取对方的商业秘密的情形。因此,在实践中,企业无论是作为原告还是作为被告,对于商业秘密案件的态度都非常谨慎。

(三)法学理论、司法审判与商业实践自成一体,相互脱节

2010 年最高人民法院知识产权庭组织的全国范围内的商业秘密司法保护的调研结果显示,2008 年全国法院侵害商业秘密民事一审收案 200 件,2009 年为 253 件,2010 年上半年为 110 件,在不正当竞争纠纷民事一审收案总量中约占 20%,在知识产权纠纷(不包含不正当竞争纠纷)民事一审收案总量中占比不到 1%。[①] 刑事案件数量更是稀少,办案难度之大更是被公安一线执法人员视为“恐惧性罪名”。商业秘密案件参考数据较少,学者进行理论研究缺少实践数据支撑,无法深入。司法审判因法制滞后性及案件分布不均衡难以形成统一或相对稳定的司法审判意见,不能给予社会公众以明晰的规则指引,缺乏对纠纷处理结果的可预见性。在商业实践中,权利人对于商业秘密保护的意识不强、能力不足,没有较为成熟的商业秘密管理制度和做法。法学理论不能指导立法,司法实践无法保障,商业实践则是摸着石头过河,商业秘密保护面临较为严峻的局面,在互联网形势下更加凸显其不足。

二、商业秘密保护的实践性思考

商业秘密泄露的最主要原因是企业人员流动,能够接触到保密信息的员工离职后到同类竞争企业再就业或自立门户开展与前单位类似的业务。商业秘密由企业自然生成,且一旦公开即丧失权利,因此商业秘密保护的关键在于预防,防患于未然。从企业商业秘密管理的角度考虑,则是从商业秘密的对象、载体的选取,保密人员的范围、保密措施的制定,企业管理制度的配套,员工普法等方面入手。笔者着重提出,互联网形势下的信息输送途径,给商业秘密泄露提供了捷径,而信息技术的发展同时催生了企业商业秘密信息的数字化管理,因此,我们应当更多地适用互联网安全视角去解决泄露商业秘密的预防和打击机制。

---

① 孔祥俊等:《商业秘密司法保护实务》,中国法制出版社 2012 年版,第 34 页。

(一)商业实践:数字化商业秘密保护体系

1.技术信息、经营信息的数字化管理

若要保证技术信息、经营信息的安全,首先要做到对其进行规范化管理,互联网形势下,信息管理的方式已经从传统的纸质化转变为电子信息化管理,也只有这样管理才符合信息使用的便捷化要求。

入口问题:信息载体的生成。企业的商业秘密与企业的行业定位、研发进度、市场前景、企业发展战略等息息相关,商业秘密的内容选定程序设定至关重要。首先要建立企业商业秘密评价机构,该机构的人员组成要呈现多元化,管理岗、技术岗、销售岗、售后服务岗、客服岗等,保证从多维度考虑信息生成之必要性、合理性及信息泄露的及时警觉性。由生成保密信息的一线工作人员逐级上报、评价机构专门考核、选定信息内容、定密级、确定可访问人员、访问和复制权限等,并对相应内容及时作出调整。若信息生成的一线人员是外聘或其他独立商事主体,则需对研发进度、文件生成形式、删除权等作出明确要求,并在合同中作出明确约定。

信息呈现方式与人员匹配:数字化的商业秘密保护体系,首先要划分密级、每一保密信息载体设置唯一编码、每一员工设置唯一账号登录、员工职权划分及商业秘密访问权限设置、每一个保密信息载体嵌入保密条款、通过员工电子签名或指纹识别解锁、访问记录留存等等。将信息管理系统同步国家授时中心,以保证信息生成时间证据。还可以引入最新的区块链技术,以保证信息的不可更改性和电子证据的真实性证明力。

2.保密人员的信息化保密措施

保密人员访问、复制、传输商业秘密的过程,是商业秘密泄露的源头,考虑到信息的多样性,可能是技术参数、实验数据、深度客户信息等等,不同信息可以设置不同的保密措施,如限制下载、限制传输,或限制传输的流量和速度,或相应解密权限的分配、流量监控等,都可以在一定程度上保护信息安全、防止泄密。

3.保密信息传递的可追踪性管理

管理制度匹配商业秘密管理体系,应当对保密信息的传递方式和路径作出明确要求和网络上的限制措施。比如,可以限定,保密信息的传递仅可用邮件方式,或者公司的限制访问移动信息载体,某信息只能在公司局

域网内访问和传递,不允许发送至外网。信息访问和传输记录的唯一确定性跟踪,不按照规范使用信息的限制和预警等等。

(二)司法审判:司法机关突破商业秘密案件重点难点问题,为社会公众提供明细的规则指引,提高纠纷处理的可预见性

1.将司法实践与商业实践结合,针对企业遇到的实际问题,从司法实践角度给出规则指引,借助社会服务机构,将相应规则指引导入商业实践,真正做到司法为民。

2.电子数据作为证据的规则指引

2013年《中华人民共和国民事诉讼法》将电子证据作为单位的证据形式予以确认,但电子证据随着科学技术的发展日益多样化,电子证据的认定规则也应当在司法裁量角度作出灵活变通和适应,应当用于司法创新。电子证据无须拘泥于原件,其真实性更多地属于技术层面的问题,可以借助司法鉴定、科学勘验来完成,也可以通过完整的取证过程予以事先固定。已经为法院公开裁判文书所采纳的电子证据形式和证明方式有电子签名、时间戳、数据检验技术等。

3.保密令制度

对于如何避免在商业秘密案件审理过程中的泄密问题,厦门市中级人民法院在中国大陆首创"知识产权审判保密令制度",为防止恶意诉讼,防止诉讼中商业秘密二次泄露提供了现实做法。

"厦门市中级人民法院保密令内容:厦门市中级人民法院提出,在下列两种情况下,为避免商业秘密因诉讼而泄露或被不正当使用,当事人或案外人可以就其持有的商业秘密申请法院对其他当事人及诉讼参加人发出保密令:

当事人诉状记载了当事人或案外人的商业秘密,或法院已经或将要调查收集的证据包含当事人或案外人的商业秘密;商业秘密公开或被用于诉讼之外的事务可能妨碍商业秘密持有人基于商业秘密的正常经营活动。

厦门市中级人民法院提出,受保密令约束的人不得将该商业秘密用于诉讼以外的目的,不得对其他人泄露;作出保密令裁定的案件归档后,有关单位或个人需要查阅案卷的,应由审理该案件的业务庭庭长审批同意。违反保密令者,视为妨碍民事诉讼的行为,对行为人可以依照民事诉讼法有

关妨碍民事诉讼的强制措施的规定，对其拘留、罚款，情节严重的可以追究刑事责任。”①

厦门市中级人民法院的保密令制度是在借鉴他国的基础上进行的初步尝试，但最终没有推广施行，笔者认为，保密令制度是保证诉讼中双方当事人对于案中知悉的商业秘密采取的合理保密措施，具有强制执行力，是解决涉及商业秘密案件的保密性的进步性做法，但一项制度的施行需要各方面的条件配合：是否具备完备的法律基础、司法独立程度、司法审判水平、社会信用体系等，任何一方面的缺失都可能导致制度本身的漏洞百出，但不可否认，保密令制度能够最大限度地保证涉商业秘密当事人的商业秘密权利，希望我国学界、司法界能够在总结厦门市中级人民法院做法的基础上，进一步深入研究，为涉商业秘密案件中的保密问题寻找更好的制度架构和出路。

(三)理论研究与立法完善

1.扩大商业秘密信息的范围

我国早在2012年就发布了《中国云计算安全政策和法律发展蓝皮书》，指出我国应加快调整云计算相关法律。云计算和大数据技术的推广和普及，传统理论中不被认为是商业秘密的信息，也可能具有巨大的经济价值，若同时符合其他商业秘密的构成要件，则应当作为商业秘密的保护客体。比如，海量的微信用户信息记录，在大数据的数据挖掘和分析深度分析下，可能得到潜在的客户信息、市场需求信息等，这种颠覆式的数据形式，具有巨大的经济价值，理应作为商业秘密予以保护。

2.完善信息安全立法

海量信息深度分析的大数据时代，信息安全立法应当借鉴云计算和大数据技术发展较为成熟的国家的做法。在欧洲和美国都遵循的Saf Harbor联盟法律标准中，什么样的企业和应用能够跨国存储、什么安全级

---

① 郑良、陈旺：《厦门法院推行知识产权审判保密令制度保护商业秘密》，http://www.lawtime.cn/info/zscq/gnzscqdt/2011012761168.html，最后访问时间：2017年1月22日。

别的数据可以接入 Saf Harbor 联盟都有明确的规定。[①] 网络云盘的存在，使得信息窃取主体多元化，相应的立法规范也应当将其纳入其中。

3.完善商业秘密刑事立法

针对商业秘密刑事案件立案难、承办难等入口问题，作出切实可行的规则指引和责任机制，使严重的侵害商业秘密行为得到有力打击，做好最后防线。

笔者认为，在商业秘密案件刑民交叉的情况下，先刑后民的司法机制非但不能解决民事证据难以取得的问题，反而从刑事立案层面加大了刑事立案的难度；应当先民后刑，一方面因为刑事规章制度大多引自《反不正当竞争法》，民法领域的《中华人民共和国民法总则》《中华人民共和国合同法》《中华人民共和国劳动合同法》等都对商业秘密作出相应规定，因此商业秘密权利的保护，先从民事诉讼角度，综合证据保全制度、保密令制度、行为保全制度等，对案件事实和法律构成作出详尽的证据规定和法律论证，侵权是否成立、赔偿额计算，均在民事诉讼程序中予以固定后，再经刑事程序对商业秘密犯罪行为予以打击，则不会出现相互矛盾和浪费司法资源的现象。另一方面，如此也避免了刑事一线执法人员对商业秘密案件的深入研究，浪费刑事司法资源。

商业秘密案件作为难度较大的知识产权案件，无论刑事还是民事，证据的取得都是一大难点，笔者认为，这应当从学术研究、司法审判、商业实践多个维度进行研究和论证分析，各阶段相互衔接，重点预防泄密，突破案件审判，加强法学借鉴和比较法的研究，从国际视野角度，找出我国商业秘密保护的短板，建立更加完善的市场竞争秩序和制度保障，以促进“一带一路”的国际合作，促进创新和共赢。

---

① 王丹丹：《云计算环境下企业反竞争情报体系的构建研究》，载《情报科学》2014 年第 11 期。

刑法视野下区块链技术在数字版权保护领域的应用

——以3D打印著作权保护为例

陈　龙*

区块链是当下极热门的一种新兴信息化技术，它的运行在由全球志愿者提供的计算机上，黑客们并不能通过入侵某个中心化的数据库去破坏这个系统。区块链是公开的，任何人都能在任何时候查看区块链上的信息，因为它是在网络上存在的，而不是存在于像传统系统那样负责审计、保管记录的中心化机构中。区块链是加密的，它使用了高强度的公钥、私钥加密技术去维护虚拟世界的安全性。①

3D打印起源于20世纪80年代，随着时代的变化、科技的进步，对科学研究与社会生产带来了巨大的变革。尽管当前3D打印技术受打印材料、打印成本、打印技术的多重限制尚未全面推广，然而3D打印前景宽广，民用价值尤为突出，其潜在的版权权利争议却未得到学界足够关注，亟须理论界对3D打印进行研究。

随着区块链技术在互联网时代的高速发展，区块链技术在数字版权领域的应用初步呈现。数字版权是长久以来全球都在探讨与研究的课题，一直存在确权难、盗版严重、公开性差等诸多问题。创新技术区块链(Blockchain)的优势正是防篡改、不可逆，可靠性、可信任，去中心化、分布

* 陈龙，浙江省地方税务局干部。

① 姜振华：《论资本社会的核心构成要素》，载《首都师范大学学报》2015年第5期。

式、公开透明，一旦记录完成就会永远存在并且无法更改。也因此，区块链有望成为版权保护较为完美的解决方案。[①] 简单来说，区块链可以为每一个数字制品（包括电影、音乐、电子书、数字货币等）分配一个唯一的 ID 地址，数字制品的每次交易都记录到区块链里，作为正版证明。由于记录不可修改，用户私钥的保密性，完全可以证明用户对该数字产品的拥有权、使用权、分享权。作为计算机领域的最新技术成果的区块链技术应用于数字版权最新领域 3D 打印产品上，产生了法律保护数字版权等许多新问题。

一、区块链技术下 3D 打印作品的构成要素

从《中华人民共和国刑法》第 217 条来看，严重侵犯 3D 打印作品版权的行为符合侵犯著作权罪的各项构成要件。第 217 条第 1 款规定“文字作品、音乐、电影、电视、录像作品、计算机软件及其他作品”属于侵犯著作权罪的对象，其中“其他作品”属于“兜底条款”。3D 打印作品属于新兴科技产物，具有创造性的艺术价值，与“录像作品”“计算机软件”等类似，应当受到法律的同等保护。刑法是保护数字版权法律体系的重要组成部分，是其他部门法的强有力后盾，对各类数字版权保护的价值不言而喻。

在区块链技术下，3D 打印作为一项新型的数字版权，具有较高新科学技术结合的创新应用条件，唯有了解其技术机理上的构成要素，才能准确认定区块链技术下 3D 打印作品的版权核心要素。从技术机理来看，区块链是一个由不同节点共同参与的分布式数据库系统，是开放式的账簿系统，它由一串按照密码学方法产生的数据块或者数据包组成，对每一个区块数据信息都自动加盖时间戳，从而计算出一个数据加密数值，即哈希值。每一个区块上都包含上一个区块的哈希值，从创始区块开始链接到当前区域，从而形成区块链。

应用区块链技术的 3D 打印作品主要有“数字建模”与“立体打印”两个技术核心要素环节：

1.数字建模要素。数字建模作为 3D 打印的第一步，使用数字化代码对作品信息进行描述，逐步形成完整的 3D 打印数字模型。数字模型是作

① [加]唐塔普斯科特、亚历克斯：《区块链革命——比特币底层技术如何实现改变货币、商业和世界》，凯尔、孙铭、周沁园译，中信出版社 2016 年版，第 10 页。

品思想独创性表达的载体。[①] 在区块链技术下，由于3D打印模型的数字化，数字建模过程需连接计算机才能完成，又根据数字模型来源的不同可分为两种方式。第一种，直接设计3D材料的数字模型，连接计算机运载的设计工具构建3D打印模型，通过超三维的数据信息描述目标作品，包括模型的立体尺寸、数据、材料、颜色、质地等参数。同时，根据不同的打印次序，形成特定的分区切片，组成完整的数字模型。在3D打印技术大范围应用下，区块链技术从版权人的权利确认服务环节开始，所有线上创作作品自创作开始之时就记入区块链存证，为版权人后续所有增值服务打下根本性的基础，一旦有侵权发生，维权的存证信息随时可以查询提供。第二种，通过3D扫描仪获得已有实物的数字模型，使用符合精度要求的扫描仪进行采样，获得待复制实物的离散测量数据点，将数据点进行有效整合，组成含有模型尺寸、材料、颜色、质地的参数云集。采用3D扫描直接产生的作品，整个扫描过程已被区块链记录，若发生版权侵权，整个侵权过程将被区块链上分布式计算机所标记。

2.立体打印要素。立体打印是数字模型生成打印实物的过程，也是将数字化虚拟代码实现载体表达的过程。[②] 将设计软件与打印机进行同步，3D打印的数字模型从设计软件传递到打印机上，形成可解读的输入文件。完成数据传输后，对数据进行综合处理，通过读取数字模型中的横截面信息，解调获得不同材质、形状、流质的实物模型。完成数据处理后，进入立体打印机进行打印，按网格将模型打印出来，将各个网格的模型进行黏合，形成完整的3D打印实物复制品，完成最终的打印。区块链网络的设计者若采用3D打印数据编码在线打印方式，则3D打印的每一次打印记录将被区块链网络所记录。[③]

二、区块链技术下3D打印作品的版权要素

以刑法中的侵犯著作权罪为视角，根据3D打印作品的版权构成要

① 李小丽：《3D打印技术及应用趋势》，载《自动化仪表》2014年第1期。

② 王雪莹：《3D打印技术与产业前景分析》，载《中国高新技术企业》2012年第26期。

③ 孙柏林：《试析3D打印技术的优点及局限》，载《自动化技术与应用》2013年第6期。

素，结合数字版权的特性，得到3D打印作品版权要素，对3D打印保护的刑法解释有所启示，对扩充数字版权保护对象有着重要意义。[①] 数字建模环节中的“数字模型”“实物作品”是构成3D作品打印的版权核心要素。数字建模环节中，出现了两种数字版权的载体形式，都可以决定3D打印最终作品的呈现形式，体现了作品的最终独创性。[②]

第一，数字模型，对应着“直接设计3D材料的数字模型”方式。数字模型使用数字编码，直到最后以译码方式将数字代码进行转化。数字代码的形式有许多种，可以是最基本的二进制代码，也可以是各类文档。

第二，实物模型，对应着“通过3D扫描仪获得已有实物的数字模型”。实物模型不仅是3D打印数据模型表达的具体载体，也是最终用以发行获利的产品。区别于传统的版权，侵犯3D打印的任意一种载体形式，都能复制出3D打印的作品，侵犯3D打印的版权。由此，3D打印作品版权的核心要素同时包括“数字模型”和“实物作品”。

版权要素“数字模型”“实物作品”是3D打印形成过程中两种版权载体形式。从3D打印作品的版权分析，当3D打印的版权核心要素“数字模型”或“实物作品”的权利受到侵犯时，则构成对3D版权的侵权。当侵犯3D打印各权利组成要素达到刑事法律标准时，则该侵权行为构成刑事犯罪。3D打印作品的版权核心要素具有双载体特定，数字模型与实物作品的两种不同版权模型在同一件作品上交织，使得犯罪的认定变得更加复杂。双载体是3D打印区别于一般版权作品极特殊的性质，两种版权所对应的法律属性并被法学界所发现。3D打印作品版权的核心要素“实物作品”和“数字模型”只有同时受到版权法律保护，才能有效保障3D打印作品。

1.数字模型。3D打印产品通过便捷的数字模型就可以实现“复制”和“发行”行为，因此数字模型成为3D打印作品权利被侵犯的主要形式。区块链技术的引入极大地提升了知识产权服务业的运行效率，从确权、用权、维权三个环节解决了产业链冗长繁杂的问题，使用区块链技术，可以完整

① Joan Van Tassle:《数字权利管理——传媒业与娱乐业中数字作品的保护与盈利》，王栋译，人民邮电出版社2009年版，第67页。

② 陈洁:《数字化时代的出版学》，北京大学出版社2014年版，第35页。

地记录一个作品从灵感到最终作品的所有变化过程,可以保证数字内容的价值转移过程的可信、可审计和透明。

首先,复制权作为数字版权中最为基本的一项权利,是其他权利的基础与前提。3D打印自身也是一种复制行为,如果没有复制,就不会有其他权利产生。因此,每一次3D打印作品的侵权行为总是伴随着版权的复制权受到侵犯。复制权认定是版权领域最具挑战的问题,3D打印等数字版权的出现使得这个问题更加复杂化。在区块链技术下,对于那些试图使用区块链来进行版权保护的侵权者来说,另外一个挑战就是哈希问题。作品创作的每一个过程都可以被数字后记录于区块链中,对于复制作品将可以通过哈希值计算给予判定。

其次,发行权也是受版权法重点保护的内容,广义的发行权包括信息网络传播权。[①] 如果复制他人版权作品不进行发行,仅供本人使用,那么必然不构成刑事犯罪,甚至不能认定为民事侵权。2011年最高人民法院、最高人民检察院与公安部、司法部联合印发的《关于办理侵犯知识产权刑事案件适用法律若干问题的意见》第12条规定,"发行包括总发行、批发、零售、通过信息网络传播以及出租、展销等活动"。在区块链技术下,对采用区块链采取保护的3D打印作品来说,发行就变得非常容易判断。对于特定受版权保护的区块链网络,将3D打印模型部分或全部的创造性发布在区块链网络中就构成"发行"行为。

2.实物作品。需要指出的是,通过实物的3D扫描仪反扫描获得已有实物的数字模型也构成侵犯3D打印作品的版权。使用符合精度要求的扫描仪进行采样,组成含有模型尺寸、材料、颜色、质地的参数云集,能够获得一致的作品(仅精度上有所差异)。[②]

三、区块链技术下3D打印作品的犯罪构成要素

(一)"复制"构成要素

区别于传统版权"复制"的认定,3D打印版权必须对实物作品与数字

---

① 王世洲:《关于著作权刑法的世界报告》,中国人民公安大学出版社2008年版,第24页。

② 何怀文:《著作权侵权的判定规则研究》,知识产权出版社2012年版,第17页。

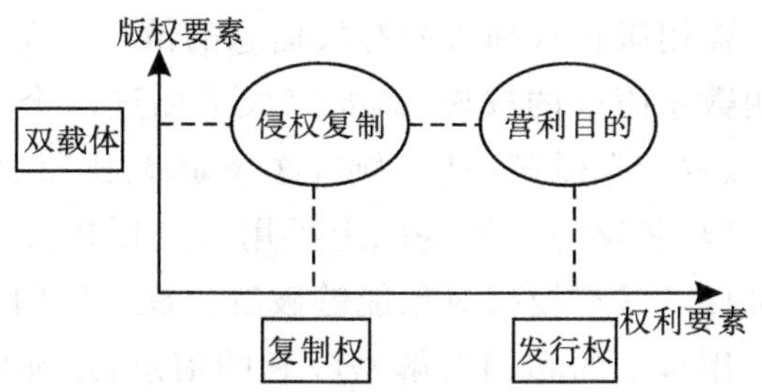

图 1　犯罪构成要素与版权核心要素、权利组成要素关系图

模型进行判断。在判断 3D 打印是否构成作品复制时，只要版权构成要素实物作品与数字模型中任一种载体构成实质性相似，就能认定被控作品存在复制行为。如果同时具备实物模型与数字模型的相似，这就通过两者间形成的相互印证，使被控作品与主张作品的实质性相似的证明力进一步加强。

1.数字作品复制的判断

在数字版权领域，通常情况下使用作品的感官判断不足以获取充分的证明力。区块链技术弥补了传统判断在数字版权领域的不足。在区块链技术上，版权所有人将作品的哈希值与作品同步传输到区块链上，如果任何人应用了权利人作品，只需要将区块链上存储的哈希值进行对比，如果两个作品的哈希值是一致的，从而可以证明其所有权。但是，需要指出的是，作品的哈希值与作品本身不是一回事，版权通常都比具体的一些二进制数排列更广泛。如果对原作品进行轻微修改后的作品仍然受原始作品版权的保护，那么它们的哈希值就可能存在不同。面对这个情况，就需要将上传的哈希值范围进行扩大，对作品每个片段的哈希值都进行上传。

版权所有人将哈希值以操作代码形式上传到区块链之后，经过一个个区块链不断印证前面的区块记录，除非有超过全网络运算能力 50%以上的恶意攻击，作品的创作和使用信息将不再改变，侵权复制将被轻易识别。[①]

此外，在区块链领域，除了作品的数字作品直接复制以外，也存在破坏

① 李钧:《比特币——一个虚幻而真实的金融世界》，中信出版社 2014 年版，第 201～203 页。

加密技术的私钥，盗用版权权利人所有权信息的情况。在区块链加密网络中，权利人要证明数字版权的权属，需要完成下面这两个步骤：第一步，用权利人的私钥对版权信息做第一层加密，这保证验证了该作品由权利人发出；第二步，在上一步获得的数据基础上再用特定授权使用对象的公钥做第二层加密，这确保了只有授权对象能够破解。授权使用对象在获取权利人传输的信息后，用自己的私钥对解密收到的信息，这确保了信息传递的定向性；第二步再用权利人的公钥再次解密，这确保了信息由权利人发出的准确性。如果授权使用对象的计算机被入侵，私钥被盗用，则也存在被超越授权复制的情形。[①]

2.实物作品复制的判断

针对 3D 打印实物作品的复制判断，则需要采用著作权中的构成实质性相似。第一步，甲作品与乙作品的抽象环节。乙作品与甲作品之间是复制关系，是一个立体作品复制另一个立体作品的关系。甲乙作品间有着共同的表达单元。对于一件立体作品，立体作品的线条控制、色彩变化、材料处理、特定造型以及角色特征表达都属于特定表达单元，这些表达方式具有其表达的特殊性。第二步，甲作品与乙作品的过滤环节，将抽象出作品表达单元中不受著作权保护的部分过滤掉。例如，在 3D 立体作品中人物的头发都采用丝状的表达，这是唯一的表达方式，则头发的丝状表达都不受著作权的保护，应当过滤掉头发材料单元作为表达方式。第三步，甲、乙作品剩余表达单元对比环节。在剩余的表达单元中，让作品的受众来对比甲乙作品间是否存在相关的主观感受。甲乙两件作品作为立体作品，社会一般大众即立体作品的欣赏者和购买者，也是立体作品所服务的对象，因此社会一般大众就是甲乙两件作品实质性相似的判断者。

(二)“以营利为目的”的构成要素

需要指出的是我国刑法对发行目的具有特定要求，只有“以营利为目的”破坏我国文化市场秩序的行为才能构成犯罪。[②] 世界各国的通行标准也都不相同，有着多种立法模式，既有澳洲的严格责任制度，也有英国的市场经济规模的要求，也有美国只需要犯罪故意的要求。我国选择“以营利

---

① 张增骏:《深度探索区块链》，机械工业出版社 2018 年版，第 67 页。

② 李雨峰:《思想、表达二分法的检讨》，载《北大法学评论》2007 年第 2 期。

为目的”是当前对我国社会主义初级阶段的出版业一种较优的立法选择，符合刑法宽严相济原则。

在3D打印条件下，由于发行对象数字模型的数字化，导致“以营利为目的”的表现方式更加多元化。[①] 此外，区别于传统的版权，需要对侵犯未经发表3D打印作品的“以营利为目的”作出特别规定。在区块链网络化情况下，网络将以“去中心化”的形式出现，任何人通过区块链网络发布3D打印为代表的数字版权，都可以造成几何式的扩散。在区块链网络下，大量的P2P行为都不是以简单直接的财产性利益为衡量，而存在其他综合性的非财产性利益。因此，出于进一步保护未经发布3D打印的版权侵权的保护，应当对“以营利为目的”结合受侵犯人的损失价值进行综合考量，使得犯罪行为的侵权与被侵权作品的损失在刑法领域内实现有效的平衡。[②]

(三)“犯罪数额”构成要素

针对3D打印具有数字模型与实物作品两种核心版权要素，侵犯3D打印犯罪数额需要将数字模型数额与实物作品数额进行叠加运算。2004年《最高人民法院、最高人民检察院关于办理侵犯知识产权刑事案件具体应用法律若干问题的解释》对侵犯版权犯罪的犯罪数额从犯罪经营额与复制件数分别作了规定。因此，3D打印犯罪数额需要分犯罪经营额与复制件数分别计数。由于同一件作品的数字模型与实物作品对应着同一件作品版权，本文认为在计算数额时，需对数字模型犯罪数额与实物作品犯罪数额进行叠加，只要达到犯罪经营额与复制件数中任意一种数额，则达到犯罪数额的要求。

① 张明楷：《论刑法中的以营利为目的》，载《检察理论研究》1999年第4期。

② 于志刚：《网络空间中知识产权的刑罚保护》，中国政法大学出版社2014年版，第57～58页。

网络犯罪空间的公共场所解释

——以刑法解释学为视角

陈　蓟*

引　言

互联网 3.0 时代,网络空间与现实空间的界限高度重合。网络平台集贸易、工作、社交、娱乐、金融、医疗等服务于一身,深刻影响着广大民众的日常生活。“双层社会”的逐步构建使得现实社会中存在的传统犯罪得以在网络空间中迅速滋长和肆虐,甚至形成了破坏力和影响力大大超出传统犯罪的新型犯罪模式。比如,网络谣言和网络言论威胁侮辱等,虽然在现有刑法规范中能够找到对应条款,将具体条款作扩张解释能在一定程度上予以扩容。但分析这些犯罪的具体影响和现实危害我们可以发现,传统犯罪进入网络犯罪空间后产生的异化变种在传统刑法理论和司法解释中存在巨大的技术和学理代沟。其中,首要的便是网络空间在规范层面能否作为公共场所解释。准确适当地运用法律解释方法对现有立法体系的关键词进行扩张解释,既可以充分发挥刑法规范打击犯罪的生命力,又不违背罪刑法定的精神内涵。

---

* 陈蓟,浙江工业大学法学院硕士研究生,主要研究领域为刑事法学。

一、网络空间犯罪模式的挑战与问题

(一)网络成为犯罪空间的现实

1994 年 4 月 20 日,中国由一条 64K 国际专线接入世界,迎来了互联网发展的序幕。伴随互联网高速发展的是个人电脑的使用和互联网观念的迅速普及。网络将现实社会中的万千受众紧密地联系在一起。用日益更新的丰富服务将网民们黏着在网络平台当中,也暴露在网络犯罪的侵害刀口下。如果说 21 世纪以来互联网 2.0 时代的网络是着重将更多群体联系在一起,打造全世界范围的虚拟关系网,那么互联网 3.0 则开始注重关系网中普罗大众的互动交流和资源共享。社交软件的迅速成长带给网民更直观的信息分享体验。自媒体时代下,人与人之间的距离不再是交流沟通的障碍。物联系统的快速发展更迅速地打破了资源互享的物理隔阂。人们的生活似乎更自由开放,同时却也减少了私密空间。

在此背景下,网络中的犯罪模式也在发生着深刻变化。从过去抱持炫技和破坏目的单纯攻击计算机数据系统的计算机犯罪到以经济利益为追求获取信息数据的网络犯罪,已经带给刑法理论和司法实践巨大的应对挑战。增设新罪名和就技术名词作出司法解释的回应体现了现有法律制度对网络犯罪发展疲于奔命。如今,网络犯罪又将网络空间作为独立的犯罪空间,实施无差别攻击,进而威胁网络平台秩序。反观国际社会,各国都将网络安全提升至前所未有的战略高度,建立专门的网络安全法或大力修改刑法规范。远期而言,设立专门的网络安全法是必要的。近期对我国刑法进行大力修改是不现实的。在现有法律制度基础上对相应的规范性关键词进行适当法律解释是较为节约立法成本的现实做法。

(二)网络空间犯罪模式的异化

当个人网络终端开始普及时,网络信息资源的经济价值尚不凸显。人们对互联网的印象更多地集中于其带来的新颖和便捷。换言之,此时的网络更多体现的是工具性的价值,与之相对网络犯罪的动机更多集中于短期经济利益。由此产生的新型网络犯罪也与传统经济犯罪近似,只是在犯罪工具方面出现了网络属性。这一阶段,网络只是作为犯罪工具的一种侵入了传统刑法当中,《中华人民共和国刑法》(以下简称《刑法》)第 287 条的指

引性条款似乎足以应对。然而,快速发展的互联网经济丝毫不给法治建设进程跟上脚步的机会。随着电商经济和社交平台的发展壮大,网络空间已经逐渐与人们现实生活的空间结合。快捷丰富的生活付出了诸多安全隐患的代价,如网络社交带来隐私权的隐患,网络金融带来公私财产安全、商业秘密的隐患,电商平台信息数据的集中带来个人信息安全的隐患,等等。网络空间中的犯罪发生剧烈的异化,使得现有法律体系无所适从。单个法条的增设已经不能解决迅速变异的网络犯罪,现有刑法规范也仍然停留在利用网络作为犯罪工具的犯罪评价水平上。由此带来的结果极有可能是司法机关在涉及网络因素、计算机技术的应用上,就一定判定在传统犯罪罪名和第 286 条“破坏计算机信息系统罪”之间形成竞合或者牵连关系。①

需要认清的是,为了实施传统犯罪,即使在网络空间中实施某种技术方法,其实质都只是利用计算机实施犯罪的传统犯罪。然而,网络空间的犯罪不同于以往的网络工具型犯罪,不能准确地定位异化后的网络空间犯罪。诸如网络谣言、网络诽谤等行为如何以传统刑法罪名认定存在关键词概念解释的代沟。电信诈骗、人肉搜索等直接或间接侵害公民个人信息的行为又以泛滥之势充斥网络空间。面对犯罪模式异化的网络犯罪,直接尝试套用现有罪名只会被动增加更多罪名,或者将“非法经营罪”“寻衅滋事罪”等罪名推向口袋罪的深渊。形成长效良性的网络刑法机制是我们的长远追求,而眼前的法治疑难也不能听之任之。无论是刑法的策略性应对还是战略性调整,都离不开对网络犯罪本质的精准把握与发展趋向的准确预测。② 认清互联网的特性才能意识到网络空间不仅仅是一个虚拟的活动场域,而与人们的生活存在细致入微的交互。正如对网络刑法研究深刻的学者的论述:互联网的第一个演变,是由“虚拟性”向“现实性”的过渡。总体而言,尽管虚拟性仍然是网络的基本特色,但这一特色越来越具有相对性:网络行为不再单纯是虚拟行为,它被赋予越来越多的社会意义。③ 可行的做法应是在现有刑法规范立法和司法解释中寻找对策,尝试适当联系

① 于志刚、郭旨龙:《网络刑法的逻辑与经验》,中国法制出版社 2015 年版,第 21 页。

② 于志刚、于冲:《网络犯罪的罪名体系与发展思路》,中国法制出版社 2013 年版,第 2 页。

③ 于志刚:《网络犯罪与中国刑法应对》,载《中国社会科学》2010 年第 3 期。

现实解释关键词和概念以点带面，针对性明确网络空间犯罪的入罪量刑标准，以司法解释带动刑法生命力达到有效打击异化犯罪，维护网络空间秩序。

（三）现有刑法规范的应对不足

我国现有刑事立法和司法实践对网络犯罪的思维结构可以成为“双轨三点四线”。“双轨”，即以《刑法》第 285 条、第 286 条应对纯粹计算机犯罪，以第 287 条应对传统犯罪网络化；“三点”，即“计算机软件”“计算机系统”“计算机数据”三类犯罪对象的刑法思维观测点；“四线”，即第 285 条、第 286 条规定的四个独立“线性罪名”。[①] 正如对网络空间犯罪模式异化的分析，线性二维式的刑事立法和司法思维结构难以应对立体式发展的互联网社会。网络空间的即时性和信息爆炸性注定传统刑法罪名无法直接发挥有效评价机制。其症结在于刑法保障网络空间犯罪的法益发生了根本性变化。区别于过去注重物理的计算机系统本身和传统财产利益的保护，网络空间犯罪更具侵害威胁的是网络空间秩序。例如，秦火火、立二拆四等网络谣言事件，犯罪行为直接侵害的对象不仅仅是特定主体的名誉权。依照侮辱罪、诽谤罪不告不理的原则，网络上有针对性地攻击特定主体遭到刑法制裁的风险要小很多；而网络谣言真正危害的对象是正常平稳的网络空间秩序。如今，人们的生活离不开网络，网络空间的安适和谐程度直接影响了人们的生活品质。就法益的保护而言，网络空间秩序的保护无异于公共秩序保护本身。

有学者注意到公共安全的公益性同样不限于生命安全，以破坏广播电视设施罪规定在危害公共安全罪中为例，提出刑法在对待公共安全时注重的是公众生活的平稳与安定的保护。[②] 这里虽然不主张将网络空间犯罪纳入危害公共安全罪中予以规定，但至少应当注意到公众安宁、和谐地使用互联网也已经成为法治社会普遍接受的法益。破坏网络空间秩序即使是虚拟层面的行为，也仍然会引发现实社会的群体性事件。在虚拟与现实社会关系紧密的互联网时代，以网络空间不具备与现实空间可等同的物理属性就否定其公共性和现实的“虚拟性”是不可取的。在认可网络空间秩

① 于志刚、郭旨龙：《网络刑法的逻辑与经验》，中国法制出版社 2015 年版，第 44 页。

② 张明楷：《刑法学》，法律出版社 2011 年版，第 603 页。

序保障的必要性和现实性基础上，我们可以试图探讨网络空间与“公共秩序”概念的共识，进而分析二者联系解释的可能性。

二、网络空间公共场所解释的可能性

“双层社会”逐步形成的当下，依赖传统刑法理论和规范应对以网络为犯罪空间的犯罪行为必然会导致司法制裁疲软无力、无所适从。转变网络刑法思维和逻辑所面对的第一题便是对新型关键词的准确规范性解释。正确地在刑法条文中将“公共场所”的解释与网络空间联系起来对法律人解答这一法治疑难问题有重大裨益。在此基础上，便可使得网络空间秩序得以被纳入现行刑法规制手段的保护范围之内。

(一)“公共场所”解释的借鉴

首先，《中国公安百科全书》对“公共场所”的解释是：“公众可以任意逗留、集会、游览或利用的场所。”根据该解释，公共场所大致可分为公共医疗场所、公共旅游场所、公共消遣场所、公共集会场所等八类。[①] “公共场所”的明确解释没有反映在刑法典当中。而刑法分则有五个罪名涉及“公共场所”，以及“区域”“市场”“赌场”“公共场合”等近似规范意义的关键词。应当发现，刑法出于保障公共秩序法益，需要对上述关键词进行规范性解释，即不能仅凭社会经验对相关用语进行文义解释。公共场所的客观物理性质和功能虽然与网络空间有较大不同，诸多现实生活行为发生在网络空间尚不能实现。但就其公共性而言，二者存在共通之处。互联网社交带来的跨地域信息交互在即时汇集信息方面足以将远超公共场所规模的人群联系在一起。在网络空间中，如微博的使用往往会形成范围较大的不特定人群即时麇集的信息交互平台，与现实社会中的“公共场所”在公共性上无疑是趋同的。根据中国互联网信息中心(CNNIC)2014 年 1 月的《第 33 次中国互联网发展状况统计报告》，微博在 2013 年的用户规模为 28078 万，网民使用率为 45.5%，使用手机浏览的网站类型中微博占 42.6%。可见局域网时代后的网络空间不可能是范围可控的活动区域。网络谣言或是信息泄露等违法行为的恶劣影响扩大规模是指数型增长的。思考网络空间向

---

① 李晓明:《刑法:“虚拟世界”与“现实社会”的博弈与抉择——从两高“网络诽谤”司法解释说开去》，载《法律科学》2015 年第 2 期。

“公共场所”解释变迁，进而在未来立法中加强相关法益保护的力度完全是有现实意义的。

其次，可以注意到历年来的司法解释当中已经开始了类似的探索性尝试。传统犯罪在进入网络空间后经常会保留其在现实社会中的犯罪构成特征，同时借助网络空间的便捷性和公开性产生更大的恶性影响。例如，在网络上召集不特定网民的网络赌博活动，比起传统的赌博行为无疑更具危害性和隐蔽性。2005 年《最高人民法院、最高人民检察院关于办理赌博刑事案件具体应用法律若干问题的解释》以及 2010 年《最高人民法院、最高人民检察院、公安部关于办理网络赌博犯罪案件若干问题的意见》都明确将赌博网站与传统的赌博场所统一视为刑法中的“赌场”。最高人民法院、最高人民检察院也不能因为打击犯罪的现实紧迫性而草率地出台不科学的司法解释，应始终持有慎重的态度：“司法解释的合理性，应当以是否符合刑法条文本身的真实含义，是否使刑法各条文之间以及刑法与其他法律之间相互协调，是否有利于实现刑法的目的与任务，是否使案件得到妥当处理为标准。”[①]

最后，“公共场所”一词出现在分则的许多罪名当中，由此主张对“公共场所”和“网络空间”必须作严格区分的学者大多担忧“网络空间”纳入“公共场所”范围会影响刑法典的体系解释稳定性。公共场所与网络空间最大的区别还是在物理性质方面。相较于现行刑法分则其他条文中所使用的“公共场所”概念，会发现公共场所应该是公众身体可以进出的物理性(实体性)场所。[②] 认为网络空间存在于虚拟数据之中，以此忽视二者对公共秩序等法益本质影响力方面的一致性是极为不可取的。即使我们对公共场所与网络空间两个概念不能等量代换，但至少应该认识到二者在综合治理方面存在极高的相似性。

(二)刑法分则解释变迁的需求

网络空间秩序的破坏行为在犯罪构成和危害特点方面极为近似寻衅滋事罪。在现实生活中，公安机关对一些网络谣言和网络暴力行为也多采取治安行政处罚制裁手段。只有造成严重危害结果的行为才可能涉及寻

---

① 张明楷：《简评近年来的刑事司法解释》，载《清华法学》2014 年第 1 期。

② 张明楷：《简评近年来的刑事司法解释》，载《清华法学》2014 年第 1 期。

衅滋事罪的刑事责任承担。为了对网络空间秩序进行刑法层面的保护，守住最严厉的法治防线，我们需要在刑法分则中寻求解决途径。寻衅滋事罪一向被学界指责为口袋罪，但需要认清，网络空间犯罪的出现仍需要相关罪名的适用。对刑法分则的时代性解读并不意味着无限制地扩大解释和类推解释。反而正是因为现有问题的特殊性不可能要求立法者制定法律时便能提前预知。所以，遵循立法目的和尊重刑法原则精神是可以做到对现有法条正确解释和适用以有效应对新型异化的网络空间犯罪。

值得注意的是，这些网络空间犯罪的异化直接冲击的对象是现有刑法规范。面对互联网时代诸多侵害网络空间秩序的行为，刑法和理论界普遍难以作出有效回应。传统刑法规范的治理无力注定在刑法分则解释层面有变通的需求。进而，有学者认为："基于当前'双层社会'的客观情形，合理的认定标准应当如下：网络空间的秩序混乱是入罪的主要标准，如果犯罪后果传导到传统空间之中，引发现实公共秩序的严重混乱，则作为从严的量刑标准。"[①]以网络虚假信息和网络谣言为例，《中华人民共和国刑法修正案（九）》虽然增设了编造、故意传播虚假信息罪，但在入罪标准和量刑标准上还存在真空。有学者认为网络谣言不是严格的法律概念，仅指没有确切根据的传言，并不必然为虚假，因此刑法上应当使用虚假信息这一概念，并以此对网络谣言进行限制性解释。[②] 此外，有学者指出"寻衅滋事罪侵犯的对象一般是不特定的人身、人格、财产，是对社会公德和国家法纪的公然藐视和挑战，是对公共生活中墨守的交往规则的破坏，是对社会风尚和秩序的挑衅"[③]。而寻衅滋事罪的确长期成为打击网络谣言或虚假信息传播等网络空间犯罪的罪名。这也反映在司法领域，网络秩序在法治层面的预设法益与社会秩序法益是具备一致性的。针对尚未造成严重影响的网络谣言行为，公安机关多采取治安管理手段予以规制。治安手段的介入应该证明网络谣言等网络空间行为是对公共秩序法益的破坏，由此也建立了网络空间秩序与公共秩序的关系。应该意识到，互联网与现实生活交融

① 于志刚、郭旨龙：《"双层社会"与"公共秩序严重混乱"的认定标准》，载《华东政法大学学报》2014 年第 3 期。

② 廖斌、何显兵：《论网络虚假信息的刑法规制》，载《法律适用》2015 年第 3 期。

③ 李希慧：《妨害社会管理秩序罪新论》，武汉大学出版社 2001 年版，第 160 页。

紧密的当代，网络空间秩序已经成为公共秩序的一部分。重视互联网空间的秩序维护具有现实意义。

然而，公共秩序、公共场所秩序等概念在刑法典总则和分则中并没有作出明确区分。而至少在分则适用当中对相关概念的正确解释，对发挥现有刑法的规制能力应当有重要作用。至少可以确定的是，从逻辑构成方面，公共秩序应是后两者的上位概念。在确定公共秩序和网络空间秩序关系的基础上，寻衅滋事罪适用网络谣言等网络空间犯罪行为的可能性。由此，《最高人民法院、最高人民检察院关于办理利用信息网络实施诽谤等刑事案件适用法律若干问题的解释》第 5 条认定，“利用信息网络辱骂、恐吓他人，情节恶劣，破坏社会秩序的”，以及“编造虚假信息，或者明知是编造的虚假信息，在信息网络上散布，或者组织、指使人员在信息网络上散布，起哄闹事，造成公共秩序严重混乱的，依照刑法第 293 条以寻衅滋事定罪处罚”。就利用现有刑法规范在打击网络空间犯罪上，寻衅滋事罪的适用可以有效成为入罪的上限罪名条文以达到威慑和治理相关犯罪的作用。但正如诸多对该口袋罪的批评意见，寻衅滋事不加节制地适用可能侵害公共秩序，其行为极有可能扩大刑法规范的打击面，有违刑法谦抑性。尤其网络空间信息交流关系言论自由这一基本人权，恣意扩张法律制裁的范围造成“寒蝉效应”，进而引发更激烈的社会问题，反而适得其反，不利于公共秩序的维护。为了将网络谣言等网络空间犯罪行为去除公共秩序罪名的打击射程，有学者认为网络仍然只具有工具属性，网络虚拟空间不具有空间的基本属性，因而网络空间秩序与道德秩序、国家形象均不属于公共秩序。[①] 这一观点显然有效矫枉过正了，对分则涉及的关键概念分类解释应在遵循基本逻辑、尊重民众可预测性的基础上，向着更有利于发挥刑法规制作用的方向进行解释。现代法治的刑法分则规定并不直接决定基本人权侵害的危险程度，关键还在于对法律规范的解释和适用。网络空间犯罪的前沿理解需要体现在刑法分则的具体解释中，以达到有效满足现实刑法规范需求。尽管网络谣言等行为纳入寻衅滋事罪有刑法规范扩张、侵害言论自由之虞，但这一危害的根源应在入罪量刑标准的不确定上。如果对相

① 马长山：《法律的空间“穿越”及其风险》，载《苏州大学学报(法学版)》2014 年第 4 期。

关概念作出更明确的解释，即使将违反网络空间秩序的最高处罚设立为寻衅滋事罪，也不必然导致刑法制裁的滥用和人权价值的践踏。有鉴于当代互联网言论影响力扩张的影响力之大，网络空间秩序的安宁和谐反而可以得到广大民众的认可。所以，现阶段网络空间犯罪的刑法规范更应着眼于对关键概念的明确解读和入罪量刑标准的清晰设立上。有了相对权威和固定的解释方法和标准，反而会抑制借由短期刑事政策任意解释法律和扩张打击射程的现象。

总之，网络空间秩序的公共性和前所未有的空间影响力足以引起等同公共秩序或公共场所秩序的重视。同为公共秩序的下位概念，网络空间秩序与公共场所秩序至少在规范性解释层面存在高度重合性。尽管网络空间与公共场所不是可以完全替换的概念，但至少将网络空间秩序与公共场所秩序类比解释和理解存在现实可能性。

三、网络空间公共场所解释的界限

2013 年 9 月 9 日，《最高人民法院和最高人民检察院关于办理利用信息网络实施诽谤等刑事案件适用法律若干问题的解释》，体现了最高司法机关在互联网 3.0 时代对网络空间秩序维护的重视和利用有权解释应对法治疑难的勇敢尝试。然而，能否将网络空间与刑法“公共场所”联系起来予以解释在学界产生了极大的分歧。这至少涉及虚拟“网络空间”与现实“物理空间”的“公共场所”概念能否统一，以及对“公共秩序”与“公共场所秩序”的理解能否等同两大问题。[①] 同时，将网络空间解释为“公共场所”所针对的现实法治问题便是现有刑法体系的冲击。体系解释要保持法典同一关键词解释的一致性和稳定性。“公共场所”解释的扩容自然将影响所有相关法条的理解，如网络谣言行为引发的网络寻衅滋事罪的认定。甚至有观点认为该司法解释是前所未有的明显类推，限缩公民权扩张警察权的情形。在提倡刑法理论和实践中转变网络思维和经验的当下，我们既不能因形式主义法学的担忧而怠于进取，也不能完全抵触一切反对声音而无节制地扩张解释现有法律。正确理性的做法应在追求焕发刑法规范生命

① 李晓明：《“虚拟世界”与“现实社会”的博弈与抉择——从两高“网络诽谤”司法解释说开去》，载《法律科学》2015 年第 2 期。

力应对网络空间犯罪的同时，谨慎处理与理论和法治禁区的界限，防止类推解释。

(一)理论界限:虚拟言论自由的重视

网络空间与现实空间的界限不因物理性质的差异而难以逾越，许多对网络空间秩序的直接破坏通过网络空间中的众多当事人行为转换成现实社会的危害影响。网络空间作为具备虚拟现实性的独立空间不再是单纯依赖算法数据机械运转的场域。在人机交互向网络空间联通社交的平台互动时代，网络空间在很大程度上可以发挥和公共场所等同的作用，达到近似的“人流密集”效应。在互联网高度普及、网络用户迅速增长的社会大背景下，应当承认网络空间秩序的独立刑法法益属性。[①] 所以，在网络空间中同样出现言论自由与网络空间秩序这样私权利与公权力的冲突。在网络空间发表言论自然可以认为是传统言论自由在互联网时代的延伸，那么网络空间秩序与之相对同样也可以视为是新型公共秩序的延伸。这也符合我们将网络空间秩序和公共场所秩序做联系解释的旨趣所在。

网络空间的言论自由行使具有互联网时代的鲜明印记。尽管各类平台已不同程度地推进用户身份实名制机制，但群体言论事件仍会出现法不责众的尴尬现象。以 2017 年年底成都“摔狗事件”为例，主人公旦旦和何兴丽之间的冲突经网友的强势参与极度恶化。对于后者遭受的人身威胁、电话骚扰和恶毒诅咒等侵害，公安机关最终还是以对前者进行治安行政处罚了事。其实问题的根源在于何兴丽疑似摔狗后个人信息遭到曝光，大量激愤网友找到了宣泄攻击的方向，并在一起极端分子的带头行动下推波助澜。大多数网络暴力的起源都是个人信息的泄露。尽管刑法规定的侵犯公民个人信息罪明确打击向他人出售或者提供公民个人信息的行为，但一旦进入网络空间便会直接遭遇侵害主体罪责难以认定的困境。具体问题在于刑法旨在打击向他人提供个人信息情节严重的行为，而网络暴力中更多网民充当的是个人信息传播者的角色。将所有传播者都纳入打击范围明显不具现实性。在网络空间秩序的解释层面可以提供一定的积极帮助，同时也有利于在理疗层面为该关键词解释设立界限。网络空间秩序作公

① 苏青:《网络谣言的刑法规制:基于〈刑法修正案(九)〉的解读》，载《当代法学》2017 年第 1 期。

共场所秩序的解释应着重考虑虚拟空间言论自由发展的特点。在重视网络空间秩序的维护基础上，对情节严重，不利于秩序的传播与一般的传播行为应该明确区分。在犯罪构成方面确定客观危害结果之后，主要在行为人主观方面作出充分分析和论证。例如，可以将网络暴力事件中积极参与扩大危害影响的行为人认定为构成破坏网络空间秩序的行为人。但其中必须对其主观方面具备相关的犯罪故意结合言论内容和具体行为作出具体认定。在“摔狗事件”中号召网友在何兴丽家附近围追堵截和寄送丧葬品的组织者就值得讨论是否构成犯罪行为。刑法规范在保障谦抑性的同时也应当保持与时代发展的一致性。就社会危害性而言，行为人在现实社会中进行围追堵截和恐吓行为，情节严重的可以构成寻衅滋事罪等罪名。在网络空间进行足以引发现实危害的言论也同样可以涉及相关罪名的制裁。在诸多网络暴力事件中，行为人将网络空间的攻击行为带入现实社会中，如果仅仅停留于对传统犯罪行为的固化认知，将难以适应互联网时代网络空间秩序的虚拟现实性危害。

(二)法治界限：入罪量刑标准的明确

在理论层面，出于对言论自由的考量，破坏网络空间秩序的行为必须在主观方面具备一定的危害故意才有可能构成犯罪。而对行为客观方面情节严重的认定也应当有严格而明确的标准。基于客观主义的立场，对“造成公共秩序严重混乱”从严认定：“网络空间的行为只有对现实生活产生了与对应罪名实质相一致的影响，才能作为法律调整的对象。”[①]立法和司法解释在其中需要发挥着重要作用。解释的重点也应当放在对关键词的概念理解的辨析上。网络空间秩序破坏行为的入罪标准和不同情形的量刑标准需要结合公共场所秩序法益保护的经验进行明确。对比最高人民法院通过寻衅滋事罪典型案例的解释和量刑标准的解释，网络空间秩序的破坏行为需要有单独的解释方案和范例，以明确罪与非罪、罪轻罪重的界限。例如，传统寻衅滋事次数、伤害后果、强拿硬要他人财物或任意损毁、占用公私财物数额等其他影响犯罪构成的犯罪事实增加刑罚量，网络空间秩序的破坏也可以根据发表造成恶劣影响行为的次数、造成直接损失

① 孙万怀、卢恒飞：《刑法应当理性应对网络谣言对网络造谣司法解释的实证评估》，载《法学》2013 年第 11 期。

等方面作为量刑标准。而入罪标准需要结合《中华人民共和国治安管理处罚法》和网信部门和电信主管部门的专门规定进行专业确定,以区别于一般的治安处罚行为,形成层级分明的综合治理模式。

此外,备受关注的《中华人民共和国网络安全法》的出台体现了国家战略层面对网络安全的重视,但其中更多的是对网络运营者和行政主体本身责任行为的规制。出于对网络安全的长远考虑,健康稳定的网络空间秩序应该得到更多重视。未来的个人信息安全法等与网络安全有关的法律规范也需要在规范层面对互联网法治的关键词作出明确解释和定义。

结　语

网络时代的迅速发展使得我们固守法律条文的传统原义地捍卫形式主义法治陷入窘境。作为当代法律人,面对网络空间犯罪的现实危害不能抱着鸵鸟心态孤坐在书斋之中妄谈对网络犯罪的治理。在国际互联网战略新方向下,个人信息、网络安全、网络空间秩序日益引发全社会的关注和重视。尝试在司法经验和理论前沿的基础上对传统刑法规范进行适当的解释,可以为我们提供一条缓冲网络犯罪异化冲击的法治屏障。

侵犯商业秘密致使权利人破产的构罪分析及常见争议焦点

高　文*

随着市场经济的深入发展，经济主体之间的核心竞争力已经不再是粗放式的资金要素，而是以人才为中心的科学技术、管理经验、实用创新等一切具有竞争力的技术信息和经营信息。而当前各大商业巨头，特别是互联网公司类的创新性企业竞相“挖人”现象也正是欲通过人才流动获得其背后的技术信息和经营经验，增加自身市场竞争力。由此带来的商业秘密被侵犯事件也不可避免，如不久前百度公司前自动驾驶事业部总经理王劲的另起炉灶等，均引起商业顶端关于商业秘密保护的震动。虽然，《中华人民共和国刑法》(以下简称《刑法》)第219条侵犯商业秘密罪对不正当竞争导致商业秘密被侵犯的刑法规制已经明确，但由于商业秘密这个犯罪对象的特殊性，如何认定“重大损失”的定罪标准却长期困扰着司法实务界，特别是互联网背景下秘密性的模糊及因果关系的复杂化，导致侵犯商业秘密致使权利人破产的构罪认定异常困难，控辩争议焦点突出。本文拟以互联网为背景，从“重大损失”之“致使破产”角度，对商业秘密的认定、侵权行为方式的分析、权利人破产的认定及因果关系等该构罪要素进行分析，并结合实践中控辩争议焦点进行再探讨，以飨读者。

* 高文，浙江腾智律师事务所律师。

一、商业秘密之认定

“商业秘密”一词作为法律术语，最早出现在1991年《中华人民共和国民事诉讼法》之中，但当时并没有详细的内涵和外延描述，后在1993年《中华人民共和国反不正当竞争法》（以下简称《反不正当竞争法》）第10条第3款中对商业秘密的定义作了详细的描述，即不为公众所知悉、能为权利人带来经济利益、具有实用性并经权利人采取保密措施的技术信息和经营信息。该定义在我国1997年《刑法》中将商业秘密犯罪从盗窃罪中分离出来，并增设第219条作为侵犯商业秘密罪专款时所采用。虽然在2017年《反不正当竞争法》修正案中将商业秘密的定义略作简化修改，但认定商业秘密的“四性”特征依然没有发生变化。

（一）商业秘密的“四性”

1.秘密性

秘密性是认定商业秘密的核心特征，是“四性”之首，即“不为公众所知悉”，是指普通公众通过公开渠道及公开数据分析不能直接或间接获取的非公知信息，已经通过互联网、报纸杂志等各种公开渠道公布的信息，由于新颖性的丧失则不再具有秘密性。比如，专利技术一旦公开，权利人即不再享有商业秘密权，而转为享有专利权。由于商业秘密权并非对世权，这里的“公众”具有相对性，并不是除商业秘密权利人之外的任何人都不知晓，而是在特定范围之外的不负有保密义务的不特定人群。因为，只有技术信息和经营信息的秘密点不为特定范围之外的行业或职业人员所获悉，其才具有存在的意义。同时，需要注意的是互联网下，能够从正规网站公开检索到的信息一般都不具有秘密性。

2.价值性

价值性属于经济概念，主要指商业秘密能够给权利人带来实际的或可预期的经济利益或交换价值，也或者是市场生产经营活动中的一种竞争优势。商业秘密的价值属性是其获得法律保护的基本要求，如果某个技术信息或经营信息不能在商业活动中给权利人带来现实的或可预期的经济利益或竞争优势，那么它就不应当是法律所保护的商业秘密。一般情况下，价值性反映出了该商业秘密上含有的人力、物力、财力、智力、经验的凝结网大小，它的表现形式既可以硬件化，也可以软件化，如独特的企业内核文化、管理制度安排、加工工艺流程等。特别是互联时代的快速传播特点，价值性往往会呈几何式变化。

3.实用性

实用性又称“有用性”“可操作性”，即“具有实用性”，是指权利人通过将商业秘密在实际的生产经营活动中予以运用，而达到的经济利益或效果。该表述在国外商业秘密保护的法律规定中是没有的，这是我国法律的特有规定，虽然 2017 年的《反不正当竞争法》第 9 条第 3 款将“能为权利人带来经济利益、具有实用性”浓缩表述为“具有商业价值”，但其包含的意思并未变化。商业秘密的“实用性”主要包括两个层面：一是具体性，即它是具体的技术信息和经营信息，不是抽象的描述或不可认知的东西，通常能够以技术文本、方案文稿形式，通过文字、图形、符号表达于客观；二是可实施性，即该技术信息和经营信息能够被操作者具体落实运用到生产经营活动中，并起到应当的效果。

4.管理性

管理性又称“保密性”，即“经权利人采取相应保密措施”，是指商业秘密权利人为防止社会公知而采取的必要管理和防范他人知悉的手段或措施。权利人采取的保密措施手段可以形式多样，如订立保密协议、制定保密制度等，但一般需要同时具备两个要件才能认定该特征存在。一是保密认识，即权利人主观上有保密的意思和要求；二是保密行为，即权利人客观上采取了保密的手段或措施，且该措施手段具有防止商业秘密泄露的可能性或合理性。对于互联网上存储的商业秘密，应当符合网络安全的一般要求。

综上，根据相关法律关于商业秘密的定义，认定商业秘密首先需要同时具备四个要件，即“四性”特征，它们之间是相互联系、缺一不可的。其中，秘密性是核心，价值性和实用性是基础，管理性是必要条件。

(二)技术信息和经营信息

无论商业秘密的载体如何，我国《刑法》第 219 条第 3 款按照商业秘密的内容，将商业秘密分为两大类，即技术信息型和经营信息型。

1.技术信息型商业秘密

世界知识产权组织对“技术”的定义表述为，“技术是制造一种产品的系统知识，所采用的一种工艺或提供的一项服务，不论这种知识是否反映在一项发明、一项外形设计、一项实用新型或者一种植物新品种，或者反映在技术情报或技能中，或者反映在专家为设计、安装、开办或维修一个工厂或为管理一个工商业企业或其活动而提供的服务或协助等方面”。而技术信息，即技术所承载的信息，主要表现为两个方面：一是客观呈现的技术信息，如可以用文字、图形、符号等为载体表达的技术信息；二是思想层面的技术信息，如存在于技术研究者的头脑里，表现为技能、技巧和经验的技术信息。实践中，技术信息型商业秘密可以表现为工艺诀窍、中药秘方、加工图纸、技术口诀等。

2.经营信息型商业秘密

经营信息是指市场经济主体在动态谋划发展中形成的除技术信息以外的能够给信息权利人带来经济利益或竞争优势的商业信息。实践中其主要包括两类：一类是经营和管理方法及相关的资料和信息，包括合理有效地管理各部门各行业之间的相互合作与协作，使生产与经营有机运转的秘密，可以表现为管理的模式、方法、经验以及管理公关等；另一类是具有秘密性质的市场以及与市场密切相关的商业情报或信息，如原材料价格、销售市场和竞争公司的情报、招投标中的标底及标书内容，还包括供销渠道、贸易记录、客户名单、产销策略等。

综上，同时具备“四性”特征的技术信息和经营信息才是商业秘密相关法律规定所应当保护的范围，这也是涉嫌侵犯商业秘密罪首先要判断的事项。

二、侵犯商业秘密的客观行为方式

我国《刑法》第 219 条规定的侵犯商业秘密罪的行为方式与 2017 年我国《反不正当竞争法》第 9 条规定的侵犯商业秘密的行为手段相同。具体包括四种类型，具备其一客观违法行为即存在。

(一)以盗窃、利诱、胁迫或者其他不正当手段获取权利人的商业秘密的行为

使用非法手段获取权利人商业秘密的手段不胜枚举,法条中仅列举了常见的盗窃、利诱、胁迫三种非法手段,并以其他不正当手段作为兜底,反映出行为人手段形式不重要,是否具有合法性才是判断获取商业秘密正当性的核心标准。盗窃一般是指窃取他人载于物上的技术信息或管理信息,但也包括以非法阅读、记忆的手段获知他人商业秘密,但要求行为人明知是商业秘密而窃取。利诱是指利用物质利益或精神利益诱使权利人交付或告知商业秘密的行为方式。胁迫是指通过一定的精神强制或轻微的身体强制,借以利害威逼施压,迫使权利人交付或告知商业秘密的行为方式。其他不正当手段包括欺骗、乘人之危、抢劫、抢夺等违背权利人真实意思的前提下,非法获取权利人商业秘密的行为方式。

非法获取权利人的商业秘密不需要获取人必须使用或披露,但只要该非法获取行为导致了权利人重大损失即可。

(二)披露、使用或者允许他人使用 以不正当手段获取权利人的商业秘密的行为

该款行为方式是在行为人采取盗窃、利诱、胁迫或者其他不正当手段获取权利人的商业秘密的基础上的延续,是一种新类型的侵权行为方式的表述。也就是说,引用该款的前提是行为人已经通过非法手段获取了权利人的商业秘密,但没有因此致使权利人遭受重大损失,而是后续行为才导致权利人重大损失。

披露行为没有范围和人数的限制,只要将非法取得的商业秘密向不具有知晓权利的第三人公布,或将该商业秘密发布在可以让不特定公众得以查阅或发现的平台,都属于披露行为。使用行为只是非法获取人的自己使用行为,使用方式多种多样,可以是生产活动也可以是经营管理活动。允许他人使用行为是指非法获取人将该商业秘密交付或告知非权利人使用的行为,要求被允许人必须实际使用,否则与披露行为将发生竞合关系。

(三)违反约定或者违反权利人有关保守商业秘密的要求,披露、使用或者允许他人使用其所掌握的商业秘密的行为

该款是指依照法律或约定,正当获取权利人商业秘密的行为人,通常

为商业秘密的被许可人。一般情况下，某个行业或职业的商业秘密群的知悉范围内有相应的保密约定或要求，如果该范围内的成员违反规定，擅自将其掌握的商业秘密以披露、独自使用或允许非权利人使用，就符合该款表述的行为方式。

(四)法律拟制型的侵犯商业秘密行为

我国《刑法》第219条第2款在第1款典型的三种侵犯商业秘密行为方式的基础上，对恶意第三人的间接侵权行为，法律拟制为按侵犯商业秘密罪论。具体罪状表述为，“明知或者应知前款所列行为，获取、使用或者披露他人的商业秘密的，以侵犯商业秘密论”，即成立该款的前提是已经存在前三款侵犯商业秘密的客观行为之一。在主观上，要判断间接侵权人主观是否符合“明知或者应知”的要件。刑法上的“明知或应知”是根据行为人的生活经验和生活常理的推测性认知，即应当知道、视为知道，是法律推定的犯罪故意。此处的“明知或者应知”依然只能是犯罪故意，不能理解为包含过失。

综上，关于侵犯商业秘密罪的客观行为方式有四种，前三种是直接侵犯，后一种为法律拟制式的间接侵权，相互之间在逻辑上构造了侵犯商业秘密行为的织网。

三、“致使权利人破产”的认定及因果关系

根据我国《刑法》第219条第1款的规定，侵犯商业秘密行为给商业秘密的权利人造成重大损失的，应当追究刑事责任。何为“重大损失”，根据2004年《最高人民法院、最高人民检察院关于办理侵犯知识产权刑事案件具体应用法律若干问题的解释》第7条规定，给商业秘密的权利人造成损失数额在五十万元以上的，属于“给商业秘密的权利人造成重大损失”。而根据2010年《最高人民检察院、公安部关于公安机关管辖的刑事案件立案追诉标准的规定(二)》第73条的规定，侵犯商业秘密罪有三种构罪标准：一是给商业秘密权利人造成损失或因侵犯商业秘密违法所得，数额在50万元以上的；二是致使商业秘密权利人破产的；三是其他给商业秘密权利人造成重大损失的情形。理论研究与实践判例中，涉及数额定罪的侵犯商业秘密的情形较多，但因“致使权利人破产”而涉嫌侵犯商业秘密罪的理论

研究与实务判决均无发现，以下仅就“致使权利人破产”的构罪进行探讨。

(一)“致使权利人破产”与“造成损失或违法所得50万元”的适用关系

在立案标准上，“致使权利人破产”作为侵犯商业秘密罪的定罪标准之一，其与损失数额和违法所得数额并列，那么是否可以将“致使权利人破产”与50万元损失或违法所得数额等同呢？本文认为不应当这样理解，应当将“致使权利人破产”作为无法认定数额或数额不足且导致权利人破产时的一种特殊立案标准，也就是说当数额达到“造成特别严重后果”的250万元标准时，法定刑已经上升至3年以上7年以下，此时如果继续在第一档的3年以下量刑定罪，显然属于降格处理。

(二)破产认定

1.权利人概说

根据《中华人民共和国破产法》第2条的规定，企业法人不能清偿到期债务，并且资产不足以清偿全部债务或者明显缺乏清偿能力的，依照本法规定清理债务。但该法律规定仅适用于企业法人，根据《中华人民共和国企业法人登记管理条例》第2条的规定，企业法人包括全民所有制企业、集体所有制企业、联营企业、私营企业、三资企业等，而不包括个体工商户和合伙制企业。那么是否侵犯商业秘密罪就不保护后者呢？纵观刑事法律规定或司法解释，关于“致使权利人破产”中“权利人”的种类并没有规定，那么，我们可以理解为包括任何享有商业秘密权利的人或组织，这是其一。其二，何为“破产”，其核心是资不抵债和无法清除到期职务，不具有可持续经营或活动的能力，无法持续经营或提供服务，被迫退出市场活动。

2.权利人分类与破产标准

既然权利人的范围具有广泛性，完全依照“破产法”的规定，显然不足以概括，在此，本文结合实践和法律规定，概括以下几种情况：

第一，公司企业型法人。对于具有企业法人资格的，是否破产依据“破产法”标准判断，具体可以债务人所在地法院受理破产申请为节点。

第二，团体性法人。虽然商业秘密通常以技术信息或经营信息的形式存在于市场生产经营主体当中，但并非社会团体法人组织就没有商业秘密，如行业协会内部的行业性商业秘密，其旨在为协会会员服务，当“四性”特征具备时，也应当成为法律的保护对象。可以团体法人的解散和无法正

常运行作为“破产”的判断标准。

第三，非法人型权利人。在市场经济发达的浙江地区，民间存在很多家庭式作坊，其通常以工商户或合伙企业的形式在生产经营，其拥有大量的商业秘密，如传统工艺和自酿技术，由于不愿意申请专利，通常都是以商业秘密的形式存在的。对此，可以权利人无法继续经营，进而注销营业执照或停止生产经营为参照标准。

第四，自然人型权利人。这类权利人通常是些拥有某一个细小领域的工匠技术，即手艺人，他们也是我国传统技艺的发言者和保护者。对于个人的商业秘密因为与人身具有紧密联系性，一般认定其“破产”应当以无法通过原商业秘密维持基本生产经营，导致不得不放弃原商业秘密，而另起炉灶。

第五，外国权利人。改革开放以来，我国吸引了大量的国外企业与人才到我国发展，他们带来了先进的生产技术和管理经验，根据《保护工业产权巴黎公约》等相关规定，外国组织或个人的商业秘密同样应当受到平等保护。对此，可以外国权利人被迫放弃中国市场，或申请破产。

(三)因果关系

判断侵犯商业秘密的客观行为与致使权利人破产之间是否具有刑法上的因果关系，是认定侵犯商业秘密罪成立的关键点。根据刑法因果关系理论，侵权行为与破产之间必须具有相当因果关系，即侵权行为的发生导致了权利人的破产事实。

实践中，权利人破产原因复杂，如何证明是侵犯商业秘密行为导致了权利人破产需要客观证据支撑，需要全面收集破产的一切原因，从中找出必然性和相当性，特别是多因一果的情形，要防止发生责任主体不公正现象。比如，一家网络创新公司总工程师“被挖”，后该公司由于核心人才流失导致宣告破产，虽然从一般因果关系上讲，总工程师离岗和公司破产具有直接因果关系，但并非一定具有侵犯商业秘密罪的因果关系。也就是说，公司破产是否与该工程师之间具有刑法意义上的因果关系，要以该工程师的新岗位工作是否侵犯了原公司的商业秘密为标准。

四、侵犯商业秘密罪中常见控辩争议焦点

经裁判文书网检索分析，关于侵犯商业秘密罪的裁判文书有近两百

件，控辩双方的争议焦点相对比较集中，经过整理后发现争议焦点基本上是围绕构罪要素展开的，主要有以下几点：

1. 涉案信息是否属于商业秘密

由于商业秘密的特殊性，实践中关于是否属于商业秘密通常需要专门的鉴定机构出具鉴定意见，主要围绕技术信息和经营信息是否具有"四性"特征，进而判断被控侵权人的信息是否与权利人的非公知信息具有同一性。其中，被鉴定信息是否全部属于非公知信息，应当根据鉴定意见中关于秘密点的认定范围确定。

2. 被控侵权人是否实施了侵犯商业秘密的行为

首先，应当确定权利人所有的技术信息和经营信息是否属于商业秘密；其次，被控侵权人所获信息是否与权利人的商业秘密具有同一性；最后，判断被控侵权人所获信息的来源与使用的合法性及相关时间节点。

3. 重大损失的计算

根据立案标准中重大损失之数额标准，仅有"权利人损失数额"和"侵权人获利数额"的简单描述，具体如何计算并未提及。实践中，关于侵犯商业秘密罪的重大损失数额计算可谓五花八门，具体认定也往往通过司法会计鉴定完成。另外，商业秘密形成的研发成本、许可使用费、同类产品价格等也往往作为参评标准。

结 语

通过对"侵犯商业秘密致使权利人破产"的构罪要素进行分析，我们可以清晰地发现，无论是侵犯商业秘密罪的四种定罪标准的哪一种，其核心评判要素都离不开"商业秘密""侵权行为方式""重大损失""因果关系"的分析，其控辩争议焦点也是焦聚于此。需要特别注意的是，互联网中商业秘密的"四性"特征会趋于复杂化，侵权行为与重大损害之间的因果关系认定会更加困难。但是，谨记网上侵权线下思维的思路、牢牢把握商业秘密的"四性"特征、准确审查两个鉴定、厘清刑法因果关系等手段，依然可以解决绝大多数工作中的实务问题。

网络时代知识产权检察院设置探析

——以浙江为地域标本的方案设计

胡涛　胡晓景　单家和*

网络时代我国电商经济迅猛发展，知识产权犯罪向网络蔓延，易发多发且向跨区域跨国境发展，成为区域甚至国际贸易纷争的焦点问题①。检察机关作为专门的法律监督机关，工作职责贯穿知识产权保护的全过程，研究把握检察环节知识产权保护特别是刑事保护的形势及对策，刻不容缓。笔者在调研近年浙江检察机关办理知识产权犯罪案件情况的基础上，从紧迫性、必要性、现实性三方面出发，分析犯罪的主要特点、司法实践困难问题，并以浙江为地域标本设计方案，提出设置知识产权检察院的对策建议，以期为应对强化知识产权保护的重大挑战，提供工作参考。

一、紧迫性：基于知识产权犯罪转移蔓延的考量

从司法实践上来看，当前利用互联网侵犯知识产权犯罪主要有三种类型：一是以网络为购销平台。表现为利用国内、国际电子商务平台销售假冒侵权商品，呈现出“货币交易电子化、商品销售与商品物流相分离”的特点。二是以网络为侵权资源。表现为从互联网下载知名商标及其图案用

* 胡涛，浙江省人民检察院公诉三处四级高级检察官；胡晓景，义乌市纪委、监委案件审理室主持工作副主任；单家和，杭州市临安区人民检察院案管部副主任。

① 2018年3月以来越演越烈的中美贸易冲突，是一场贸易战，更是一场知识产权之战、科技大战，目的是在于打击中国正在渐渐兴起的科技竞争力。参见《中美贸易战最新情况：中美贸易战是一场知识产权大战》，至诚财经网 www.zhicheng.com，最后访问日期：2018年11月12日。

于批量印制假冒商标标识;下载盗版电子书用于批量印刷盗版书并销售,或者下载电影、计算机软件等用于自制盗版光碟并贩卖。三是以网络为通信工具。这种情形在知识产权犯罪中十分普遍,如犯罪分子借助 E-mail、QQ、微博、微信等网络通信工具进行联络、发布广告信息、发送订单详情、传送电子账单等。在上述类型中,第一种情形的主要犯罪行为(销售和付款)在网络上实施,而后两种类型的主要侵权行为发生在现实当中,网络只是作为一种犯罪工具为知识产权犯罪提供便利。本文所涉的网络知识产权犯罪仅指第一种以网络为购销平台的情形,现实中呈如下特点。

(一)知识产权犯罪增长迅猛,从线下向线上转移趋势明显

全国检察机关 2013 年至 2017 年起诉制售伪劣商品,侵犯知识产权犯罪案件 12 万余人,是前 5 年的 2.1 倍①,浙江同期也以每年办理万人左右、年增幅 10%左右上升的态势发展②。同时,从线下向线上转移的趋势明显。以"电商百佳县"之首、知识产权保护任务较重的义乌市为例,2012 年至 2015 年,义乌市检察院互联网知识产权犯罪案发数不断增多,且在知识产权犯罪中所占比重快速上升,到 2015 年已占知识产权犯罪总数的近一半。(见表 1)值得一提的是,义乌市知识产权犯罪案件总数在 2012 年达到峰值后趋于平稳,其中线下知识产权犯罪案件数逐年下降,而电子商务知识产权犯罪逐年增多,到 2015 年两者几乎平分秋色,反映出知识产权犯罪从线下向网络转移的明显趋势(见图 1)。

表 1　义乌市检察院历年受案数

(单位:件)

年份	网络 IP 犯罪	IP 犯罪	所占比例
2012	5	104	5%
2013	7	35	20%
2014	7	33	21%
2015	15	33	45%
合计	34	205	17%

注:IP 是知识产权(Intellectual Property)的简称。

---

① 参见《最高人民检察院工作报告》(第十三届全国人民代表大会第一次会议,2018 年 3 月 9 日),www.zgjiancha.com,最后访问日期:2018 年 2 月 22 日。

② 参见《浙江省人民检察院 2013—2018 年工作报告》,zjnews.zjol.com.cn,最后访问日期:2018 年 2 月 22 日。

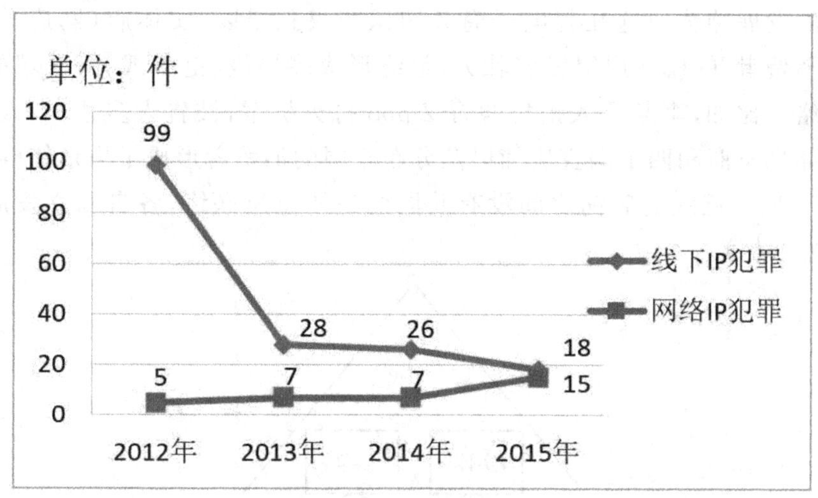

图1　义乌市检察院侵犯知识产权犯罪案件发展趋势图

(二)以知名商标为主要侵权对象

从办案情况来看，侵犯商标权犯罪占互联网知识产权犯罪的80%以上，如2014年浙江起诉互联网知识产权犯罪18件，内有侵犯商标权犯罪15件，占83.3%。被侵权的主要是国际、国内知名商标，尤其是品牌知名广、行业利润高、社会需求量大、市场销路好的商品，被侵权的情形更为严重，如"NIKE"耐克鞋子、"LANCOME"兰蔻香水、南极人内衣等；侵犯著作权犯罪的对象一般为国内外流行的书籍、网络游戏、影视作品。①

(三)多层级、链条式、跨区域发展

当前查获的互联网侵权多以个体、小家庭或者两三个合伙人为主，这和电商从业门槛低的特点相对应。但办案部门也查获了几起初具规模的电商知识产权犯罪，反映出如果对电子商务不加干预，网络知识产权犯罪

① 典型案事例有，东阳市检察院所办侵犯著作权案，被最高人民检察院评为"2013年全国检察机关知识产权保护十大典型案例"。2012年4月至9月，东阳市检察院审查起诉公安部和文化部共同挂牌督办的横店影视制作有限公司投拍电影《遍地狼烟》著作权被侵犯案，适时介入侦查依法引导公安机关取证，成功追诉广东新飞仕激光科技有限公司生产盗版光盘单位犯罪行为、促使该公司两名在逃责任人投案自首，并督促公安机关彻底捣毁了多个遍及全国的售卖盗版光盘窝点；同时，积极督促各被告人与被害企业调解，为被害企业挽回经济损失2500万余元。

可能的发展趋势。这几起电子商务知识产权犯罪以“实体店(网店)—网店—消费者”的模式层层发展壮大,最终形成多层级、链条式、跨区域的销售网络。比如,李某等人销售假冒 Zippo 打火机案,被告人多达 10 人,两个实体批发商和四个淘宝店铺以及分布全国的消费者形成了塔形结构(见图 2)。同一层级的店铺之间没有共同的犯罪意思联络,各自独立发展下线、独立结算。

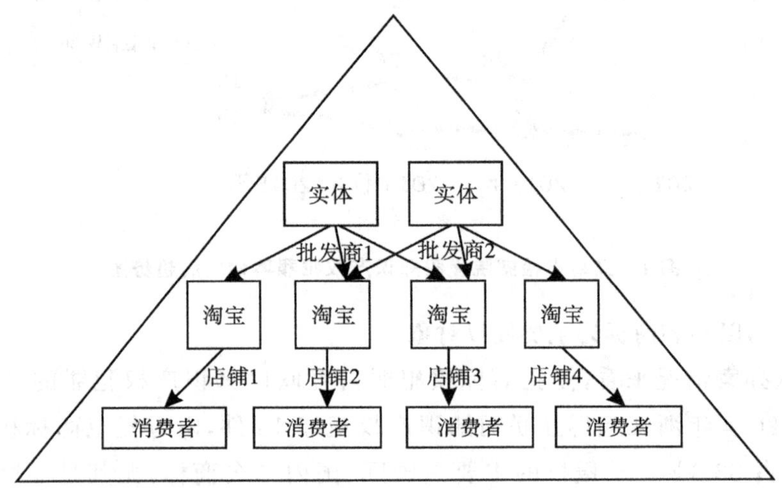

图 2　李某等人网络销售假冒打火机案组织结构示意图

(四)跨国知识产权犯罪呈上升态势

从办案情况来看,跨国犯罪在电商知识产权犯罪中约占 10%,并呈逐步上升态势。按电子商务平台服务商的国别可以分为两类:一是发端于中国市场的跨境电子商务平台,典型的有阿里巴巴网、敦煌网等。比如,祝某通过其在阿里平台注册的速卖通账号向境外销售假冒阿迪达斯和耐克球衣。二是外国的跨境电子商务平台,如吴某在淘宝网购进十几万元的“VIAGIA”“CIALIS”等激素及药品原料,并通过韩国国际电子商务贸易平台“EC-Plaza”销往全球。

二、必要性:传统知识产权检察难以应对网络犯罪

知识产权犯罪已经从线下向线上转移,从一定区域内向跨区域、跨国境蔓延,而目前知识产权检察仍以一定区域内进行部署,因网络检察、跨区

域检察尚未实质开展,是当前网络知识产权犯罪打击工作总体仍有待加强的主要原因[①]。其主要存在以下五方面的问题:

(一)行政执法与刑事司法衔接不畅

在知识产权保护机制方面,我国已经形成了一套较为独特的行政保护和司法保护同时并存,并相互衔接、相互协调的保护模式。[②] 权利人在被侵权时,既可以选择向法院起诉,也可以选择向知识产权主管机关申诉。这样,可以多渠道地增强对权利人利益的保护,使权利人的利益切实得到保障。[③] 但实践中,知识产权行政执法与刑事司法衔接也不够顺畅,这一方面,由于经济利益驱动,行政机关对知识产权司法保护消极对待的情况时有发生。当发生知识产权侵权行为时,相当多的受害方向知识产权行政管理部门控告,行政管理部门进行查处后,即使发现构成犯罪的,也极少移送公安机关进行刑事立案侦查。行政执法部门往往将大量应当移送公安机关作为刑事案件处理的案件,只作一般行政违法案件结案,“以罚代刑”现象仍较普遍,许多构成侵犯知识产权犯罪的案件未得到彻底追究。另一方面,公安、检察机关无从了解行政机关的执法具体情况,对符合刑事追诉标准的案件,行政执法机关不移送或者“以罚代刑”,公安机关难以及时发现,这导致知识产权刑事追诉案件数量较少,行政处罚和刑事处罚不平衡,知识产权刑事司法保护的职能和作用还没有得到充分完全的体现。

(二)法院对知识产权刑事案件移送率不高

法官在办理知识产权民事案件时,对所涉及的刑事案件移送给公安机关的意识与实效不高。杭州法院调查问卷显示,法官在办理知识产权民事

---

① 最高人民法院通报情况显示,2017 年,人民法院共新收一审、二审、申请再审等各类知识产权案件 23 万余件(参见 2018 年 4 月 19 日《最高法:提升侵犯知识产权人的违法成本》,news.sina.com.cn),而同期检察机关刑事办案数为 1 万余件(参见《最高人民检察院工作报告》,www.zgjiancha.com)。

② 张耀明:《完善知识产权立法促进经济社会发展》,载《中国知识产权发展战略论坛论文集》。

③ 邹杨:《论知识经济时代对知识产权的依法保护》,载《黑龙江省政法管理干部学院学报》2004 年第 6 期。

案件时所涉及的刑事案件未能全部移送给公安机关,[①]不少应当移送的刑事案件被搁置,知识产权司法保护主要停留在民事和行政上,进入追诉环节的刑事案件数量与行政处理、民事判决数量不成比例。"对于犯罪最强有力的约束力量不是刑罚的严酷性,而是刑罚的必定性……因为,即便是最小的恶果,一旦成了确定的,就总令人心悸。刑罚的威慑力不在于刑罚的严酷性,而在于其的不可避免性。"[②]知识产权侵权,甚至是犯罪行为惩罚的非必然性、可逃避性导致知识产权侵权、犯罪行为重复发生,这也是目前网络盗版影视、书籍泛滥的重要原因。

(三)知识产权案件专门机构办理比例不高

德国杜塞尔多夫上诉法院知识产权庭庭长威尔弗里德·诺伊豪斯博士曾说:"(专利诉讼的)辩护律师和法官两方面都已专门化,而这种专门化毫无疑问是值得提倡的,因为没有丰富的经验是无力审理专利侵权诉讼案件的。"[③]知识产权案件专业性强,且类型变化快,需要办案人员精通民商事法律,熟悉知识产权相关领域知识。知识产权案件由专人或者固定人员组成的专门机构办理,一方面,可以提高知识产权案件事实认定、证据采信、适用法律的准确性,提高知识产权案件办理的质量与诉讼效率;另一方面,可以促进知识产权案件办理人的经验积累、提高知识产权案件办理人的综合素质,以适应知识经济时代新型、重大疑难知识产权案件办理的需要,实现知识产权案件办理的可持续发展。法国、德国、英国、美国等两大法系主要国家知识产权案件均交给专人办理或者具有相关专业知识的"三审合一"的审判机关办理,绝不会交给不具有专业知识的一般的刑事或行政审判机构。浙江办案机关已经重视到知识产权案件专人专案办理的重要性,如杭州公检法机关调查问卷显示,93.62%的法院工作人员所在单位已经采用了此项制度,但公安机关和检察机关专人专案办理情况不佳,仅

---

① 冯仁强等:《杭州实施知识产权战略的司法保障研究》,2008年杭州市科技计划软科学研究课题。

② [意]贝卡利亚:《论犯罪与刑罚》,黄风译,中国大百科全书出版社1993年版,第59页。

③ [德]威尔弗里德·诺伊豪斯:《联邦德国工业产权领域里的法律诉讼》,载《工业产权司法问题讲座》第四讲,第2页。

有33.29%的检察机关和28.57%公安机关实现了专人专案办理制度。[①]

(四)检察机关办案外界干扰多

一方面,存在行政干扰。尽管目前各地企事业单位知识产权犯罪有加剧的趋势,但由于传统错误观念和淡薄的法制观念,司法机关在打击知识产权犯罪过程中遭受行政机关不作为、阻挠的事件时有发生。少数地方在一定程度上仍然存在侵犯知识产权"是经济发展的需要","权利人吃肉,假冒者喝汤"的错误认识导致一些部门的领导从本地区或本部门的利益出发,错误地认为,制假售假是每个地区经济起飞阶段必须面临的社会问题,不妨顺其自然,让其自生自灭;同时,地区、部门的领导和群众法制观念、全局观念淡薄,为了小地区、小部门、小集体的利益,对知识产权犯罪活动采取放任和袒护的态度,有的甚至阻挠对知识产权犯罪的查处。侦查难、取证难甚至遭遇暴力抗法的情况仍有发生,严重影响了案件的处理。比如,临安市检察院办理的山东新发药业公司侵犯杭州鑫富药业公司商业秘密一案就是其中一例,在侦查机关前往山东调查取证、抓捕嫌疑人时,遭遇暴力阻挠,当地人大甚至增补犯罪嫌疑人为人大代表,人为阻挠案件的正常办理。另一方面,存在人情干扰。司法机关在办理知识产权案件的过程中要与社会各界、各个方面、种种人士发生联系,有多种社会关系的存在,一定区域内知识产权案件中的人情,司法机关工作人员处于两难境地:或是严格执法,违背传统的人情;或是在办案中渗入人情因素作出不符合法律要求的行为,损害了司法机关形象,削弱了对知识产权保护的力度。

(五)法律适用、取证审证问题突出

一是推定主观故意面临新挑战。知识产权犯罪是故意犯罪,要求行为人"明知"自己所实施的是侵权行为,司法机关负有举证责任,主要通过刑事推定方法论证。但是,由于网络的虚拟性以及电子商务准入条件低,价格参差不齐,要判断行为人的主观意图并不容易,原有司法解释关于"明知"的列举方式认定显得捉襟见肘。二是认定犯罪数额争议较大。售假网店账户中可能有数万甚至数十万笔买家的汇款记录,而买家分布在全国甚至世界各地,难以逐一对买家进行调查核实。三是电子数据取证不确定性

① 冯仁强等:《杭州实施知识产权战略的司法保障研究》,2008年杭州市科技计划软科学研究课题。

增加。在跨国知识产权犯罪中，一些电商服务器位于境外，多数电子证据只能通过涉案者个人的计算机获取，如登录电商网络账户进行网络远程勘察。这种方式只能收集到一些零星的数据和信息，对于资金往来、买家信息等情况较难核实。四是证据采信难度加大。实践中公安机关通常对电子数据进行转化运用，如对网店的交易记录进行打印作为书证，同时刻录光盘备份；对于电子邮件通过勘验检查电脑并制作笔录，作为勘验、检查笔录的证据。这种“转化型证据”一旦出错不易补正，会影响案件办理。

三、现实性：设立跨区域知识产权检察院强化互联网知识产权保护

根据最高人民检察院张军检察长在 2018 年全国检察机关学习贯彻“两会”精神电视电话会议讲话中，对开展知识产权法院、互联网法院监督提出的明确要求，[①]检察机关可以全面考察一定区域范围内知识产权纠纷数量、案件难易程度，以提升专业化水平，加强行政执法、刑事诉讼活动监督为目标，建立专门的知识产权检察院，重点办理跨区域范围内的互联网知识产权案件，最大限度地保护公众的创新权益、维护企业合法权益。笔者试针对浙江上述知识产权犯罪的特点及司法困境，围绕设立方向、推进原则、管辖范围及运行模式，论述浙江设立跨区域知识产权检察院的工作方案。

（一）设立方向：设立省级跨地区集中管辖互联网知识产权案件检察院

对知识产权检察院跨区域司法管辖范围，笔者认为应结合省级行政区域规定跨地区集中管辖。理由如下：知识产权检察院不是单一的监督职能，更多的是对社会规则的指引和对知识产权犯罪的预防和惩处，这需要与行政、立法等政府机构、立法机关、公安、法院的配合。我国现有行政、司法管理机制是按省级区域进行统一管理，省级层面上的行政、立法机构较为适合统一管理。就知识产权犯罪的预防和惩治而言，应当有相应的公安

---

① 建立知识产权案件专人或者专门机构办理制度是发达国家的成功经验和做法，也必将是我国社会、科学文化和经济发展的趋势和要求。美国有专门的联邦巡回上诉法院，德国有专门的专利法院，日本有东京高等法院等知识产权的专门法院。我国也在北京、上海、广州相继设立了知识产权法院，在杭州、北京、广州相继设立了具有管辖区域内互联网知识产权纠纷的互联网法院，为设立知识产权检察院创立了良好条件。

机关、法院与知识产权检察院相互配合，而这种公检法的政法队伍和机制建构，按省会级城市设立是符合司法实践的。从浙江的实践来看，主要有下列三方面的优势：

1.从政策支持上来看，浙江是互联网大省、创新大省，以阿里巴巴为代表的世界级互联网跨国企业，已经使浙江的电子商务领跑全国乃至全球。以互联网为主体的高科技创新企业已经是浙江经济发展的新的引擎，高科技产业对国民经济的贡献率在40%以上。互联网经济、创新产业与传统产业、实体经济深度融合，已经使浙江的电子商务、产业结构、金融产品、服务领域更具优势和活力，产品的质量和价值更具国际竞争力。浙江各级党委、政府高度重视互联网经济、知识产权经济的发展，观念开放，法制政策环境良好。

2.从司法需求上来看，以浙江为中心的华东区域是经济最发达的地区，具有复杂的商业生态，知识产权违法犯罪类型多，由于法律和政策供给的不足，导致罪与非罪界限不清，刑事、民事交叉现象突出，一定程度上造成犯罪黑数、打击不力，涉嫌知识产权犯罪区域的广泛性、方式的隐蔽性、行为的不可控等，对知识产权检察的司法需求旺盛，设立知识产权检察院不致造成司法资源浪费。

3.从司法协作上来看，2017年8月8日杭州互联网法院挂牌成立，依据《关于设立杭州互联网法院的建议》的建设方案，该院在推进阶段计划拟将受案范围从涉网包括知识产权保护的民商事案件，扩大到部分针对网络或以网络为媒介实施犯罪的刑事案件，为成立知识产权检察院重点管辖跨域刑事案件提供了较好的司法协作支持。同时，杭州市中级人民法院专设知识产权审判庭，杭州地区已有7家基层法院具有知识产权案件管辖权，为涉及互联网知识产权刑事案件的衔接对应提供了审判保障。

(二)推进原则：先易后难，逐步拓展，稳步过渡

就知识产权检察院的设立，可以先行试点，再逐步推开。第一步，可以杭州市为管辖区域。集中受理一审涉网知识产权犯罪案件，就电子证据、法律政策疑难问题深入实践论证，解决好法律适用的瓶颈问题。第二步，将管辖范围扩大到浙江全省，探索完善互联网知识产权检察领域的规则治理和机制建设。试行阶段可针对需较强专业性的互联网犯罪案件，有积极

宣传、探索效应的互联网犯罪案件，兼顾专业技术需要、司法资源配备及与互联网法院、知识产权审判专门机构的有效对接。

(三)管辖范围:管辖一定区域范围内的三类案件

在地域管辖的基础上，授权进行一定区域内的专门管辖。试行阶段，建议集中管辖杭州市辖区内基层检察院有管辖权的下列涉互联网刑事案件：一是对审查专业技术较高的针对知识产权实施犯罪的案件。二是杭州互联网法院目前管辖的七类案件涉及知识产权保护的案件。[①] 重点有：(1)互联网购物、服务、小额金融借款等合同纠纷涉及的与知识产权相关的案件，即《刑法》第 214 条"销售假冒注册商标罪"、第 215 条"非法制造、销售非法制造的注册商标标识罪"、第 216 条"假冒专利罪"、第 218 条"销售侵权复制品罪"、第 219 条"侵犯商业秘密罪"；(2)互联网著作权属纠纷、侵权纠纷等利用互联网实施的侵犯知识产权罪，即《刑法》第 217 条"侵犯著作权罪案件"；(3)互联网购物产品责任侵权纠纷涉及的制售假冒伪劣商品犯罪，即《刑法》第 140 条"生产、销售伪劣产品罪"。与杭州互联网法院管辖形成有效衔接，属于当前高发且亟须打击保护法益。互联网作案，存在隐蔽性强、取证难等问题，需专业技术力量统一整合管理，数量总量可控，如 2017 年杭州检察机关共起诉互联网侵犯知识产权犯罪案件 20 余件。三是上级检察院指定管辖的其他涉互联网知识产权刑事犯罪案件。对涉众类知识产权案件，需地方党委、政府支持的政治、敏感性案件及维稳压力加大的涉众性案件，不宜在试行阶段作纳入管辖范围。

(四)职责要求:强化对互联网知识产权保护的行政执法和刑事诉讼监督

1.强化对行政执法监督。知识产权检察院要加强与工商、版权、专利等行政主管部门在知识产权行政执法程序上的衔接，实现司法保护与行政保护的优势互补和良性互动，推动形成知识产权保护的整体合力。重点建

---

① 根据最高人民法院《关于设立杭州互联网法院的方案》，互联网法院集中管辖杭州市辖区内基层法院有管辖权的涉互联网民商事及行政案件，并通过互联网方式进行审理。其中，涉网民商事纠纷包括：(1)互联网购物合同纠纷；(2)互联网购物产品责任侵权纠纷；(3)互联网服务合同纠纷；(4)互联网小额金融借款合同纠纷；(5)互联网著作权权属、侵权纠纷；(6)互联网域名纠纷；(7)利用互联网侵害他人人格权纠纷。当事人对互联网法院裁判不服的，向杭州市中级人民法院提出上诉。

立知识产权保护信息互通制度。建立行政及司法知识产权保护联络员制度，及时提供最新的保护信息，研究预防措施，建立知识产权大案要案通报制度。积极建设好行政信息执法平台，为行政执法与刑事司法相衔接工作机制提供现代化的手段和长效的工作平台，促使行政执法与刑事司法互相衔接的工作真正落实到案件层面。

2.强化对刑事诉讼监督。对于侦查机关侦查的侵犯互联网知识产权案件进行审查，决定是否逮捕、起诉或不捕、不诉。对于侦查机关侦查活动是否合法实行监督。对于相关刑事案件提起公诉。对于人民法院审判活动是否合法实行监督。对于法院在审判中发现有侵犯知识产权行为或犯罪行为的，监督转交由行政机关或者公安机关处理。

(五)运行模式:重点以“互联网+”手段办理互联网侵犯知识产权案件

具体工作流程包括:(1)受理。案件由犯罪地公安机关直接移送所在辖区人民检察院案件管理部门受理。受理后经初步审查认为系知识产权检察院管辖的案件，由该院移送至知识产权检察院;如知识产权检察院认为不属于其管辖范围的可以退回原辖区检察院。(2)模式。采用互联网审查、审判的线上模式为主，结合线下传统审查、审判模式为辅，线上、线下相互结合且可转化。借鉴目前杭州院试点的远程送达、提审、庭审的互联网审查起诉、出庭的成功经验，结合刑事案件审查、审理的特殊性，进行差异性设置:一是对于事实清楚、证据确实充分的案件，适用简易程序;嫌疑人对使用互联网方式提审、审查逮捕、起诉、审判无异议的案件，一般使用线上方式审查审判。二是对有新证据出现可能影响案件事实认定、嫌疑人不认罪等需转为普通程序或者嫌疑人不同意使用互联网方式审查逮捕、起诉、审判的案件，仍使用传统方式审查、审判。(3)运行。主要依托检察机关目前正在使用的一体化办案系统、智慧侦监办案辅助系统、智慧公诉辅助系统、审查示证一体化系统、杭州互联网诉讼平台，利用互联网技术，实现案件的网上受理、送达告知、审查逮捕、审查起诉、提起公诉、举证质证庭前准备、庭审、裁判执行监督等一系列流程。

综上，尽管作了实务评析、理论论证上的初步努力，但是，以知识产权检察院突出强化对网络时代知识产权的保护，是一个艰难的实践命题，确切地说是一个系统工程，它需要法律的进一步完善，观念的进一步革新，全社会的进一步努力。从具体操作来看，仍然存在互联网方式审查、审判的安全隐患，对保障证据充分、客观性的影响，网络空间审查、审判弱化了司法震慑和判断，现有检察机关专门化人才储备是否能满足知识产权检察院办案需要等困难和疑问。但笔者的基本判断是，知识产权的刑法专门保护，是互联网经济发展的趋势所在，是社会治理体系和治理能力现代化的重要组成部分，检察机关需要不断通过良善的制度设计把互联网办案的缺点降到最低限度，为今后全面推进互联网检察监督，提供一个可资借鉴的模式。

刑民交叉的辨析及其一般原理之探究

金　霞*

一、刑事要素的含义及其之间的联系

对于非法吸收公众存款这一行为中的"刑事要素"的理解，应首先正确看待刑法学中的"犯罪构成要件"这一概念。只有在了解犯罪构成要件的概念之后，才能深入挖掘潜藏在"犯罪构成要件"中的"犯罪构成要素"，而相应的"刑事要素"则包含于其中。

何为"犯罪构成要件"？犯罪构成要件理论可以说是我国刑法学的关键问题，牵一发而能动全身。通说认为，犯罪构成是指按照我国刑法的有关规定，使某一具体行为构成犯罪所必需的一切客观要件和主观要件的有机统一，它能决定该行为的社会危害性及其程度。[①] 犯罪行为的四大构成要件指的是主体、主观方面、客体、客观方面，具体包括犯罪主体要件中的刑事责任年龄、刑事责任能力、身份等要素，犯罪主观要件中的犯罪意图、目的、动机等要素，犯罪客观要件中的行为、对象、结果、因果关系等要素。虽然犯罪构成要件对于构成犯罪行为而言不可或缺，但构成要件的内涵过于宽泛，仅仅对这四大要件进行认定难以对具体行为进行准确定性，因此须进一步明确认定组成犯罪构成要件的要素，才能对相关行为正确定性。

---

* 金霞，浙江工业大学法学院硕士研究生。

① 高铭暄、马克昌主编：《刑法学》，北京大学出版社、高等教育出版社 2010 年版，第 49 页。

在哲学与科学的话语体系中,“要素”这一概念与“系统”相对应。根据系统论的观点,系统是由若干互相联系并互相作用的要素构成的整体,要素则是在这个整体中互相作用、互相支撑的各个部分。[①] 在汉语体系中,“要素”的含义是:事物必须具有的实质或者本质性的组成部分,是构成某一事物的必要因素。[②] 那么何为犯罪构成要件要素?从一般意义上来说,犯罪构成要件要素是犯罪构成要件的下位概念,也就是说,组成犯罪构成要件的要素就是犯罪构成要件的要素。而在理论上,通说认为刑法中的犯罪构成要件要素在客观方面主要有:行为、对象、结果、构成身份和违法阻却事由;在主观方面主要有:故意、过失、目的与动机以及责任阻却事由。[③] 在明确犯罪行为的犯罪构成要件要素的基础上,才能进一步了解相关行为被定性为犯罪时所具备的刑事要素。

犯罪行为的刑事要素包含于其犯罪构成要件要素之中,当该行为构成犯罪,则其构成要件的要素即刑事要素。刑事要素作为对相关行为进行定性的关键,应当具备以下三点特性:第一,它应为构成一个犯罪行为的必备要素,即该要素应具有“必须性”,某涉嫌犯罪的行为一旦离开这一要素就不能成立相应罪名。第二,该要素应具有“决定性”,它是决定该犯罪行为区别于其他不同犯罪行为的要素,它的存在对该犯罪行为的定性能起决定性作用。第三,它具有“有机性”,即若干个刑事要素应能有机结合成一个犯罪行为的整体。由此可见,只有在犯罪构成要件要素具有“决定性”“必须性”与“有机性”时才能有机组合成一个完整的犯罪行为,其才有资格成为该犯罪行为的刑事要素。综上,本文对非法吸收公众存款罪中“刑事要素”的理解是,在本罪行为的各项犯罪构成要件中,存在着诸多的犯罪构成要件要素,当该犯罪行为被确定定性为非法吸收公众存款罪之时,这其中对构成犯罪而言不可或缺、具有决定性作用且能相互有机结合的要素即转变为其“刑事要素”。通过确定不同刑事犯罪中所需具备的刑事要素,可以在理论中更明确地界定不同犯罪行为之间以及犯罪行为与民商事行为之间的界限,从而能够在实践中对犯罪行为作出准确定性,并明确该罪的出

---

① 张文显:《法哲学通论》,辽宁人民出版社2009年版,第199页。

② 《现代汉语词典》,商务印书馆2002年版,第1466页。

③ 高铭暄、马克昌主编:《刑法学》,北京大学出版社2017年版,第121页。

入罪界限。

以非法吸收公众存款罪为基点来看，非法吸收公众存款的犯罪行为是由若干构成要件要素有机组合而成的整体，其刑事违法性由这个有机整体决定，而不是由其中单个要素决定。也就是说，当相关行为成立本罪时，有机组成该行为的要件要素即具有刑事要素的性质；而将行为的各要素拆分开孤立地看时，则其不具有刑事要素的性质，不是本文所谓的"刑事要素"。由此可见，刑事要素应具有以下特点：若孤立地看待该要素，则它是该犯罪行为构成要件中的一个要素，此时，由于尚未与其他要素有机结合成立相关罪名，故不具备刑事要素的性质；当将这些要素有机结合成立相关罪名时，有机组成该犯罪行为的要素即其"刑事要素"。对"刑事要素"的正确认识，是判断行为能否成立相关罪名的关键点。

在成立非法吸收公众存款罪的犯罪行为中有着众多刑事要素，而"非法""吸收""公众""存款"是构成本罪犯罪行为最基本的刑事要素，对本罪的认定必须考虑是否具备这四个要素，缺一则无法有机组成一个完整的犯罪行为。因此，本文着重对这四个要素进行分析研究，期望通过明确这四个刑事要素的含义来明确何为非法吸收公众存款行为。

其一，"非法"要素。最高人民法院出台的《关于审理非法集资刑事案件具体应用法律若干问题的解释》(以下简称《解释》)规定，认定本罪须具备"非法性要件"，这里的"非法性要件"指的是未经有关部门依法批准或者借用合法的形式吸收资金。此外，"非法"要素作为一个刑事要素还应当包括"违反有关金融管理法律规定"，但由于目前我国尚未出台专门的金融法典，故只能寻求行政法规及其他部门法中的相关规定来作为认定本罪中"非法"要素的依据，如《中华人民共和国商业银行法》《中国人民银行货币政策委员会条例》《短期融资券管理办法》等。但在认定"非法"要素的过程中可以发现，在我国的行政法规及相关金融法律法规中均没有明确规定"行为人进行吸收存款的行为视为违法"的条文，只有禁止民间的个人或单位从事金融业务的相关规定。而在司法实践中，相关行为是否具备"非法"要素是根据整体行为来进行反向推定的，若一个行为中同时具备了"吸收""公众""存款"这三个要素，且行为人利用吸收的资金来赚取利息差，那么在事实上该行为人必然违反了相关行政法规的规定，该行为也因此具备了

“非法”要素。非法吸存罪的这种从后续行为的违法性倒推的行为具备“非法”要素的认定方式，在刑法分则的众多罪名之中是一个特例。本文认为，这种倒推认定方式具有一定的缺陷，即容易使司法实践中对本罪“非法”要素的认定无法统一，从而导致实践中出现入罪标准不统一、罪与非罪认定混乱等问题。对此，若能有专门的法律法规对何为本罪中的“非法”进行明确、具体的规定，则更有利于司法实践中形成对本罪认定的统一。

其二，“吸收”要素。“吸收”要素有“非法吸收”与“变相吸收”两种表述方式，其中，“非法吸收”是指违反国家金融管理法律的相关规定，未经有关部门依法批准直接以吸收存款或者借贷的名义来吸收资金；而“变相吸收”是指借用合法经营的形式来变相吸收资金，即采用间接吸存的方式，在形式上更为隐蔽、复杂。如今的吸存者多擅于采用伪装的商品销售或者生产经营等方式吸取资金，在互联网迅速发展的大背景下，网络上的“变相吸存”亦花样百出，很多情况下难以将其与正常的商品交易、生产经营活动相区分。本罪中的“吸收”作为一个刑事要素，其含义既包含简单的民事借贷行为；又包含很多以合法形式为外壳的“非法获取资金的行为”，如以理财公司的名义吸收公众资金；而在网络时代的背景下，还应包括很多线上的吸收资金的方式，如“P2P”网贷平台、“共享单车”的押金行为等。虽然“吸收”的形式多种多样，但其刑事违法性的来源并不在于其自身，而在于其与其他刑事要素的有机结合，只有在与其他刑事要素有机结合成立犯罪的情况下，该要素才具备刑事要素的性质。

其三，“公众”要素。“公众”要素即《解释》中所规定的“社会性”要素，一般被解释为“不特定社会公众”，其中的关键为“不特定”与“公众”。对此，有学者指出，“公众”应包括两层含义，即不特定性和广泛性。[①] 广泛性主要指参与的人数众多；而不特定性主要指对象范围上的不可控性，即该范围随时有可能扩大。[②] 也有观点认为“‘公众’是指多数人或者不特定人

① 刘为波：《〈关于审理非法集资刑事案件具体应用法律若干问题的解释〉的理解与适用》，载《人民司法》2011 年第 5 期。

② 孙永刚：《非法吸收公众存款罪的司法认定》，苏州大学 2014 年硕士专业学位论文。

(包括单位)"[①],或者"社会公众应为'不特定多数人'或'特定多数人'"[②]。日本及我国台湾地区的法律均将"不特定"和"多数人"的概念直接入法。[③]另有观点认为:"应从集资对象是否具有不特定性或开放性来界定'社会公众'的含义,而不能仅仅因为集资对象人数众多就认定为'社会公众'。"[④]本文认为,首先,人数标准不应是认定"不特定对象"的必备要件,而应为其选择性要件。虽然出资人数在一定程度上能反映出对象的特定性,但对人数标准的限定并不能准确体现行为人对行为对象选择的不确定性,确定行为对象是否"不特定"应以其是否有可能随时扩大为标准;而只有无法确定行为对象是否"不特定"时,才可以选择以人数标准来认定行为的"公众性"。其次,也应当充分考虑《解释》中关于"亲友"的排除性规定,即当出资人中同时有亲友和陌生人,亲友应作为特定对象予以排除。最后,认定行为中的"公众"是否为刑事要素须结合其他要素来综合认定,在行为对象为"公众"的情况下,本要素还需与其他要素进行有机结合才能成为构成犯罪行为的刑事要素。

其四,"存款"要素。对"存款"二字的解释,有学者认为须结合《中华人民共和国商业银行法》来认定。在商业银行法中,"存款"概念是指特定的活期存款,它是商业银行的本质业务,除了经特许设立的商业银行外,任何单位和个人都不得从事吸收公众存款的业务。因此,按照法律本身的逻辑,若要寻求法律解释的统一,则刑法中非法吸收公众存款罪中的存款,应当仅指活期存款。[⑤] 本文认为这种观点具有一定的狭隘性,在非法吸收公众存款行为的语境下,对"存款"的理解应当结合本罪的立法目的及其所保护的法益来综合认定,如此才能明确其所要表达的本质。非法吸收公众存款罪的设立是要保护银行进行货币经营的特有业务,从而维护国家金融管理秩序和公众的财产利益安全,这其中蕴含的是我国由政府长期实行利率

---

① 张明楷:《刑法学》,法律出版社 2011 年版,第 685 页。

② 田坤:《集资诈骗罪中"社会公众"标准探析》,载《西部法学评论》2013 年第 5 期。

③ 贺卫、王鲁峰:《论非法吸收公众存款罪的"公众"的界定标准》,载《法学》2013 年第 11 期。

④ 刘宪权:《刑法严惩非法集资行为之反思》,载《法商研究》2012 年第 4 期。

⑤ 彭冰:《非法集资活动规制研究》,载《中国法学》2008 年第 4 期。

管制、非金融企业间借贷被明令禁止、外资金融机构的严格准入等金融特许业务制度。由此可见，凡是未经监管机构批准，从事金融业务的活动均视为非法。[①] 本罪之所以使用“存款”而非“资金”“贷款”“借款”等其他近义词汇，就是希望通过“存款”一词表达非法吸存行为的本质，即合法金融机构的存款业务并非单纯指金融机构吸收社会公众资金的过程，更在于其吸收社会公众资金之后进行“货币、资本的经营”的行为。[②] 也就是说，“存款”是与“贷款”相对而言的词语：用于特定目的即发放贷款等的资金才是存款。[③] 因此，当“存款”作为一个刑事要素时，其含义不应局限于“活期存款”。只要是被吸收来用于“货币、资本经营”的资金，应当都包含于“存款”作为刑事要素时的含义范围之内。

综上可知，在构成犯罪的情况下，“非法”“吸收”“公众”“存款”这四个刑事要素是互相联系、缺一不可的。在分别独立看待这四个要素时，由于其尚未有机结合为一个犯罪整体，故它们都不足以被称为“刑事要素”。而对于一个完整的非法吸存罪来说，这四个刑事要素都是成立犯罪所必须具备的，也对区分此罪与彼罪、明确罪与非罪具有决定性。此外，必须是这四个要素的有机结合才能成立一个完整的非法吸存罪，而也只有在整体的犯罪行为中，这四个要素才是“刑事要素”。

二、民事要素的含义及其作用

本文中阐述的“民事要素”是一种广义上的“民事要素”，广义的“民事”包括狭义的民事法律及其他部门法。民事要素是一个与刑事要素相联系的概念，当某一词汇（要素）出现在某刑事罪名中时，该要素是有机组成这一罪名的刑事要素；当同一词汇（要素）也出现在其他民商事法律条文中时，该要素是一个民事要素。而这两者的联系在于，在一个犯罪行为中，构成该行为的每一个独立的要素都是“民事要素”；但当这些“民事要素”有机

---

① 刘伟：《非法吸收公众存款罪的扩张与限缩》，载《政治与法律》2012 年第 11 期。

② 曾宪文：《认定非法吸存：刑法须兼顾商权保护》，http://www.zhpp.org.cn/tzrz/TAXX/TAAL/200809/8295.Html，最后访问日期：2018 年 2 月 7 日。

③ 李晶：《非法集资的界定与集资犯罪的认定——兼评非法集资的司法解释（法释〔2010〕18 号）》，载《东方法学》2015 年第 3 期。

组合为一个整体的犯罪后，原先的“民事要素”即发生了性质上的转化，上升为构成犯罪的“刑事要素”。综上，在非法吸收公众存款罪的语境下，“民事要素”指的是当孤立地看待本罪构成要件中的各个要素时，每个要素由于没有相互有机结合，故都是独立存在的“民事要素”，具有民事上的意义。

以“非法吸收公众存款罪”为例，“非法”“吸收”“公众”“存款”是组成行为最基本的四个要素，它们不仅出现在本罪的法条之中，还出现在民事法律条文中，因此，在被孤立地看待时，这四个要素都是“民事要素”。孤立地看“非法”要素，由于不处于整体的犯罪行为中，该要素只能是一个民事要素，此时它的含义范围比较狭窄，只能根据具体的民事法律对其进行定义，如《中华人民共和国合同法》。“吸收”要素在作为一个民事要素时的含义实则等同于“借贷”，“吸收公众存款”行为的实质就是民事上“向多人进行民事借贷”的行为。也就是说，在孤立地看待“吸收”一词时，它与民事上的“借贷”同义。“公众”要素在民事意义上指的就是民间借贷中的多个“债权人”，而此时吸存行为人与“公众”之间的法律关系实则就是一种民事借贷关系。“存款”一词在《中华人民共和国民事诉讼法》《中华人民共和国公司法》《中华人民共和国商业银行法》《中华人民共和国保险法》《中华人民共和国证券法》等相关法律条文中都有出现，当孤立地理解“存款”，它的意义与民事上的“资金”同义；也就是说，在作为民事要素时，它只是“资金”的一种别称。

在司法实践中，非法吸收公众存款罪通常发生在民事借贷行为的基础之上。非法吸收公众存款罪所规制的犯罪行为实为众多单个民事借贷行为的集合体，其中存在着诸多构成民事借贷行为的民事要素，当将这些民事要素有机地联系在一起并组合成一个非法吸收公众存款罪的整体时，这些要素便不再是原先的孤立状态，而是变成了犯罪整体中的“刑事要素”。也就是说，原本的民事要素发生了性质上的转变，上升为构成犯罪行为的“刑事要素”。由此可见，民事要素在本罪中的地位实为本罪中刑事要素的原型，而它的作用在于：为初始的民事借贷行为转化为非法吸存罪的犯罪行为提供媒介的作用。对本罪中民事要素的理解有助于理清实践中对本罪刑民不分的认识误区，在揭示了民事要素的意义之后，可以发现，实践中之所以存在对相关行为的错误认识（将犯罪行为认定为合法的民事借贷行为或是将民事借贷行为认定为非法吸存罪)，其根本原因就在于没有充分认识到何为本罪中的“民事要素”。很多情况下，人们只看到行为中孤立的民事要素，而不知该要素实则已经转变成了一个整体犯罪行为中的刑事要素，因而就容易在实践中产生对本罪与民间借贷行为的认识误区。

三、区分刑事要素与民事要素的意义

对刑、民事要素的理解与区分是本文研究非法吸收公众存款行为中刑民要素的竞合与错位问题的必要前提。目前，学界对非法吸收公众存款罪中刑民交叉问题的分析研究有很多，但尚缺乏以“刑事要素”与“民事要素”为视角的相关研究。本文之所以选择以非法吸收公众存款行为中的刑、民要素为新视角，主要有两个原因：一是从刑民要素的角度才能更细致地对本罪进行分析，从而更准确地认定本罪的出入罪界限。在以往对本罪的分析研究中，多是以犯罪构成要件为切入点，但其实犯罪构成要件对犯罪行为的表述仍过于宏观，不如以犯罪构成要件的要素为视角更直观、细致。二是本罪中的刑民竞合与错位的问题实则是发生在刑民要素上的竞合与错位，故只有以此为视角才能理清这一问题。

清楚地辨析刑事要素与民事要素有助于纠正司法实践中刑、民不分的认识误区。现实中，很多人由于不了解非法吸存行为中所蕴含的刑事要素和民事要素的含义，也不明确两者之间的关系，故有不少观点认为现实中的一些案件出现了刑法与民法竞合的情况。这是一种认识上的误区，刑事案件和民事案件本身并不存在相互竞合的可能，可能产生竞合关系的应是涉案行为中的若干要素，当该行为中的某一要素同时具有刑法含义和民法含义之时，才会产生相应的竞合问题。因此，若要纠正司法实践中的这种误解，须首先对非法吸存行为中刑事要素与民事要素的含义及两者之间的联系进行辨析。

辨析刑事要素与民事要素有助于正确界定具体行为的性质。单就自1995年至2010年不断出台的相关法律文件来看，国家对规制非法吸收公众存款行为似乎十分用心，但实际上，我国在对非法吸存罪的定义、解释上都存在着不容忽视的漏洞。由于法律条文上对本罪认定的模糊，使得在现实的司法实践中，一直缺少一个明确认定罪与非罪的标准。在很多情况下，一些正当的民间借贷行为会因为借款人到期后暂时无法向债权人按时还款这一结果而被认定为非法吸收公众存款罪；同样的，也存在一些触犯了本罪法益应当予以定罪处理的行为被当作民事案件来处理。而通过对非法吸收公众存款行为中刑、民要素的理解，可知刑事要素指的就是行为在成立罪名的情况下，有机组成该犯罪行为的要素；而民事要素则是指当孤立地看待这些要素时，其只能是一种具有民事意义的要素。当理解了刑民要素的概念，对于相关行为在什么情况下才能入罪便能有清晰认识，即只有当相关民事要素有机组合构成犯罪时，民事要素转化为刑事要素，该行为入罪。因此，理解并区分刑事要素与民事要素有助于明确认定非法吸存罪的出入罪界限，从而有助于正确认定实践中相关行为的性质。

比较法视野下个人数据隐私权的保护探究

——基于用户知情同意原则的分析

罗　澜*

引　言

“中共十九大制定了新时代中国特色社会主义的行动纲领和发展蓝图，提出要建设网络强国、数字中国、智慧社会，推动互联网、大数据、人工智能和实体经济深度融合，发展数字经济、共享经济，培育新增长点、形成新动能。”随着习近平总书记对未来中国数字经济的殷切展望，大数据也正式成了国家的核心战略。“正如印刷机的发明引发了社会自我管理的变革，大数据也是如此。”[①]大数据正在重塑我们的周围世界——经济、政治、军事等领域内的行为、秩序等都已经在不知不觉中发生了变化，大数据改变了人们生活和工作的方式与习惯，也改变了政府、企业家和消费者之间的关系。美国奥巴马政府将大数据视作“未来的新石油”，把大数据战略上升为国家战略高度对待。作为“大数据时代的”最重要的资源，大数据蕴含着无限的开发潜能，如何收集、管理和分析数据正在日渐成为我们网络信

* 罗澜，浙江省杭州市西湖区人民检察院检察官。

① [奥]维克托·迈尔-舍恩伯格、[英]肯尼思·库克耶：《大数据时代》，盛杨燕、周涛译，浙江人民出版社2013年版，第232、219页。

息技术研究的重中之重，高级数据分析技术也将促进从数据到知识的转化、从知识到行动的跨越。[①] 诚如马云所言："阿里巴巴公司本质上是一家数据公司，我们对一个人的了解远远超过你，你是不了解你的。"[②]

同时，在经济利益的作用下，用户个人权益往往也会遭到最先的牺牲。数据处理行为需要遵守的首要原则就是合法性，而用户同意则可认为是目前个人数据处理合法性的最主要基础。欧盟最新推出的《一般数据保护条例》(GDPR)也将用户同意作为基本原则之一，试图以此来帮助用户更好地保护其个人数据。但是，在实际操作中，用户的同意却往往起不到应有的作用，侵害个人数据的行为亦是时有发生。面对随意收集、利用个人数据的现象，早有学者提出警告：由于非故意而导致的潜在的伤害，能很快超过人们所追求的大数据革新带来的价值。[③] 著名的隐私专家索洛韦伊也认为同意原则在实际效用上存在一定的问题，认为出现了"同意困境"(Consent Dilemma)。[④] 对此，本文通过剖析同意困境的构成，并在对比欧美个人数据隐私保护规则之后，探索我国的相关法律道路，试图建立个人信息采集的相关法律保护体系，以保障用户面对数据收集者为收集个人信息而提供的相关条款时可以根据真实意思表示作出选择，从而确保其同意的有效性。

一、个人数据收集乱象与同意困境的深入解析

针对个人信息的保护，早已引起立法者的关注，《中华人民共和国刑法分则》第 253 条之一的修改，以及 2017 年 6 月 1 日施行的《中华人民共和国网络安全法》(以下简称《网络安全法》)和《最高人民法院、最高人民检察院关于办理侵犯公民个人信息刑事案件适用法律若干问题的解释》等都体现了刑法加强对个人信息保护的决心。其中，《网络安全法》还对个人信息

① 《规划数字化的未来：美国总统科学技术顾问委员会给总统和国会的报告》2010 年。

② 马云：《做淘宝不是为卖货而是获得数据》，http://finance.sina.com.cn/hy/20141129/072920954783.shtml，最后访问日期：2018 年 1 月 3 日。

③ Kord Davis, *Ethics of Big Data: Balancing Risk and Innovation.*, USA: O'Reilly Media, Inc. 2012:25.

④ Daniel J. Solove., *Introduction: Privacy Self—Management and the Consent Dilemma*, *Harv.L.Rev.*, 2013(126): 1879, 1880.

的收集以及使用作了一系列细致的规定。

但是，对于个人信息的看似严密的保护并未取得应有的效果。中国青年政治学院互联网法研究中心与封面智库于2016年11月发布的《中国个人信息安全和隐私保护报告》统计，国内个人信息泄露数55.3亿条左右，平均每人就有四条相关的个人信息泄露。[①] 2016年侵犯公民个人信息类刑事案件数量同比2013年增长了近453.9%，三年间仅福建一省就发生253起相关案件。[②] 即使在《网络安全法》发布以后，相关行业也并没有出现明显改变，依然发生了诸如"支付宝年度账单"未经用户同意擅自签订服务协议等事件。因此，规范大数据采集亦可谓是当前大数据领域立法的重要工作之一，不仅可以规范大数据行业促进良性竞争，还可以更好地保护用户的个人信息安全，缓解大数据收集者与用户之间的矛盾。

(一)问题的提出:热点问题折射出个人数据采集之乱象

2017年年末，支付宝公布了一年一度的用户"个人账单"，在账单首页中，有一行特别小的字，"我同意《芝麻服务协议》"，并且已经帮用户默认选择"同意"选项，而协议条款内容则涉及"你允许芝麻信用收集你的信息"。在内容上，《芝麻服务协议》所设置的条款也十分强势，包含诸如"您授权我们可以从合法保存您信息的第三方，收集及处理您的各类信息""我们可将您的全部信息进行分析并将结果推送给我们的合作和服务的机构"等条款。很多用户在不知情的情况下对芝麻信用进行了授权，而芝麻信用在取得授权之后则可以通过第三方收集用户信息，并可以将所收集的信息推送给第三方机构。

《芝麻服务协议》事件揭露了当前用户的同意对于数据采集者来说如同虚设这一事实，如何保证用户所作出的同意是基于真实意思表示是个人数据隐私保护的一大难题。对于个人信息采集的同意机制，我国的相关法律有明确规定，如《中华人民共和国消费者权益保护法》《征信业管理条例》都规定收集个人信息前需要征得个人同意；《中华人民共和国政府信息公

① 《中国个人信息安全和隐私报告》，http://news.cyu.edu.cn/xyyw/hzjl/201611/t20161123_78640.html，最后访问日期：2018年6月30日。

② 《侵犯公民个人信息类刑事案件——大数据分析报告》，http://www.kejixun.com/article/170601/334040.shtml，最后访问日期：2018年6月30日。

开条例》规定对于涉及第三人个人隐私的政府信息公开与否要征得第三人的同意;《电信和互联网用户个人信息保护规定》规定"未经用户同意,电信业务经营者、互联网信息服务提供者不得收集、使用用户个人信息";《中华人民共和国网络安全法》规定网络产品、服务具有收集用户信息功能的,其提供者应当向用户明示并取得同意。然而,当前许多有关个人信息的数据采集利用是伴随服务产生的,诸如芝麻信用等服务提供商会使用捆绑授权或以拒绝提供服务为由强迫用户授权等方法来强行获得用户的同意;而在此等状况下,用户也往往会放弃慎重考虑的机会并草率地同意其提出的信息收集和使用要求。

(二)同意机制已成为豁免法律的工具

目前大多数企业为了获得用户同意从而合法地收集大数据,基本都是采用以服务换取信息、以数据换取信息、以资源换取信息等模式展开的。例如,微博、微信等通信软件就会基于服务而收集用户的活动状况甚至是敏感信息,顺丰等快递公司会基于快递服务收集用户信息等等。但是基于服务收集大数据也容易滋生服务提供商强迫用户放弃慎重考虑的机会从而草率地同意其提出的大数据采集和使用要求的现象。由于中国目前只是规定大数据采集必须经过用户同意,但并没有规定采集者具体的权利义务关系以及何为有效的同意。从而导致同意机制所承担的责任已经超越了其所能,并没给人们提供控制自己信息的有实际意义的方式,[①]反倒成了信息收集者豁免法律责任的工具。

同意困境产生的原因主要有两个方面:

第一,充分告知义务无法得到有效的保证。用户作为大数据采集中的弱势群体,其中一个重要因素在于其与大数据采集者在合同内容理解上的不对称地位。虽然法律规定大数据收集者在收集信息时必须充分履行告知义务,使得数据主体能全方位、更真实地了解合同的具体内容以及将要面临的风险。但在实际操作中,企业的告知义务一般难以充分地履行。其主要原因在于用户与合同制定者之间以及用户与用户之间的法律认知水

---

① Karen McCullagh, *Protecting "Privacy" Through Control of "Personal" DataProcessing: A flawed approach*, International Review of Law, Computers & Technology, 2009(23):13.

平都存在一定的差异，而信息收集者所制定的格式条款必须抹平其中的鸿沟使得每一位用户都能理解条款的具体含义，这对于许多企业来说需要花费巨大的成本，直接影响其经济效益。这样一来网络服务提供商为保证其经济效益的取得，则会采取一些手段以规避告知义务的履行。

例如，《芝麻服务协议》，网络服务提供商将所提供的用户协议、服务条款和隐私权政策隐藏使其不直接显示在界面内，而是将小字体的链接隐藏在背景色中，并为用户默认勾选同意选项，这显然无法引起数据主体足够的重视并违反了同意规则设立的初衷。

第二，在用户作出同意选择时大数据采集方往往会采取类似拒绝服务等半强迫的方式对其选择进行钳制，导致用户同意无法自由地作出。由于目前并没有针对以拒绝提供服务为由迫使用户同意等情况的相关法律规制，因此即使用户知道自己的某些信息或数据被收集、利用是很重要的事情，甚至可能会带来风险，但除了同意之外几乎别无选择，如果不屈服交出对方想要的个人数据，那么就无法接受到任何服务或者优惠。

例如，脉脉 App，用户如果不同意其相关服务条款则会自动关闭应用，而如果用户同意其相关条款，该应用则会肆意抓取用户通信录以及相关其他软件中的信息，并在用户不知情的情况下以用户名义向其通信录中的联系人发送消息。对此，有学者提出，当前的同意机制更像是为数据采集者"规避责任"而设置的，其目的在于为企业免于承担法律责任提供借口。[①]

此外，对于通过第三方平台采集用户大数据是否需要用户或平台的同意在法律上亦无明文规定，由此而产生的诸如"淘宝—顺丰数据之争""华为—腾讯数据之争"等事件均无法得到妥善解决。随之而来的则是用户信息的安全性进一步下降，以及大数据产业发展的停滞。面对随意收集、利用个人信息的现象，早有学者提出警告：由于非故意而导致的潜在的伤害，能很快超过人们所追求的大数据革新带来的价值。[②] 因此，要保护用户个人信息和用户大数据，首先应当建立用户同意的相关机制，规范大数据采

① [美]欧姆瑞·本·沙哈尔、尔·E.施奈德：《过犹不及：强制披露的失败》，陈晓芳译，法律出版社 2015 年版，第 76 页。

② Kord Davis, *Ethics of Big Data: Balancing Risk and Innovation*, USA: O'Reilly Media, Inc. 2012:25.

集的相关规则，使得针对用户大数据的采集在法律的监督下以及用户的知情同意下进行，从而保证用户个人信息的安全以及用户个人数据的合法取得。

二、GDPR VS. 美国模式：经济与法律之间的博弈

2018 年 5 月 25 日生效的欧盟 GDPR 是目前国际上最受关注的个人数据保护法律文件，也必然对其他国家和地区个人数据保护制度的构建产生深远影响。

（一）GDPR 下的同意原则：个人数据的全方位保护

GDPR 中的个人同意是指“数据主体通过书面声明或经由一个明确的肯定性动作，表示同意对其个人数据进行处理。该意愿表达应是自由给出的(freely given)、特定具体的(specific)、知情的(informed)、清晰明确的(unambiguous)”。条款第(32)项对如何确定“明确的肯定行为”提供了重要的指引，其具体规定，应当通过明确的肯定行为来体现数据主体对于处理与其相关的个人数据行为，自愿表达了作出特定的、具体的、知情的以及清晰明确的同意，如通过书面声明或口头声明的方式。这可以包括浏览网页时勾选对话框、选择信息服务的技术设置，或者能够在特定情境下明确表明数据主体接受处理其个人数据的其他申明或行为。因此，沉默、默认勾选的对话框或不作为都不能构成同意。

GDPR 第 7 条规定了同意成立的条件。具体而言，该条规定控制者有责任证明数据主体已经同意处理他或她的个人数据。第 2 款规定了取得同意的书面声明中还包含其他事项的情况(常见的包括综合性用户协议等)。在这种情况下，同意应以与其他事项显著区别且易于理解和访问的形式呈现，并使用清晰和通俗的语言。第 3 款规定了数据主体撤回同意的权利。同时，第 4 款规定，如果将同意数据处理作为合同签订的前提条件，而这种数据处理事实上超过了提供服务所必需的范围，将违反有关“同意应当是自由作出”的要求。

对于处理儿童信息的同意，GDPR 在多处条文中也作出特别规定。第 8 条规定 16 周岁作为判断儿童的标准，16 周岁以下的用户，其同意应当由其监护人作出。成员国可以根据各国情况将年龄下调，但不得低于 13 周

岁。此外,第2款还特别强调,数据控制者应当采取合理努力,在可得的技术条件下,尽量对父母或监护人的同意进行验证。

(二)美国模式:经济控制下的个人数据法律保护

谈到个人数据保护,无法回避的是与欧盟模式相对的美国模式。隐私权的法理概念产生于美国,个人信息自主决定权是由位于欧洲中心的德国率先提出的,与欧盟立法不同的是,美国从保证信息安全和自由流动的角度出发,分别为政府和民间部门制定了一系列详细的政策、法规,属"分治"(segment)式管理模式。[①] 从立法的价值取向上来看,美国更重视从公共领域规制政府机关设计利用个人数据的行为,如1974年的《隐私法案》等,均是对政府处理个人信息的限制性立法。

在经济领域,美国则更关注个人数据的经济特性和个人价值,认为企业的行为可以通过市场机制的调整加以制约,法律不应过度干涉。[②] 在此价值取向的指引下,美国采取了以行业自律和市场调解机制为主的松散立法,其按照行业进行联邦立法(如通信、金融、教育、保险和儿童上网隐私等)。这些法律从"公平实践法则"出发,强调个人信息适用的透明度和目标显得,以及用户的选择权,但美国没有专门的法典就个人信息的保护问题进行规制。[③] 美国各州也都制定了与联邦层面大同小异、名称不一的保护和促进个人信息流动的法律和制度。

事实上,在立法方面,奥巴马政府曾正式发布《消费者隐私权利法案(草案)》(*Consumer Privacy Bill of Right Act of* 2015, CPBR)。[④] 草案反映的透明度、用户选择原则、情景一致、目的限定、问责制和隐私风险评估等方面都与欧盟的GDPR有共同之处。但是该草案由于种种原因一直未能通过。2016年美国联邦通信委员会(Federal Communications

---

① 池建新:《日韩个人信息保护制度的比较与分析》,载《情报杂志》2016年第12期。

② 张平:《大数据时代个人信息保护的立法选择》,载《北京大学学报(哲学社会科学版)》2017年第3期。

③ Big Data: "Seize Opportunities", Preserving Values, http://obamawhitehouse.archives.goc/sites/defalut/files/docs/big_data_privacy_report_may_1_2014.pdf,最后访问日期:2018年6月30日。

④ http://www.congress.gov/bill/114th-congress/senate-bill/1158/text,最后访问日期:2018年6月30日。

Commission,FCC)发布的《保护宽带和其他通信服务用户隐私条令》提出了透明、选择、安全三大规则。但是因被运营商认为过于严苛而于 2017 年 3 月 28 日被美国国会废除。

(三)木桶效应预示着欧美模式失败的必然性

美国对企业相对宽松的个人信息处理管制模式,正在接受美国内部的挑战。随着"Facebook 数据泄露事件"[①]的发酵,美国社会开始反思其个人信息保护制度,认为美国对个人信息保护的立法框架严重不足的声音日益强烈。《纽约时报》发表了《错不在 Facebook,而在宽松的隐私规则》(*Facebook Is Not the Problem. Lax Privacy Rules Are*)[②]、《经济学人》则发表了《美国应当引入欧洲的数据隐私法》(*America Should Borrow from Europe's Data-privacy Law*)[③]。从一定程度上看,这似乎也宣告了欧盟模式更胜美国模式一筹。

但是,过密的保护则会对信息资源的有效使用造成不必要的阻碍,不仅会对经济发展产生重大影响,甚至可能会导致人们只能三缄其口,停止交谈,进而无法思考。[④]

首先,要是将所有个人信息都事无巨细地写入协议并提交给用户由其进行同意,则会在增加数据采集者发出通知获得权利人同意的成本的同时也增加权利人的负担。根据美国社区银行协会的统计,因为设计、测试、邮寄这些法定的隐私通知需要花费数十亿美元,每年因此花费的成本在2~5亿美元之间。2001 年协会估计,向每个消费者发送通知的成本是1.37美

---

① Matthew Rosenberg, Nicholas Confessore and Carole Cadwalladr: How Trump Consultants Exploited the Facebook Dta of Millions, New York Times, March 17, 2018, http://www. nytimes. com/2018/03/17/us/politivs/cambridge-analytica-tump-campaign. html,最后访问日期:2018 年 6 月 30 日。

② http://www. nytims. com/2018/04/01/opinion/facebook-lax-privacy-rules. html,最后访问日期:2018 年 6 月 30 日。

③ http://www. economist. com/news/leaders/21739961-gdprs-premise-consumers-sould-be-charge-their-own-personal-data-right,最后访问日期:2018 年 6 月 30 日。

④ Louis Nizer,The Right to Privacy: A Half Century's Developments,39 *Mich.L. Rev*,526,529 (1941).

元，每家银行总计需要花费一两百万美元。[①] 而对于用户来说要读懂这些专业术语也并不是一件特别容易的事情，卡内基梅隆的研究人员发现阅读一份隐私声明需要花费 8～12 分钟，如果所有的美国消费者阅读所有的自己浏览网站的隐私政策，仅仅是一年内为此总计花费的时间将是 538 亿小时，其经济成本将是一年 7810 亿美元。[②]

其次，严格的用户同意标准，对于数据流转和共享的限制和阻碍作用，亦是不容小觑。互联网和数据产业的兴起和发展，很大程度上建立在数据这一资源的自由流动之上，"互联互通"和技术、商业模式的创新和更迭，都要求对大数据的开放式进行利用和整合。GDPR 严格限制数据后续处理可能性的规定，已经引发了大量"不合时宜"的质疑，特别是在物联网、人工智能兴起和蓬勃发展的当下，GDPR 秉持的传统的权利保护模式，很可能会对产业的发展造成严重的阻碍。[③]

三、同意原则的中国方法探索：兼顾个人信息安全与经济发展的中庸之道

欧美两种模式充分体现了欧盟和美国对于国家利益以及产业利益不同的衡量，这也十分值得其他国家借鉴。在国家数据安全的驱动下，各国在保护个人信息方面的思路是相对一致的，特别是随着信息化社会的到来加强个人信息法律保护已经成为世界各国的共识。但是，在构建中国的个人数据保护制度过程中，应当先对 GDPR 过于严苛以及机械的同意原则和配套体系进行系统性的反思，考虑中国的主要诉求和价值取向，避免照搬 GDPR 的理念和具体规则。

（一）完善同意原则的构成要件

同意困境的核心问题在于用户同意的真实性无法得到有效的保证以

---

① Examination of The Gramm-Leach-Bliley Act Five Years After Its Passage, http://www.banking.senate. gov /public / index，最后访问日期：2018 年 1 月 8 日。

② Aleecia M. McDonald & Lorrie Faith Cranor, *The Cost of Reading Privacy Policies*.I / S: A Journal of Law and Policy for the Information Society, 2008(4):541.

③ 保罗·德·赫特、瓦基里斯·帕帕康斯坦迪诺：《新的〈通用数据保护条例〉：能否依然是保护个人的完善制度？》，http://www.dgcs-research.net/a/xueshuguandian/2017/1230/4.html，最后访问日期：2018 年 6 月 30 日。

及权利人无法掌握个人信息的用途。笔者认为,针对此种情况,应当在法律上明确同意的适用形式以及相关条件。

大数据采集者向用户采集个人大数据时应当得到有效的同意,而有效的同意的具体构成要件也应在法律中明确地说明。GDPR 中的一些规则对于同意原则的构建具有一定的指导意义。例如,法律可以规定同意一般需要以明示的方式作出,包括书面形式、短信、邮件等形式,也可以是口头形式,如电话。类似《芝麻服务协议》等自动为用户选择同意的默示行为不能视为同意。但是,如果用户以个人信息换取一定的利益,在收取相应的利益之后亦可视为同意对方收集自己的信息。

又如,用户的同意与否不得作为企业拒绝提供服务的理由。在用户除同意之外无法以其他方式获得服务提供者所提供的服务之时,用户所作的同意无效。但是,不同于 GDPR 的机械化标准,我国的法律可以设定为用户提供多元化的选择模式,如用户可以选择付费的方式在不同意的情况下享受服务等,以保证用户享受服务的同时也尽可能地减少企业的损失。

当然,自由也是有代价的,在作出有效的同意之后,用户必须为自己的决定负责,所有的选择都有风险,没有风险的生活就不是生活。[①] 当用户愿意用个人信息去换取诸如软件免费适用权等利益时,虽然"把个人信息视为可以与其他利益进行交易的东西"[②]这一观点遭到了许多学者的批判,可如果用户在明确知晓其行为所将带来的后果之后仍接受大数据采集者所提供的利益,那么在用户接受利益的同时也将视为用户对大数据采集者所提供的格式条款的有效同意,大数据采集者即有权在合约范围内采集用户个人数据。

(二)通过第三方平台的用户数据采集需要双重授权

随着大数据产业链的不断趋于完善,各个业态间的大数据交互与竞争也是屡见不鲜的,如硬件设备商与应用服务商的上下游间的大数据流通,"微博—脉脉"案件中的前后端大数据采集等。2017 年 8 月 4 日,美国《华尔街日报》发布《华为和腾讯陷入用户数据之争,要求政府介入》的报道称华为技术有限公司正在通过其荣耀 Magic 智能手机收集微信用户活动信

① 苏力:《医疗的知情同意与个人自由和责任》,载《中国法学》2008 年第 2 期。

② Julie E.Cohen, *Configuring The Networked Self*, Yale University Press, 2012: 148.

息，以打造其人工智能功能，但微信的所有者腾讯控股有限公司认为，华为的上述做法实际上夺取了腾讯的数据，并侵犯了微信用户的个人信息。[①]

对于这场争议，国际隐私专家协会北京分会主席范为认为其根本的争议点在于华为是否可以跳过腾讯以直接取得用户授权的方式获取用户大数据。[②] 由于目前法律对于大数据产业中透过其他企业收集用户大数据并没有直接规定，导致一些企业直接通过硬件优势或网络爬虫等方式直接收集用户在其他服务商所提供的软件中所留下的个人大数据。

针对这类情况，从目前的判例来看，法院也明确大数据采集者在获取第三方平台所持有的用户大数据时，应坚持“用户授权”+“平台授权”的双重授权原则。[③] 在“微博—脉脉”一案中，法院认为，网络平台提供方可以就他人未经许可擅自使用其经过用户同意收集并使用的用户大数据主张权利。因此，企业在行使大数据采集权之时，也应当在征得用户同意之后获得其所借助的平台的许可。这样一来，既规范了大数据采集权的形式，保证了行业间的公平竞争；同时也减少了用户个人信息受到不法掠夺的可能，保护了用户信息的安全。

(三)个人数据采集处理过程由政府监管

对于个人数据隐私的保护，应注重事前的预防，构建以政府为主导，各机构协作，公民参与的监管机制。其原因主要在于用户相较于数据收集者的弱势地位决定了其监管个人数据处理过程的难度之大，且私法的救济是修复性的补救，需要有损害结果的发生，而如果个人信息一旦遭受泄露则不可逆转，所造成的影响也无法消除。为保证个人数据采集的规范化，可通过行政力量从以下几个层面规范个人信息采集的处理过程：

首先，可由行政主管部门制作统一的“知情同意模板”供数据采集者使用。企业在处理个人数据前应该由行政主管部门予以审批，对是否符合例

---

① 《华为和腾讯陷入用户数据之争，要求政府介入》，载华尔街日报中文网，https://mp.weixin.qq.com/s/KOsR1zOZb6CazGzsc6pRbg，最后访问日期：2018 年 6 月 30 日。

② 范为：《由“华为—腾讯事件”谈数据权益梳理与数据治理体系构建》，载《信息安全与通信保密》2017 年第 9 期。

③ 《北京淘友天下技术有限公司等与北京微梦创科网络技术有限公司不正当竞争纠纷二审民事判决书》，载裁判文书网，http://wenshu.court.gov.cn/content/content?DocID，最后访问日期：2018 年 6 月 30 日。

外情形予以审查。其次,行政主管部门可建立线上线下等多种途径以受理公民的相关举报和投诉,并随时检查、监督相关企业是否履行了充分的告知义务,是否在行为前征得了权利人同意,是否存在不正当获得个人同意的行为。同时,持有用户个人信息的相关企业应当向信息主管部门备案,以防止用户个人信息遭到恶意使用。

此外,针对个人数据采集过程中出现的问题,行政主管部门有权对违法行为进行调查,并可以发布命令要求数据处理方删除个人数据,或禁止处理个人数据,也可以给予相应的行政处罚。还可以为违规采集或非法利用个人数据的企业设置黑名单,及时向社会预警,以减小损失。总之,在当前个人信息随意被收集、泄露或滥用,信息安全堪忧的情形下,政府加强个人信息安全领域的监管是必要的,通过行政手段的介入可以更好地预防问题的发生,并为用户多提供一个可以维护个人信息的途径,以保证个人信息的安全。

刑法语境下的大数据保护问题探究

秦　峰*

引　言

信息披露制度，萌芽于1720年英国“南海泡沫事件”，该事件引发了公众对信息披露的重视，为了制止各类“泡沫公司”的膨胀，英国国会通过了《泡沫法案》；之后英国政府颁布了《合股公司法》，该法中关于招股说明书的规定，确立了强制信息披露原则；而信息披露制度是在美国的证券市场中逐步发展完善起来的。从《蓝天法》对发行人披露财务报告强制化，到1929年至1933年的金融危机，促使美国国会先后通过相关的证券法律，确立公开发行的原则以及相关的信息披露需求；到1933年《证券法》规定财务公开制度后，信息披露制度正式确立；再到美国证券交易委员会陆续对信息披露制度进行了完善和补充，各国也开始借鉴、探索并建立起适合本国国情的信息披露制度。

一、信息披露制度基本概述

为处理资本市场主体之间的信息不对称现象，以及保护中小投资者的合法权益，《中华人民共和国证券法》（以下简称《证券法》）第63条规定了信息披露制度，即发行人、上市公司依法披露的信息，必须真实、准确、完

* 秦峰，浙江工业大学法律硕士研究生。

整、不得有虚假记载、误导性陈述或者重大遗漏。所谓信息披露制度,也称"公示制度""公开披露制度",是上市公司为保障投资者利益、接受社会公众的监督而依照法律规定必须将其自身的财务变化、经营状况等信息和资料向证券管理部门和证券交易所报告,并向社会公开或公告,以便使投资者充分了解情况的制度。

证券市场的可持续发展离不开资金的持续运作,而能在资本市场吸引资金进行融通活动的主体,是上市公司。上市公司的发展与规范不仅关系证券市场的存在,同时对于吸引投资者的广泛参与,扩大市场规模,拓展和完善多种投资渠道,有着十分重要的作用。由于证券市场的信息不对称性,信息披露制度是世界各国证券市场,规范管理的重要制度之一。随着我国资本市场的逐步发展,以及上市规则和上市公司信息披露准则的不断完善,并且在证监会不断加大对违法违规行为打击力度的情况下,上市公司的信息披露问题,在一定程度上得到了规范。但是,由于信息不对称性所导致的巨大利润差异,仍然会吸引在资本市场中知晓相关消息的主体,使得相关主体铤而走险,利用非公开信息谋取利益。这是因为,信息是公司的一项重要资源,其包含公司层面长久的运营方针与政策,以及日常性政策、临时性处理突发状况的政策。其中,重大事项公告、其他公告中的临时性政策,如股权质押、定向增发、收购兼并等,会在不同程度上影响该上市公司在二级市场上的股价,就投机投资者层面而言,投资效率与其获得信息的时间、程度有密切关联。

除信息不对称造成的壁垒需要信息披露制度来处理以外,民商法中还有一项基础性原则也涉及信息披露制度,即凡涉及第三人权益的利益变动,应当公示公信。由于广大投资者在绝大多数情况下,只能利用在二级市场上公开的公司信息、公司公告来预测走势、决定投资对象等,因此,法律将影响投资决策的重要信息,强制将诸如年报、十大股东等规定下来,能够在一定程度上稳定交易市场的平稳安全,从而促进资本市场的资金融通活动的进行。在规定强制性信息披露以外,还将部分信息列为自愿信息披露的内容,增加信息披露制度的灵活性。

二、信息披露制度的不足与问题

信息披露制度既包括发行前的披露,也包括上市后的持续信息公开,

它主要由招股说明书制度、定期报告制度和临时报告制度组成。尽管我国证券市场建立了比较完备的信息披露制度,但是,由于我国信息披露制度的建立,主要是行政主导的结果,信息披露主体在信息披露过程中具有一定的被动性,因而,在一定程度上信息披露制度仍然存在一些问题,主要体现在信息披露得不完整、不及时,甚至虚假披露信息等方面。[①]

首先,上市公司在信息披露的完整性上有所欠缺,表现为公司对所应披露的信息,不作全面的披露,而是采取选择性披露、部分披露,或者择时披露等不良手段,故意隐瞒与公司股价有重大影响的事项,误导投资者。例如,2015 年 9 月 12 日至 12 月 15 日期间,时任申科滑动轴承股份有限公司(以下简称"申科股份")实际控制人、董事长何某波及时任实际控制人、总经理何某东与严某国签署了关于申科股份控股股东股权转让的系列协议,每份股权转让协议涉及转让股份均超过 5%,内容均涉及实际控制人持有公司股份或控制公司情况发生较大变化,属于《证券法》第 67 条所述应当及时履行信息披露义务的重大事件。除 12 月 15 日签订的《股份转让协议》外,申科股份均未按规定予以披露。依据《证券法》第 193 条的规定,浙江证监局决定对申科股份责令改正,给予警告,并处以 50 万元罚款;对何某波、何某东给予警告,并分别处以 90 万元罚款(其中作为直接负责的主管人员罚款 30 万元,实际控制人罚款 60 万元);对申科股份董事会秘书陈某燕给予警告,并处以 10 万元罚款。[②] 对法律法规及交易所规定的重大事项没有充分披露,而是选择性披露,由于证券市场的信息价值巨大,上市公司披露的信息可能会直接影响上市公司,以及相关主体,如股东、实际控制人、董事、监事、关联交易人等的利益。本案例中,实际控制人转让股份超过 5%,属于法定披露情形,而此行为在二级市场中可能被解读为实际控制人不看好公司未来发展,将股份转让变现,从而减少亏空的隐秘行为。因此,该实际控制人逃避监管没有披露相关交易的行为,属于信息披

① 温海宁:《我国证券市场信息披露的现状、问题与对策》,载《东方企业文化》2013 年第 23 期。

② 《证监会对 5 宗案件作出行政处罚》,载证监会官网,http://www.csrc.gov.cn/pub/newsite/zjhxwfb/xwdd/201804/t20180413_336623.html,最后访问日期:2019 年 4 月 20 日。

露在完整性程度上的欠缺情形。

其次，信息披露制度要求信息披露及时性。《股票发行与交易管理暂行条例》规定：发生可能对上市公司股票市场价格产生较大影响，而投资人尚未得知的重大事件时，上市公司应当立即将有关重大事件的报告提交证券交易所和证监会，并向社会公布，说明事件的实质。部分上市公司信息披露存在不及时，导致投资者作出延后性决策的情形。上市公司的经营过程是一个持续性的过程，在这一过程中，由于存在信息不对称，投资者无法及时获取公司经营中的变化，但是上市公司所披露的信息会影响其在二级市场的价格，并且信息往往是价格涨跌的点火器，因此及时性的意义在于促使上市公司股价及时、真实地反映其公司基本面，并使得投资者根据最新信息作出理性分析；除此以外，及时性还能在一定程度上减少信息发生与公布之间的时间差来减少内幕交易的可能性。有一则关于信息披露及时性的违规案例如：嵊州市永宇冲片股份有限公司（以下简称“永宇冲片”）对 2014 年以来存在的 11 起对外担保事项未按规定披露；对 2016 年以来存在的 10 起重大诉讼事项未按规定及时披露；2016 年 10 月 24 日，永宇冲片的债权人嵊州市峰帆贸易有限公司向绍兴市中级人民法院申请对永宇冲片进行破产重整；2016 年 10月 28 日，永宇冲片收到绍兴市中级人民法院通知书后未按规定及时披露该事项。永宇冲片上述行为违反了《非上市公众公司监督管理办法》第 20 条、第 25 条的规定，构成《非上市公众公司监督管理办法》第 60 条所述情形，依据《证券法》第 193 条的规定，浙江证监局决定对永宇冲片责令改正，给予警告，并处以 30 万元罚款；对直接负责的主管人员魏某良给予警告，并处以 20 万元罚款；对其他直接责任人员邢某、钱某香给予警告，并分别处以 10 万元和 3 万元罚款。[①]

最后，信息披露失真，即信息披露不真实。比如，上市公司为了迎合庄家炒作股票，有意在不同阶段发布误导性信息。对于投资者来说，在不真实信息的影响下作出失真的投资决策，会导致资产损失，长而久之会打击市场信心，导致投资者流失，不利于资本市场的正常发展。在证券市场中，

① 《证监会对 5 宗案件作出行政处罚》，载证监会官网，http://www.csrc.gov.cn/pub/newsite/zjhxwfb/xwdd/201804/t20180413_336623.html，最后访问日期：2019 年 4 月 20 日。

由于投资者与上市公司之间的信息不对称，作为内幕信息知情者，上市公司为获取高额利益，会进行内幕交易、虚假陈述等信息披露行为从而进行证券欺诈行为。信息披露失真案例：王某元时为义乌华鼎锦纶股份有限公司（简称“华鼎股份”）持股5%以上的股东。2014年12月18日至29日，王某元通过本人证券账户以大宗交易方式累计减持6000万股“华鼎股份”，并通过其控制使用的他人证券账户接盘买回。2016年11月7日至12月14日，王某元又通过本人账户以大宗交易方式累计减持3800万股“华鼎股份”，并通过其控制使用的他人证券账户接盘买回。王某元的上述减持行为不构成真实减持，王某元向华鼎股份报送权益变动报告书的有关减持情况与事实不符，导致华鼎股份后续披露的相关信息存在虚假记载。王某元的上述行为违反了《上市公司信息披露管理办法》第46条的规定，构成《上市公司信息披露管理办法》第61条、《证券法》第193条所述违法行为。依据《证券法》第193条的规定，厦门证监局决定责令王某元改正，给予警告，并处以60万元罚款。[①]

三、信息披露制度的完善与发展

信息披露制度作为证券市场中的一项基本制度，从建立之初到今天已经成为世界各国证券市场监管上市公司的重要制度，而我国证券市场起步相对较晚，信息披露制度经历从借鉴创立到逐步发展至有我国资本市场特色的一项制度，逐渐奠定了其成为维护我国证券市场健康发展的重要制度。但是，我国的信息披露制度仍然存在不完善的一面，这也导致了我国的证券市场中优势方屡次利用信息优势赚取差价，损害投资者利益和破坏证券市场秩序的事件。为维护证券市场的稳定以及保护投资者的利益，需要进一步完善我国的信息披露制度。

首先，应当细化信息披露制度的标准，完善市场信息披露制度，如定期披露、临时性披露等制度，加强信息披露的监管，提高信息披露质量。例如，就公司层面而言，披露的信息应结合实际发展情况及所处行业特点，严

---

① 《证监会对5宗案件作出行政处罚》，载证监会官网，http://www.csrc.gov.cn/pub/newsite/zjhxwfb/xwdd/201804/t20180413_336623.html，最后访问日期：2019年4月20日。

格履行信息报告和披露制度，全面完整地披露涉及财务信息、公司治理、重大事件，以及内部交易、企业环境和社会责任等方面的信息，以及主要业务及运营状况，股权结构、实际控制人及其变动等情况，保护投资者利益；就资本市场而言，应着力确保信息披露的公平性和及时性，使其公布的信息真实、可靠、完整，并综合监管体系建设，完善对违规行为的追惩制度等。

其次，加强外部监管与完善独立董事制度。证券监管的目的是保持证券市场的稳定、公平和效率，为投资者创造一个有序的交易环境，尽量减少系统性的金融风险。为了加强监管的有效性，可以适当赋予沪深证券交易所更多的权力，把属于证监会的调查取证权下放给证券交易所，设立专门的调查委员会调查上市公司在信息披露中问题，使其处于监管第一线的优势得到发挥。① 在加强独立董事监管方面，尽可能地要求上市公司建立独立董事制度，并完善其选聘制度及行为规范，以保证独立董事能站在中小投资者立场作出判断，尽可能代表中小股东的利益行事。

除此之外，信息披露制度的有效性不仅取决于政府立法及交易规则，还取决于会计行业协会制定的一系列会计及审计准则，取决于社会独立审计的真实性和可靠性。社会独立审计的可靠性包含两个含义：一是指审计过的会计报表是否真实、合法；二是审计的过程是否真实、合法。审计报告是否真实。独立审计绝非个人行为，它是市场机制不可缺少的组成部分，是证券监管市场化不可缺少的条件。应该说，我国证券市场上的许多信息操纵行为，很大部分原因是缺乏独立的社会审计。②

最后，完善因信息披露瑕疵引起的民事赔偿制度。在信息披露的法律责任中，证券市场保护的重点始终是投资者的利益，因为上市公司依赖投资者，从而进行融资，而绝非投资者依赖证券市场、上市公司从而进行投资，惩罚最终是为了维护投资者的利益。但如果投资者信赖虚假信息造成的损失，不能从民事赔偿制度中得到有效的补偿，那么，再多的行政责任、刑事责任对于投资者而言也是没有实际意义的。证券民事责任在体系上

---

① 赵海娟：《我国上市公司信息披露制度的缺失与完善》，西南政法大学法律硕士专业 2012 年硕士学位论文。

② 李国秋、崔松月：《信息不对称与强制性信息披露——浅析证券市场监管体系的发展方向》，载《情报科学》2000 年第 11 期。

是公法上的行政责任、刑事责任所无法替代的。因此,应改变证券法律责任中的轻视民事赔偿的现象,突出民事责任,使实体法和程序法协调一致,切实保证民事侵权受害人能够得到法律救济。完善我国证券法律的责任机制可以说是我国证券信息披露适法化的中心所在。①

结　语

信息披露在证券市场中具有重要地位,究其原因是因为证券市场是一个信息导向的市场,而信息披露制度是保护证券市场的公平性、公开性、真实性、保护投资者的权益的有效措施。因此,信息披露制度是证券市场的根基。虽然我国的证券发行和交易制度已经比较完备,但是我国证券市场的信息披露制度并不能全面处理信息违规现象,这是因为与国外的信息披露制度在长时间的证券交易实践与市场发展过程中建立起来的基本情况不同,我国的信息披露制度是在借鉴中逐步完善起来的,因而在健全信息披露制度的道路上还道阻且长,需要在实践中慢慢成长。

① 温海宁:《我国证券市场信息披露的现状、问题与对策》,载《东方企业文化》2013年第23期。

智能驾驶行为与刑法规制

邵　炜*

一、自动驾驶的发展现状

在汽车问世后不久，发明家就开始构思能够自动驾驶的汽车。1925年，发明家Francis Houdina展示了一辆无线电控制的汽车，他的车在没有人控制方向盘的情况下在曼哈顿的街道上行驶。根据《纽约时报》的报道，这种无线电控制的车辆可以发动引擎，转动齿轮，并按响它的喇叭。"就好像一只幽灵的手在方向盘上。"[①]然而，这并非我们现在所说的人工智能时代由AI控制下的自动驾驶汽车。在自动驾驶的历史上，具有里程碑意义的时间是1997年加州大学伯克利分校PATH项目，在加州7.6英里公路上实现了由8辆车组成的自动驾驶车队演示，全程没有驾驶员干预。[②]该事件轰动一时，但是由于法律和技术层面的问题而被搁置。根据中国汽车工业协会的定义，自动驾驶汽车指的是搭载先进的车载传感器、控制器、执行器等装置，并融合现代通信与网络技术，实现车与X(人、车、路和后台等)的智能信息交换，具备复杂环境感知、智能决策、协同控制与执行等功能，可实现"安全、舒适、节能、高效"行驶，并最终可实现替代人来操作的新

* 邵炜，浙江工业大学法学院硕士研究生。

① Digital Trends，网易智能：《自动驾驶汽车发展史：八个重要的里程碑事件》，https://mp.weixin.qq.com/s/JTQcV7ZsCnEXarqTmSL2zg，最后访问日期：2019年11月06日。

② 陈晓博：《发展自动驾驶汽车的挑战和前景展望》，载《中国交通观察》2016年第11期。

一代汽车。[①]

各国政府为了加快推进自动驾驶的进程，纷纷出台了有利于自动驾驶发展的政策。美国作为自动驾驶领域走在前列的国家，其在2015年提出了《ITS战略计划（2015—2019）》，将车联网和自动驾驶列为未来5年重点发展领域，并计划10年内投资40亿美元支持相关领域研究。美国加利福尼亚州、密歇根州等州政府、市政府都在大力推动自动驾驶的发展。截至2018年1月11日，共有50家企业取得美国加州自动驾驶路测牌照。谷歌、通用汽车、宝马、特斯拉等公司均在其中，我国也有百度、上汽、长安汽车、法拉第未来、蔚来汽车等八家企业获得了自动驾驶路测的牌照。

德国作为大众、戴姆勒、宝马等多家全球知名汽车厂商的故乡，也是世界上较早重视自动驾驶汽车并对其进行测试实验的国家之一。2013年，政府批准博世在德国高速公路路测其自动驾驶技术，之后又有奔驰、奥迪等公司相继被允许在德国高速公路、城市交通和乡间道路等环境下开展自动驾驶汽车的实地测试。作为德国邻邦的法国，在2014年2月公布了无人驾驶汽车发展路线图，投资1亿元，利用3年时间重点研发无人驾驶汽车，2015年开始进行自动驾驶汽车实地测试。在此基础上，2017年年初，德法两国的交通部首次联手，决定在连接两国的跨境公路上开放一处特定区域，供自动驾驶车辆进行测试。

2015年，日本内阁府牵头发布《世界最先进IT国家创造宣言》，并推动制定了自动驾驶研究计划。2016年上半年，日本经济贸易产业省成立了一个研究小组，决定联手车企在地图、通信、人类工程学及其他领域展开合作，以实现到2020年在公共道路上测试自动驾驶汽车。2016年5月，日本已经制定了自动驾驶普及路线图，表明自动驾驶汽车（有驾驶人）将在2020年允许上高速公路行驶。2016年9月，在日本长野七国集团（G7）交通部长会议上通过了联合宣言：为实现汽车自动驾驶技术尽快商用，将协作制定自动驾驶国际标准。

我国作为汽车工业方面的后起之秀，对智能网联汽车的总体规划始于2014年10月。当时，工信部委托中国汽车工业协会、中国汽车工程学会、

---

① 王靖茹：《自动驾驶汽车事故责任问题研究》，载《河北科技师范学院学报》2017年第4期。

全国汽车标准化技术委员会分工展开研究。2015年,我国政府也提出了《中国制造2025》及"互联网+"发展战略,大力推动汽车信息化和智能化发展,发挥汽车产业链长、技术含量高、影响力大的特点,打造国际龙头型产业。在2016年7月国家发展改革委和交通运输部联合发布的《推进"互联网+"便捷交通促进智能交通发展的实施方案》中,车联网和自动驾驶技术被列为积极研发和应用的智能交通先进技术,明确表示要推进自主感知全自动驾驶汽车研发,推动汽车驾驶自动化,鼓励我国互联网和车企大力投入自动驾驶领域,积极参与国际竞争。

2009年谷歌在其总部所在的山景城开始驾驶试验,谷歌作为自动驾驶开发的领航企业,其自动驾驶汽车在公共道路上的测试里程已经超过了400万英里(640万公里)。按照美国人平均的开车速度,400万英里的驾驶里程,大概需要开300年才能完成。与此同时,国内的车企也曾进行过类似的长距离自动驾驶车辆测试。2016年,长安自动驾驶汽车从重庆出发,北上2000公里抵达北京,车辆在沿途高速公路的部分路段采用了无人驾驶模式。2017年7月,百度创始人李彦宏乘坐着一辆由百度自行研发的无人驾驶汽车,驶上北京北五环。虽然因为"双手离开方向盘""与外界视频连线"等情形,涉嫌违反现行交通道路法而吃到了一张罚单,但这段15公里的无人驾驶经历,也成了百度自动驾驶成果的最好证明。

未来未至而竞争已起,自动驾驶技术作为能够给未来交通、驾驶安全、出行习惯带来革命性影响的技术,已经成了未来汽车产业发展的必然趋势,同时也促使了自动驾驶汽车的研发成了各国产业竞争的新高地。

二、技术解析:自动驾驶汽车的"耳目"

自动驾驶技术的进步除了要感谢各个国家和企业的政策和资金支持,更重要的是科技进步所带来的自动驾驶技术相关软硬件方面的跃进,网络、传感器、移动通信和人工智能在过去20年里的高速发展,数字化的工具在改变人们社交、学习以及导航方式的同时,更为自动驾驶的发展带来了可能。

在自动驾驶技术方面,有两条截然不同的发展路线:一条是"渐进式"的发展路线,即在传统汽车上不断新增一些自动驾驶的功能,如特斯拉、宝

马、奥迪等车企均采用这种方式。这种方式主要利用传感器，通过车车通信(V2V)、车云通信实现路况的分析。另一条是完全“革命性”的路线，也就是从一开始就是彻彻底底的自动驾驶汽车，如谷歌正在一些结构化的环境里测试自动驾驶汽车，这种路线主要依靠车载激光雷达、电脑和控制系统实现自动驾驶。[①]

在技术层面上，自动驾驶可以分为半自动和全自动两种。自动驾驶技术有多个等级，业界较为认可的是美国汽车工程师协会(SAE)和美国高速公路安全管理局(NHTSA)的分类标准。两者的主要区别在于在完全自动驾驶的场景下，SAE更加细化了在高等级自动化下，自动驾驶系统作用的范围。根据SAE标准，自动驾驶技术的自动化水平主要分为六个等级：无自动化(L0)、驾驶支援(L1)、部分自动化(L2)、有条件自动化(L3)、高度自动化(L4)和完全自动化(L5)。[②] (见表1)其中L4和L5才属于完全意义上的自动驾驶，由无人驾驶系统完成所有的驾驶操作。但是自动驾驶和无人驾驶之间存在一定的区别。无人驾驶是在没有人工操作与干预下，依靠各种人工智能技术实现车辆自主行驶的机动车辆，指向的是自动驾驶汽车技术发展的最终形态。目前，市面上正在销售的特斯拉Autopilot系统也只能达到L2的技术等级；谷歌的测试无人驾驶车辆Waymo，采用的是L3自动驾驶系统，远远没有达到无人驾驶甚至是高度自动驾驶。

(一)自动驾驶汽车的“眼”：传感器

传感器相当于自动驾驶的眼睛。通过传感器，自动驾驶汽车可以识别道路、行人、其他车辆、道路指示牌等，在最小测试量和验证量的前提下保证车辆对周围环境的感知。按照自动驾驶的不同技术路线，传感器可分为激光雷达、传统雷达和摄像头三种。[③]

---

① 腾讯研究院、中国信通院互联网法律研究中心：《人工智能：国家人工智能战略行动抓手》，中国人民大学出版社2017年版，第80页。

② 腾讯研究院、中国信通院互联网法律研究中心：《人工智能：国家人工智能战略行动抓手》，中国人民大学出版社2017年版，第78页。

③ 腾讯研究院、中国信通院互联网法律研究中心：《人工智能：国家人工智能战略行动抓手》，中国人民大学出版社2017年版，第80页。

表 1

自动驾驶分级		名称	定义	驾驶操作	周边监控	接管	应用场景
NHTSA	SAE						
L0	L0	人工驾驶	由人类驾驶者全权驾驶汽车	人类驾驶员	人类驾驶员	人类驾驶员	无
L1	L1	辅助驾驶	车辆对方向盘和加减速中的一项操作提供驾驶，人类驾驶员负责其余的驾驶动作	人类驾驶员和车辆	人类驾驶员	人类驾驶员	限定场景
L2	L2	部分自动驾驶	车辆对方向盘和加减速中的多项操作提供驾驶，人类驾驶员负责其余的驾驶动作	车辆	人类驾驶员	人类驾驶员	
L3	L3	条件自动驾驶	由车辆完成绝大部分驾驶操作，人类驾驶员需保持注意力集中以备不时之需	车辆	车辆	人类驾驶员	
L4	L4	高度自动驾驶	由车辆完成所有驾驶操作，人类驾驶员无须保持注意力，但限定道路和环境条件	车辆	车辆	车辆	
	L5	完全自动驾驶	由车辆完成所有驾驶操作，人类驾驶员无须保持注意力	车辆	车辆	车辆	所有场景

注：SAE 为 SAE International，即国际自动车工程师学会的简称。SAE J3016：Axonomy and Defnitions for Terms Related to On-Road Motor Vehicle Automated Driving Systems[S]．标准 SAE J3016 自动驾驶水平的分类，系基于“什么时候，谁做什么”划分车辆自动驾驶水平。①

激光雷达是当前自动驾驶企业采用比例最大的传感器类型。谷歌、百度、优步等公司的自动驾驶技术目前都依赖于它。激光雷达的主要元器件是激光、光学器件和扫描装置。激光雷达采用主动测距法，接收到的是物体反射汇来的激光脉冲，从而使得激光雷达对环境光的强弱和物体色彩差异具有很强的鲁棒性。激光直接测量被测物体到雷达的距离，与立体视觉复杂的视差深度转换算法相比更直接，而且测距更为准确。

激光雷达传感器在自动驾驶方面的应用包括障碍物检测、动态障碍物跟踪和环境重建。激光雷达安装在车顶上，能够用激光脉冲对周围环境进行距离检测，并结合软件绘制 3D 图，从而为自动驾驶汽车提供足够多的环境信息。激光雷达唯一的缺点在于造价高昂，导致量产汽车中难以使用该技术，从而促成了以传统雷达和摄像头的传感器替代方案。

著名的电动汽车生产企业特斯拉，采用的就是雷达和单目摄像头的替代方案。其硬件原理与目前车载的 ACC 自适应续航系统类似，依靠覆盖

① 柴占祥、聂天心、Jan Becher：《自动驾驶，改变未来》，机械工业出版社 2017 年版，第 63 页。

汽车周围360°视角的摄像头及前置雷达来识别三维空间信息，从而确保交通工具之间不会互相碰撞。

摄像头成像特征是将三维世界映射到成像器中成为二维图像。该过程中丢失了的图像深度需要依靠计算机视觉算法来解决。照射在三维物体上某点的光通过相机透镜在二维相机成像器上显示单个像素。成像器随后将光转换成电信号，再由模数转换器转换成数字信号并保存在储存器中。图像处理软件由处理器执行，所得的图像被保存到储存器中并且由接口控制器传送到总线系统上。①

准确识别是准确估算距离的第一步。单目摄像头的问题在于需要建立并不断网维护庞大的样本特征数据库，如果缺乏待识别目标的特征数据，就会导致系统无法识别以及测距，很容易造成事故的发生。而另一种摄像头——双目摄像头，与单目摄像头所采用的估算距离不同，双目摄像头是测量距离，其精度可以达到毫米级，且花费的时间远低于单目摄像头。但难点在于计算量大，需要单位性能极高的计算软件。

(二)自动驾驶汽车的“神经系统”:地图和定位

传统的原始数据的主要来源局限于几辆装载一系列复杂且昂贵的传感器的特殊车辆，如激光雷达传感器、多个摄像头、差分GPS系统与惯性测量单位。只有在数据收集车辆驶过并记录变化之后才可捕获道路上的变化，此更新可能要在变化发生数月之后才能完成。此外，地图数据提供者很少会以交换格式提供数据，通常每年四次。再加上数据编译和分发的时间，即使是最新的可用地图数据也已经过时一年多了。除了速度慢以外，全过程成本也很高。当前，在地图数据收集方面，更多采用的是道路行驶汽车作为地图数据收集探测器，在2004年至2008年间进行的ActMAP和FeedMPA项目便证明了这种方案的可行性。通过提升汽车中的硬件传感器数量，精密度与处理能力，显著提高了汽车为后端数据收集及处理提供的准确性与丰富性。这样一来，可以减少数据收集专车的数量，甚至可取消该收集方法。

地图路线的选择目前主要有两种：一是精致高清地图。这种地图往往

① 柴占祥、聂天心、Jan Becher:《自动驾驶，改变未来》，机械工业出版社2017年版，第22页。

配备在那些使用了激光雷达的厂商方案中，目的是创建360°的周围环境认知。二是特征映射地图。这种方案通常与雷达、摄像头的方案进行结合，可以通过地图捕捉车道标记、道路和交通标志。虽然这种方法提供的地图精度不足，但通过映射道路特征，使系统的处理和更新变得更加容易。对于地图制作者来说，需要不断采集和更新传感器包来保证地图不断更新。①

车辆定位的方案也主要包括两种：一是通过高清地图。这种方案使用包括GPS在内的车载传感器比较自动驾驶车辆感知到的环境与高清地图之间的区别，可以非常精确地识别车辆所处的位置、车道信息以及行驶方向等，所使用的技术包括V2X等。二是通过GPS定位。这种方案主要通过GPS定位获取车辆位置，然后再使用车载摄像头等装置改变定位信息，逐帧比较的方式可以降低GPS信号的误差范围。以上两种定位方式都对导航系统和测绘数据有很强的依赖性。第一种方式可以更加准确地描绘位置信息；第二种方式更加易于部署，又不需要高清地图支持。

(三)自动驾驶汽车的"大脑"：决策系统

目前，自动驾驶汽车设计者使用一系列方法实现自动驾驶汽车决策。一是神经网络，主要是为了识别特定的场景并作出适当决策，但这些网络复杂的特性导致很难理解特定决策的根本原因或逻辑。二是以规则为基础的决策系统，主要是"IF-THEN"决策系统，决策根据具体规则作出。三是混合决策，包括以上两种决策方式，主要通过集中性神经网络连接个人的处理，并通过"IF-THEN"规则完善这样的路径。②

为了在实际环境中作出正确的决策，自动驾驶系统需要预测其他车辆下一时段的位置和速度，这就需要考虑到场景语义、所产生的行为选项及交通参与者之间所产生的互动。随后自动驾驶汽车的决策软件判断应如何应对眼前的场景，以使规划出来的行车动作可以避免撞到任何物体，而且能够保证乘客的乘坐舒适度。如此规划出来的行车动作是一条轨迹，是

---

① 腾讯研究院、中国信通院互联网法律研究中心：《人工智能：国家人工智能战略行动抓手》，中国人民大学出版社2017年版，第83页。

② 腾讯研究院、中国信通院互联网法律研究中心：《人工智能：国家人工智能战略行动抓手》，中国人民大学出版社2017年版，第84页。

在这条道路上行驶的路线，也包含此路线上每一点的速度。

自动驾驶算法的最后一步是执行已规划好的轨迹。这些轨迹是规划算法及汽车驱动系统之间的界面。汽车是由以下系统驱动的，汽车动力总成进行纵向加速，制动系统进行纵向减速，转向系统进行横向移动。以往，用于加速及制动的纵向控制器与转向系统的横向控制器是脱钩的，每一条路线都有相应的PID控制器，在可接受的摩擦力范围内，改善对汽车移动的控制。①

近期，出现了将横向和纵向控制结合起来的新方法，使用的是势场或模型预测控制方法。纵向加横向控制在变化复杂的场景中用途很广。

三、法律困境：智能驾驶行为责任追究难题

3月18日夜间美国亚利桑那州坦佩市发生一起自动驾驶测试车的严重交通事故，隶属于Uber旗下的自动驾驶测试车辆与一名横穿马路的行人发生碰撞，伤者送医后不治身亡。这是自动驾驶车辆撞死行人的首次事故，事发后，Uber已经全面停止了自动驾驶车辆的路测。② 然而这不是自动驾驶第一次出现交通事故，我国就发生过全球首例自动驾驶致死车祸。2016年1月20日，京港澳高速河北邯郸段发生一起追尾事故，一辆特斯拉轿车直接撞上一辆正在作业的道路清扫车，特斯拉轿车当场损坏，司机高某宁不幸身亡。经交警认定，在这起追尾事故中驾驶特斯拉的司机高某宁负主要责任。③ 该事件在引发人们关于自动驾驶汽车安全性的担忧的同时，当重大交通事故发生，对于交通事故责任、刑事责任应当由谁来承担的问题也成了自动驾驶法律问题的重中之重。

《中华人民共和国刑法分则》第二章“危害公共安全罪”中对交通肇事罪进行了规定，违反交通运输管理法规，因而发生重大事故，致人重伤、死

---

① 柴占祥、聂天心、Jan Becher:《自动驾驶，改变未来》，机械工业出版社2017年版，第46页。

② 《自动驾驶首次撞死行人　责任到底在谁?》，http://www.sohu.com/a/225918003_455835，最后访问日期：2019年3月20日。

③ 彭金美、吴菁:《确认了！全球首例“自动驾驶”致死车祸发生在中国!》，http://news.sina.com.cn/o/2018-03-01/doc-ifyrzinh1187078.shtml，最后访问日期：2019年3月20日。

亡或者使公私财产遭受重大损失的，处三年以下有期徒刑或者拘役；交通运输肇事后逃逸或者有其他特别恶劣情节的，处三年以上七年以下有期徒刑；因逃逸致人死亡的，处七年以上有期徒刑。然而，现行的刑法规定，与当前的自动驾驶甚至未来的无人驾驶的智能驾驶行为的规制，存在一定的困难。

根据犯罪构成要件对交通肇事罪进行分析：

首先，从客体出发，本罪的客体是交通运输安全。本罪发生的范围，主要包括铁路、公路、水上、航空、管道(石油、天然气)运输。[①] 自动驾驶的智能驾驶行为所造成的重大交通事故，在侵犯的客体方面与传统的交通肇事一致，均侵犯的是公路交通的正常运输。因此，在客体方面，两者是一致的。

其次，在本罪的客观方面，表现为违反交通运输管理法规，因而发生重大事故，致人重伤、死亡或者使公私财产遭受重大损失的行为。[②] 然而，笔者认为现有的自动驾驶交通事故中，并不符合交通肇事罪的客观方面的要求。笔者前文提到的第二起交通事故，23 岁的高姓车主在部队从事司机工作，并有上万公里的安全行驶记录。但据事故后行程记录仪中的视频分析，事故发生时，特斯拉处于“定速”的状态，并未能识别躲闪而撞上前车。现场交警调查，碰撞发生前，涉车祸特斯拉并没有进行任何躲避和减速，保持车速撞上前方正在施工作业的道路清扫车尾部。[③] 由此可知，在事故发生之前，车内驾驶员、智能驾驶系统并未违反交通运输管理法规，不存在违章行为，事故的发生是由于智能驾驶系统未能识别前车所造成的。而且，即使在类似的交通事故中，存在违章行为，造成重大事故，致人重伤、死亡，但违章行为并非造成该结果的原因。事故结果是由于智能驾驶行为的识别漏洞造成的，那么违章行为与严重后果之间并不存在因果关系，从而不能成立交通肇事罪。但是从我国的这起事故，包括 2016 年 1 月发生在美国佛罗里达州的 Model S 事故死亡事件，造成事故的原因均是由于智能驾

① 高铭暄、马克昌：《刑法学》，北京大学出版社 2017 年第 8 版，第 356 页。

② 高铭暄、马克昌：《刑法学》，北京大学出版社 2017 年第 8 版，第 356 页。

③ 《特斯拉首例“自动驾驶”致死事故，原来发生在中国》，http://www.sohu.com/a/114418943_372738，最后访问日期：2019 年 9 月 10 日。

驶系统未能识别前车而引发撞车导致车内人员的死亡。在自动驾驶发展的过程中,这样的状况将会存在常态,这便给智能驾驶行为的客观归罪造成了极大的难度。

再次,交通肇事罪的主体是一般主体,在司法实践中,主要是从事交通运输的人员,指的是具体从事公路交通运输和水路交通运输业务,以及与保障交通安全有直接关系的人员。[①] 按照传统的驾驶观念来讲,指的就是交通运输工具的驾驶员。自动驾驶的出现使得传统的驾驶人员从驾驶行为中解脱出来,由智能驾驶系统来承担主要或全部的驾驶行为。当前,自动驾驶按照 SAE 标准,已经可以达到 L3 的等级,即智能驾驶系统可以完成大部分的驾驶工作,但是车内的驾驶员注意力仍然要保持高度集中,随时准备智能驾驶在突发状况时形成脱离接管车辆的控制权。我国高某宁遭遇的特斯拉交通事故,智能驾驶系统由于没有识别到前车,期间没有做任何躲避和减速,也未做脱离,警告驾驶人接管车辆。并且,笔者对 L3 的这一设定有着自身的担忧。在传统的交通运输过程中,由驾驶人全程操控机动车辆,在这样的情况下,即使驾驶人在全神贯注的情况下,面对突发事件尚未有足够的时间和能力做反应,以规避交通事故的发生。那么在由智能驾驶系统进行大部分智能驾驶行为的过程中,紧急的突发状况出现,即使进行脱离由驾驶人接管,是否就能够避免交通事故的发生?因此,在笔者看来,这样的设定,开发商和设计师似乎有规避责任的嫌疑。更为重要的是,在自动驾驶等级发展至 L4(高度自动驾驶)和 L5(完全自动驾驶)的阶段,全程由智能驾驶系统实施驾驶行为,驾驶人无须参与驾驶过程。在此情况下,发生重大交通事故,按照传统刑法当中有关交通肇事罪的规定,主体只能是一般主体,即驾驶人,而并未将智能驾驶系统作为犯罪主体纳入刑法的主体体系当中。由此,便会产生责任主体真空的状况。

最后是主观方面,交通肇事罪的主观方面是过失,可以是疏忽大意,也可以是过于自信,即行为人对自己违反交通运输法规的行为导致的严重后果应当预见,由于疏忽大意而未预见,或者虽然预见,但轻信能够避免。[②] 自动驾驶汽车的发展基础除了相关技术的长足发展之外,还有很重要的一

① 高铭暄、马克昌:《刑法学》,北京大学出版社 2017 年第 8 版,第 356 页。

② 高铭暄、马克昌:《刑法学》,北京大学出版社 2017 年第 8 版,第 357 页。

部分来自乘坐人员对自动驾驶汽车安全性的信任。根据警方对事故现场的勘察，高某宁的车在碰撞发生之前，没有采取过任何紧急制动或者避让措施。通过回看来自事故车辆的行车记录仪可以看到，当天天气晴好，车辆速度也并不快，驾驶人在发生事故的一分钟前还哼了几句歌。而随后便毫无防备地撞上了前面的道路清扫车。很显然，事故发生的一大重要原因是驾驶人出于对智能驾驶系统的信任，从而处于一种较为放松的状态之中。首先，智能驾驶系统在实施智能驾驶行为至造成交通事故之前，整体处于一种车速不快且较为平稳的过程当中，因此，驾驶员高某宁对于违反交通运输法规以及造成交通事故的结果，不存在疏忽大意的主观意思。而这一心理状态是否能将其归类于过于自信的主观过失，从而符合交通肇事罪在主观方面的构成要件，笔者持否定态度。以自动驾驶的发展理念来看，L4 和 L5 均是由智能驾驶系统来实施全部的驾驶行为，驾驶人将控制权全权交由智能驾驶系统。驾驶人可以在车内进行听音乐、看电影等娱乐活动，只需要等待自动驾驶汽车到达目的地。驾驶人全程在主观上脱离驾驶过程，自然也就不存在主观上的过失，从而在严重交通事故当中，也就无法满足交通肇事罪的主观方面的构成要件的要求。

综上，通过对交通肇事罪进行“四要件”的构成要件分析可以得出，传统刑法当中规定的交通肇事罪在面对自动驾驶所造成的交通事故的归责过程中显得格格不入。而根据我国和世界各国的战略目标，自动驾驶将于 2020 年前后投入使用。届时，当大量的自动驾驶汽车投入使用，由自动驾驶汽车所造成的交通事故将会急剧增加。在人们接受自动驾驶的观念之前，在法律层面上，应当作出及时的应对，制定或修订相关法律，以规制由智能驾驶系统的智能驾驶行为所产生的责任界定问题，在维护社会稳定的同时，更好地推动自动驾驶的良好发展。

四、智能驾驶行为的法律规制对策

(一)制定智能驾驶行政法规

2017 年 7 月，百度创始人李彦宏在北京五环路测试自动驾驶汽车，由于“双手离开方向盘”“与外界视频连线”等情形，涉嫌违反现行交通道路法而吃到了一张罚单。现行的《中华人民共和国道路交通安全法》(以下简

称《道路交通安全法》)与自动驾驶发展的未来显得已经有些许的过时,在面对自动驾驶技术快速发展的今天,修改或制定与智能驾驶有密切联系且适应时代发展的智能驾驶行政法规变得刻不容缓。

笔者认为,在智能驾驶行政法规当中,应当包含并且不限于以下内容:

1.智能驾驶专业化

当前,《道路交通安全法》所采用的是机动车培训社会化的模式,由交通主管部门对驾驶培训学校、驾驶培训班实行资格管理,其中专门的拖拉机驾驶培训学校、驾驶培训班由农业(农业机械)主管部门实行资格管理。

然而,由于智能驾驶汽车的专业性和复杂性,一般的社会机构难以对智能驾驶汽车进行培训。由此,应当由智能驾驶企业自行进行专业化的设定和培训。在设定中,应当使人工智能深度学习新的智能驾驶行政法规以及相关法律。场地化考试模式变更为全天候全道路多场景测试模式。智能驾驶汽车只有在满分通过全部内容的考试才能由企业统一为同批次通过驾驶考试的智能驾驶汽车领取驾驶证,只有拥有驾驶证的智能驾驶汽车才能获准上路行驶和营运的资格。企业在智能驾驶汽车上道路行驶前应当对智能驾驶汽车进行严格的全方位检查,不得运行安全设施不全或者机件不符合技术标准等具有安全隐患的智能驾驶汽车。

2.智能驾驶车辆应当安装类黑匣子装置

黑匣子是常见于飞机上的电子记录设备之一,飞机各机械部位和电子仪器仪表都装有传感器与之相连。它能把飞机停止工作或失事坠毁前半小时的语音对话和两小时的飞行高度、速度、航向、爬升率、下降率、加速情况、耗油量、起落架放收、格林尼治时间,还有飞机系统工作状况和发动机工作参数等飞行参数都记录下来,需要时把所记录的内容解码,供飞行实验、事故分析之用。

智能驾驶汽车,整体由传统汽车构架、传感器、定位装置、导航系统等多种智能化系统组成。智能驾驶汽车由于其内部结构的复杂性和智能性,对故障部分的排查是一大难题。在车辆内安装类黑匣子装置,可以在事故发生之后,通过直观的数据记录来判定出问题的部分,从而追究相关设计者、开发商的事故责任,为最终的责任判定提供有效的证据支撑,提高追责效率和准确性。

3.建立智能驾驶系统决策追溯机制

联合国报告认为，在对机器人及机器人之间技术的伦理与法律监管中，一个至关重要的要素是可追溯性，只有可追溯性的确立才能让机器人的行为及决策全程处于监管之下。[①]

智能驾驶系统作为人工智能的子分支，并作为未来交通事故责任的潜在主体，人工智能系统由于其决策的黑箱性，导致智能驾驶系统在生成决策至执行过程中的决策路径将无从知晓。这将导致智能驾驶的行为和决策无人监管。可追溯的重要性在于，它让人类的监管机构不但能够理解人工智能的思考决策过程以及作出必要的修正，而且能够在特定的调查和法律行为中发挥其应有的作用。联合国的报告给予我们的启示是，人工智能，作为智能驾驶系统的"大脑中枢"，应当将其的决策路径全程置于监管之下。只有保证能够全面追踪人工智能的思考及决策过程，我们才能在监管人工智能和追究相关主体的责任占据主动权。

(二)扩大交通肇事罪的主体范围

1.将智能驾驶系统的开发商、设计者列为交通肇事罪的责任主体

智能驾驶汽车是预设好驾驶算法，通过深度学习方式，形成如传统人类驾驶人的驾驶行为。无人驾驶作为自动驾驶模式的最终形态，在驾驶员无须承担驾驶行为的情况下，需要有相关主体对智能驾驶行为的严重的事故结果承担刑事责任。

根据最高人民法院 2000 年 11 月 10 日《关于审理交通肇事刑事案件具体应用法律若干问题的解释》，单位主管人员、机动车辆所有人或者机动车辆承包人指使、强令他人违章驾驶造成重大交通事故的，以交通肇事罪定罪处罚。基于同样的理由，车主将自己的机动车交给醉酒者、无驾驶资格者驾驶，没有防止伤亡结果发生的，驾驶者与车主均成立交通肇事罪。此外，在高速公路上实施拉车乞讨等行为，引起交通事故的，也可能构成交通肇事罪。

由此可见，非交通运输人员也能成为本罪主体。[②] 基于张明楷教授的

---

① 腾讯研究院、中国信通院互联网法律研究中心：《人工智能：国家人工智能战略行动抓手》，中国人民大学出版社 2017 年版，第 454 页。

② 张明楷：《刑法学》，法律出版社 2016 年第 5 版，第 719 页。

理论，非交通运输人员也能成为交通肇事罪的主体。智能驾驶汽车的智能驾驶行为是设计者、开发商预先设计的程序所产生的行为结果。虽然设计者、开发商并没有直接参与智能驾驶汽车的智能驾驶行为，但是应当对智能驾驶汽车的驾驶行为的决策结果负直接的责任。由此，笔者提出将智能驾驶汽车的设计者、开发商列入智能驾驶肇事罪的责任主体当中，以填补智能驾驶行为的刑事责任主体的空白。

2.将智能驾驶系统作为责任主体

欧盟委员会法律事务委员会于 2016 年 5 月 31 日提交一项动议，要求欧盟委员会把正在不断增长的最先进的自动化机器"工人"的身份定位为"电子人"(electronic persons)，并赋予这些机器人依法享有著作权、劳动权等"特定的权利与义务"。[①] 虽然这个设想很具超前性，但是欧盟委员会法律事务委员会的做法为未来的法律发展提供了示范。

未来，人工智能能够通过深度学习，在智力方面达到接近甚至超过人类的程度，人工智能能够像人一样，在整个智能驾驶过程中，自主决策。欧盟委员会法律事务委员会还建议为智能自动化机器人设立一个登记册，以便为这些机器人开设涵盖法律责任(包括依法缴税、享有现金交易权、领取养老金等)的资金账户。如果此项法律动议通过，欧盟将成为首个通过立法赋予人工智能法律身份的地区。[②] 因此，我们可以将智能驾驶的智能驾驶系统当作像人一样的行为主体，将其命名为类似"智能驾驶人"的身份，对其进行登记，对其设定相应的刑罚，基于责任自负的原则，由"智能驾驶人"对自身的智能驾驶行为所造成的严重后果承担相应的刑事责任。

结　语

智能驾驶汽车出现的最终目的是进一步提高人们的生活质量和水平，将人们从疲惫和危险的汽车驾驶中解脱出来，更好地享受生活。当前，刑法对未来智能驾驶行为的规制，仍存在一定的漏洞和空缺。但是，基于刑

① 胡裕岭:《欧盟率先提出人工智能立法动议》，载《检察风云》2016 年第 18 期。

② 胡裕岭:《欧盟率先提出人工智能立法动议》，载《检察风云》2016 年第 18 期。

法对新兴事物合理预期内的保护，其对公共安全所存在的安全隐患，应当给予一定的容忍。因此，在未来制定刑事制度对智能驾驶汽车进行刑事规制时，应当有一定的预测性和前瞻性，在保护公民安全的前提下，给予智能驾驶汽车充分和良好发展的法律空间。

自动驾驶技术的知识产权刑法保护探究

郑晓升*

引 言

随着深度学习、计算机视觉、自然语言理解等的推进,近年汽车产业也飞速向智能化、网联化,甚至是共享化发展。先进的无人驾驶技术显然是我国在无人驾驶赛道上实现弯道超车的重要驱力,但是,当前我国滞后的对侵犯知识产权犯罪的刑法规制在迅猛发展的自动驾驶技术面前显得捉襟见肘。因此,在看到自动驾驶技术发展所带来的惊喜之时,更应反观我国刑事制度对该创新型无形资产保护的不足。

一、涉及自动驾驶技术的知识产权更应加强刑法保护的依据

(一)自动驾驶技术的特点

传感器、计算机以及线控执行器无疑是自动驾驶汽车最核心的三个组成部分。其中,传感器好比驾驶员的眼睛和耳朵,计算机相当于大脑,线控执行器类似于人类的四肢,使得自动驾驶车辆在行驶中重复着“感知、认

* 郑晓升,浙江工业大学法学院研究生。

知、行为”这一过程[①]。显然，让自动驾驶汽车变得更加智能化有赖于创新技术的研发，而当开发者的技术或车辆系统被侵犯，或是自动驾驶汽车的软件、程序被用作非法用途，后果则不堪设想。

(二)自动驾驶技术的发展及不同发展级别的技术将共存

按照技术的自动化程度，SAE 将自动驾驶技术分成了 5 个等级(见表 1)。

表 1　自动驾驶技术分级表

等级	特征	解释	举例
Level 1 (L1)	特定功能辅助驾驶 (Function-Specific Automation)	自动驾驶系统配合驾驶者进行车辆的控制，但系统仅能提供方向盘或加减速方面的单一辅助	①自适应巡航（ACC）功能；②防抱死制动系统(ABS)；③停车辅助系统
Level 2 (L2)	组合功能辅助驾驶 (Combined Function Automation)	系统可进行转向、加减速、刹车操作，并可提供多项组合辅助，但在必要时仍需驾驶者介入操作	
Level 3 (L3)	有限的无人驾驶 (Limited Self-Driving Automation)	在特定的交通环境下，系统可独立完成驾驶行为，但驾驶者仍需在系统发出请求决定时，作出决策及应答	系统可根据路面指示信号，进行限速、直行、弯道操作，并可识别红绿灯、行人及闯入物等
Level 4 (L4)	高度自动化	仅仅当处于某些复杂地形或者天气恶劣的环境下，才需请求人类作出决策	

① 韩威：《无人驾驶：人工智能三大应用造就老司机》，http://www.sohu.com/a/218188276_633698，最后访问日期：2019 年 1 月 1 日。

续表

等级	特征	解释	举例
Level 5 (L5)	彻底自动化(Full Self-Driving Automation)	无人驾驶。系统即可应对任何道路状况和环境条件,并完成所有的驾驶操作	

但是,即使技术从L1发展到L4,也只能称作是自动驾驶技术逐步发展完善的过程,因为只有当技术发展到L5时,才意味着无人驾驶的彻底实现。但受人才、资金、开发能力等客观因素的制约和影响,各国、各地区的无人驾驶技术发展水平显然各异。这意味着因各国、各地区在无人驾驶技术方面取得的进程和研发水平的不统一,不同自动化程度的自动驾驶汽车也就会上路行驶,也即未来各种不同发展级别的自动驾驶汽车将会同时出现在道路上。

诚然,不同等级的自动驾驶汽车的出现也意味着不同水平的自动驾驶技术的诞生;换言之,不同水准的专利将会与各自对应层级的自动驾驶汽车相匹配;并且,还可能存在更高层级的专利技术的研发需要基于较低层级的专利技术才能实现。

(三)更先进的积极技术和作为消极犯罪工具的技术的出现

2017年,清华大学x-lab发布的《智能网联汽车技术专利观察》显示,在无人车领域全球专利申请量超过3.2万件,中国、美国、日本、德国以及韩国专利数合计超过90%,而中国专利申请量达到37%,位居全球第一。①

并且,有调查表明自动驾驶技术比人类驾驶具有更高的安全系数及更强的稳定性,因此未来自动驾驶技术将会得到持续的支持以不断发展。显然,为了优化汽车系统和功能以及自动驾驶汽车软硬件安全性的提升,大量更先进的专利技术将会源源涌现。比如,早期由于自动驾驶汽车在"感知"部分的难度最大,以色列的Mobileye公司就将卷积神经网络、深度学

① 李艳:《无人驾驶汽车将奔向何方》,载《中国商界》2017年第7期。

习当作核心技术进行研究，现已研发出高准确率的交通图像识别技术，且该技术的研发使得无人驾驶车辆的安全系数直线提高。再如，Waymo公司为了解决因智能网联车撞击造成伤亡的问题，研发出了“压力膜”技术并申请了专利。配备该技术的自动驾驶车辆能根据传感器“感知”到的不同撞击对象而自由切换车辆外壳的刚柔度以应对撞击、降低撞击的冲击强度及减少撞击造成的损失和伤害。

此外，在技术向前发展的同时，也伴生着具有潜在和间接危害性的技术的出现。若犯罪分子为了将车辆用作犯罪工具，故意破坏系统让系统错误理解驾驶员意图，或者在驾驶员的意图与车辆意图发生冲突时让系统无法作出正确的判断和选择，或者让系统按照人类的违法请求指令按部就班地完成操作以实施犯罪行为，后果均不堪设想。

(四)智能车的每一组成部分都关乎人类生命安全，自动驾驶技术关乎公共利益

基于无人驾驶系统的传感装置，在自动驾驶车辆发生撞击后，会使多辆关联车辆产生连锁撞击反应。也就是说，车辆信息数据在联网的情况下，基于无人驾驶车辆的特殊装置——传感器，一辆车的撞击可能会产生牵一发而动全身的效果。因此，对于个人生命安全的保护，刑法保护则显得更有必要；对于公共秩序的维护，刑法保护也显得更行之有效。

二、自动驾驶技术对现行刑法的挑战

(一)以计算机软件源代码(source code)的保护问题为例

源代码是自动驾驶车辆系统的核心内容，智能车的各种功能有赖于开发者利用计算机技术进行设计，通过将计算机语言指令翻译成车辆可执行的二进制指令，因此具有巨大的商业价值。

开发者为了防止非法入侵，通常选择私密软件的源代码，但实践表明，侵犯软件源代码的行为并未得到有效的控制和打击。并且我国现行法律对侵犯软件源代码的行为也未予以明确，对计算机软件的保护存在交叉、重叠的情形。[①] 关于代码的保护，理论界存在源代码属于作品应采取“以

① 于志刚主编:《网络空间中知识产权的刑法保护》，中国政法大学出版社 2014 年版，第 581 页。

著作权为中心”的模式和采取“以商业秘密为中心”的保护模式两种争议。

从《中华人民共和国刑法》(以下简称《刑法》)第 217 条对侵犯著作权罪的规定可见,计算机软件的侵权行为主要是“复制”,但实践表明,侵权行为人往往不需要通过“复制”,并且当他们通过不正当手段获取他人源代码后,往往通过计算机技术再开发出功能近似的软件,或通过修改、加工设计出功能类似的系统,可见法律规定的“复制”早已无法涵盖侵权人的侵权方式。随着机器学习的迅猛发展和智能技术不断地被挖掘,显然新型且先进的侵权手段更加无法被现有的法律规定所覆盖。涉关技术的专利、商业秘密等各种类别的知识产权案件正在不断发酵,但是受“经验立法”思想的影响,使得在一定的程度上我国知识产权方面的规定缺乏对一些新型犯罪的规制。

我国刑法要求成立侵犯著作权罪需满足“营利”之目的,但是诸多案例向我们表明,侵权人或许仅仅是出于炫技或是出于对技术的狂热,还有甚者是因逆反心理作祟进而通过植入木马以改变软件系统原有的功能。但是若将这些原始目的排除在侵犯著作权罪的犯罪构成之外,软件的相关权利者就无法通过该罪追究窃取者或者披露代码者的责任,显然,这存在法律上的漏洞。

(二)相关罪名存在数额基本犯[①]的制度缺陷

从目前我国刑法规定的几种侵犯知识产权罪的构成要件来看,成立侵犯知识产权的犯罪以侵权行为达到一定程度和数额为必要。当数额是是否构成犯罪的基本要素时,易致使犯罪数额成为构罪的认定重点。我国侵犯知识产权犯罪存在数额基本犯的特殊性,将侵权人所得利润作为构罪的标准。例如,“违法所得数额较大或者有其他严重情节”是侵犯著作权罪必须满足的条件之一。但是,知识产权不同于明码标价的实体物品,这样的操作不但忽视了知识财产无形性这一特质,且加之盗版产品往往价格低廉,此时侵权人所获利益无法完全并正确地体现出给权利人造成的损失。

又如,行为人实施的侵权行为给商业秘密的权利人造成重大损失的,

① 数额基本犯:刑法规定以数额作为成立某些罪名的主要构成要素,犯罪行为的社会危害程度由数额的大小予以体现。参见陈灿平:《侵犯知识产权犯罪数额新论》,载《中国刑事法杂志》2011 年第 6 期。

是构成侵犯商业秘密罪必须满足的条件之一。在司法实践中,往往通过评估公司以确定给商业秘密权利人造成的损失数额,且一旦侵权人给商业秘密权利人造成直接经济损失数额在五十万元以上,就被认定为属于“给商业秘密权利人造成重大损失”的情形。[①] 众所周知,新技术是国家、企业击溃对手的有效利器,也是在市场竞争中获取更多商业利益的重要砝码。若侵权人明明对权利人造成了重大损失,但仅仅因违法所得数额未满足达到五十万元以上这一条件就因此认为不成立犯罪,势必将大量案件因数额问题被引向审判误区,不仅不利于打击再犯,权利人的权益也无法得到保护。

(三)保护范围被设限

我国《刑法》虽将侵犯商业秘密、非法入侵计算机系统、传播计算机病毒等行为认定为犯罪,但在错综复杂的网络环境下,权利人拥有的经营和技术信息等商业秘密往往因被存储在云环境中更易被泄露而成为侵权人窃取的对象;且非国家级别或者高端技术的计算机系统及数据并不在这些法律规定的保护范围之内,因此,在范围上是非常有限的。

(四)罪名未充分体现罪责刑相适应原则

不对侵犯商业秘密罪的侵权主体的身份进行区别,存在将不同的侵权主体打包到侵犯商业秘密这一个罪名中等量齐观的问题。我国刑法对侵犯商业秘密的行为可总结为:违法获取、非法披露、不法使用和非法许可他人使用。从罪状表述上来看,四种行为是并列的,[②]现行刑法也未对侵权人的具体行为方式的社会危险性加以区分,这就产生了对不同的侵权行为在相同的法定刑幅度内适用刑罚的情形。由此可见,我国对侵犯商业秘密罪不仅存在罪名设计粗略的制度缺陷,也有背罪责刑相适之原则。

(五)世界知识产权组织版权公约和我国刑法保护的衔接存在龃龉

尽管《世界知识产权组织版权公约》(WCT)要求各成员国积极应对网络版权侵权,并对受侵权行为予以积极救济,但未给出具体的可供操作的救济方式。我国现行刑法对知识产权犯罪的规定不仅过于简要单一,加之

---

① 李静:《对完善我国侵犯商业秘密罪立法的思考》,载《南京政治学院学报》2008年第5期。

② 高晓莹:《论商业秘密保护中的刑民分野与协调》,载《北京交通大学学报(社会科学版)》2010年第4期。

新的法律规定对知识产权作为私权的属性也予以了明确，那么我国刑法对知识产权的保护作用显然是残缺且局限的，如此势必不利于刑法对侵犯知识产权犯罪的有效打击，且在社会公共利益和秩序的维护上也无法发挥其应有的作用。

此外，当一国的侵害人通过犯罪手段成为知识产权的权利人时，各国往往存在维护本国知识产权等“护短”行为，毋庸置疑这是以错误鼓励知识财产开发为代价的。因为，刑法的保障作用和威慑功能在利益面前受到了极大限制，使得严重侵权的行为也无法得到根本遏制，最终不利于保护知识产权。[①] 放任知识产权的犯罪行为，从短期而言节约了资金，从表面上看也降低了成本，虽然如此这般可能暂时带来好处，但从长远来看，最终将不利于本国经济的增长和参与国际竞争。[②] 况且，由于无人驾驶技术已席卷全球，自动驾驶技术正如火如荼地开展着，更应该注重平衡好国内和国外权力者之间的利益。

反观我国刑法章节设置，对公民的财产权进行保护规定在第五章“侵犯财产罪”中，但将知识产权保护的规定置于“破坏社会主义市场经济秩序罪”这一章节中，如此区分规定表明了我国对知识产权保护方式、态度和一般财产的不同。因为，知识产权本身不同于一般财产，破坏社会主义市场经济秩序罪设置的价值目标是维护经济安全，对侵犯知识产权犯罪的设置初衷则是维护公共安全和知识产权秩序。

三、我国自动驾驶技术的知识产权刑法保护的具体应对

(一)“穷尽的列举”和“留有必要的空间”

自动驾驶车辆的发展重新定义了我们的生活，也使我们的制度被重新洗牌。陈兴良教授提出过形式解释及实质解释的概念。对于扩张解释的理解，虽然存在认为扩张解释是将本不应当认定为犯罪的行为纳入犯罪的圈子内，而有违罪刑法定原则一说，但也存在认为扩张解释因不拘泥于文字表意，能使刑法的实质正义得以真正实现的说法。显然，过于强调刑法

---

① 杨玲梅：《我国知识产权刑法保护的价值取向评析》，载《探索与争鸣理论月刊》2009 年第 1 期。

② 田宏杰：《论我国知识产权的刑事法律保护》，载《中国法学》2003 年第 3 期。

解释的形式主义，势必不利于自动驾驶技术的知识产权的刑法保护取得实质性进展。当然，实质的刑法解释原则必须符合罪刑法定和刑法的基本理论，不能进行无限度的扩张。张明楷教授曾表示：实质的解释论对构成要件的解释不停留在法条的字面含义上，而是以保护法益为指导，应从实质上判断是否存在值得科处刑罚的违法性与有责性。[①] 但是，无论采取哪种方式，都必须结合时代发展及社会环境来进行解释。

当前，新型的犯罪手段不仅不再局限于原始的几种方式，且由于商业秘密的存在方式的多元化，尤其是云计算平台集中有大量用户的数据和应用，更容易吸引恶意的攻击。[②] 因此，将新型的犯罪手段列入罪状中，并进行列举是当前立法行之有效的一种方式。这样一来，有助于各方正确认识和把握侵犯知识产权犯罪的实质以避免分歧，也有助于实体法益的充分保护，从而使无人驾驶技术更多地高质产出、持续地稳定运行和更好地完成升级。

与此同时，刑法作为最后的手段，在罪名的设置上也应具有“兜底”作用，从而避免因穷尽列举而将法律未涵盖到的情形排除在外，因此，可通过设定弹性条款为自动驾驶技术的进步和发展留有必要的空间，也可采取另设专门条款的形式将利用高科技技术进行侵权的方式设置在侵犯知识产权犯罪的罪状中，以使知识产权的刑法保护更具规范性、完整性、体系性及有效性。

(二)借鉴美国和德国的制度模式优势

我国侵犯商业秘密罪的制度未对不同的侵权主体及其具体行为的危险性加以区分。但是刑事立法不能随意圈定“犯罪圈”，有必要将不同行为的危害程度予以客观合理的划分。有学者在关于商业秘密的刑事立法上，提出了在平衡商业秘密法益保护条件与力度的前提下，提高商业秘密“违约型”的构罪门槛，对非“间谍型”的构成行为，提出应坚持构成结果的严重性的立法重构模式。[③]

---

① 张明楷：《实质解释论的再提倡》，载《中国法学》2010 年第 4 期。

② 吴艳：《美国商业秘密保护制度的变革及启示》，载《对外经贸实务》2014 年第6 期。

③ 谢焱：《商业秘密刑事保护的理论证成和路径选择——以商业秘密最新相关立法为视角》，载《电子知识产权》2017 年第 11 期。

其一，在美国，侵犯商业秘密罪属于行为犯，且对那些为获得经济优势或商业优势而窃取美国商业秘密的行为规定为侵犯商业秘密罪。因此，即使犯罪分子未实际获得经济利益，或者未让权利人产生实际的损失，根据美国法律的规定，只要犯罪分子一旦实施了侵犯商业秘密罪禁止的行为，则成立犯罪。对比而言，这比我国的现行法律规定更具科学性，也更有助于知识产权秩序的维护。其二，美国对境内和境外侵犯商业秘密的行为予以了区分，对那些外国经济间谍为获取美国商业秘密而进行窃取的行为定为经济间谍罪，并设置较侵犯商业秘密更重的法定刑；[①]然而我国在该项规定上存在空白，这样的制度设计对于我国知识产权保护的进步具有极其重要的借鉴作用。其三，美国的量刑标准根据商业秘密本身的市场价值，一方面以体现出不同的侵犯商业秘密行为具有相同的性质，另一方面也体现出具有相同市场价值的商业秘密可以获得基本相同的刑事保护。[②]

另外，知识产权的民事保护和刑事保护的目的是有差别的。民事保护的主要目的是让权利人的利益得到救济，刑事保护则通过刑罚给那些严重扰乱市场经济秩序的行为予以严厉打击。刑法和民法对于同一行为也有各自不同的考察视角、不同的规制方式甚至不同的价值追求。因此，若只强调民事保护或刑事保护均无法让知识产权得到充分保护。此外，在刑民交叉的案件中是刑事优先还是民事优先？陈兴良教授认为这是私权，因此当事人应当享有程序上的选择权。譬如，德国对侵犯商业秘密罪是否采取刑事措施尊重受害人的意志，首先德国将该罪规定为亲告罪，规定在诉讼模式上以自诉为主，若涉及公众利益时，刑事追诉机关则对该类行为依职权予以查处。[③]

值得一提的是，德国对商业秘密罪的主观心理进行了限制，即刑法仅对故意的行为进行科处，而我国刑法未对成立侵犯商业秘密罪的主观方面予以明确。刑法的归责在主客观统一的基础上，表现出一种较为强烈的

---

① 赵永红：《知识产权犯罪研究》，中国法制出版社 2004 年版，第 430 页。

② 宋建宝：《美国侵犯商业秘密罪的量刑依据问题及借鉴——以美国〈经济间谍法〉为中心》，载《法律适用》2015 年第 2 期。

③ 齐文远、唐子艳：《德国商业秘密刑法保护规定及其启示》，载《中南民族大学学报(人文社会科学版)》2013 年第 4 期。

"主观主义"的倾向性。① 因为从侵犯商业秘密罪所处《刑法》的章节来看，其他侵犯知识产权罪都以故意为必要。因此，若侵犯商业秘密罪包括过失情形，则会使侵犯商业秘密罪与其他侵犯知识产权犯罪以"故意"为构成界限难以区分。且过失侵犯他人商业秘密的行为人主观恶性较小，课以刑事制裁并非最合理的方式，从更有利及时、恰当解决当事人权利救济原则出发，且维护当事人合法权益、减少讼累和节约成本也是司法追求，故对过失行为由权利人通过民事赔偿的方式进行救济即可。在保持各种价值平衡中，在追求社会秩序与安全价值的同时也绝对不能忽略效率价值及对私权利的保障，故刑法只对故意侵犯商业秘密行为进行处罚也更符合刑罚效益原则。

(三)升级知识产权保护的"刑法防火墙"——资格刑的设置

统计显示，知识产权犯罪的刑事追诉量与该罪呈上升之势的犯罪量呈明显反比，可见我国的知识产权刑事规定在知识产权保护上未取得应有的效果。当前该罪的违法犯罪已经向数据库、软件等新兴领域进军，专利技术等创新型无形资产以及商业秘密作为国家、企业最有价值的财富之一，对于无人驾驶车辆的发展而言也是如此。如前文所述，适当"扩大"知识产权刑事犯罪的追诉范围并区分不同行为的危害程度以适当增强刑事处罚的力度是行之有效的一种应对方式。例如，通过罚金刑的设置，适当提高财产刑处罚的数额以增加犯罪分子行为的法律成本，是控制该类犯罪的可行措施之一。

而我国对侵犯知识产权犯罪的刑罚主要以自由刑和罚金刑相结合，显然罚金刑在事后的惩罚上能起到威慑犯罪的作用，但在犯罪的特殊预防和一般预防效果上则差强人意。由于知识产权具有极强的专业性，实施侵犯知识产权的犯罪分子往往也具备特定领域的专业储备，因此，若根据犯罪行为的危害程度对犯罪分子的从业资格进行对应程度的限制，可以有效遏制犯罪。比如，在某特定时间、特定阶段禁止行为人从事特定的活动，如此可以客观减少行为人再犯的机会，以达到预防犯罪的作用，也可起到惩罚犯罪的效果。但是我国刑法的资格刑在于"剥夺政治权利"，包括侵犯商业

① 周雪梅:《刑事犯罪与民事侵权比较研究》，西南财经大学法学院 2009 年博士论文。

秘密罪在内的知识产权犯罪并不属于《刑法》第56条所列的犯罪，且在刑法条文中侵犯知识产权犯罪这一节中并没有单独规定可以适用剥夺政治权利的刑罚方式，即我国对知识产权犯罪缺乏对限制从事特定行业资格的规定。[①] 我国澳门"刑事法律"规定了保安处分制度，即当违法行为人在从事职业时违反规定，或者明显违反从事的职业、商业或工业所固有义务下犯罪而被判刑，又或就该犯罪仅因不具有可归责性而被宣告无罪，而按行为人所做之事实及人格，恐其将作出其他同类事实属有依据者，业务禁止的期限须在1年至5年之范围内定出。[②]

美国对于侵犯商标权的犯罪单位，规定可以对其处以5年以下的全部或者部分以及最终或者临时停业。[③] 我国《刑法》对自然人犯罪规定其职业禁止，而对单位犯罪仅仅处以罚金刑，但是，对单位处以资格刑也存在逻辑上的可能。譬如，对剥夺或限制单位犯罪主体的市场资格、限制或禁止单位犯罪主体的商业行为。[④]

知识产权犯罪给权利人带来的损失主要是财产利益的现实损失和可期待经济利益的损失。在考虑采取措施增加行为人犯罪成本、使犯罪人得到应有的刑事制裁的同时，更要努力使受害人的利益尤其是经济利益得到最大化的挽回。[⑤]

(四)重视知识产权的专业性，建立以核心保护机制为主的技术分级保护制度

1.注重知识产权的专业性。因知识产权具有较强的专业性，因此，侵犯知识产权的犯罪不应拘泥于将数额作为成立犯罪的主要方面，确认权利人的损失需要结合所涉技术的专业、性质及案件的事实，进而对直接且已实际发生的损失作出认定。

2.建立专门的无人驾驶技术机构。在知识产权案件的刑事诉讼中普

---

① 杨正鸣、倪铁：《刑事法治视野中的商业秘密保护：以刑事保护为中心》，复旦大学出版社2011年版，第128～129页。

② 吴平：《资格刑研究》，中国政法大学出版社2000年版，第113页。

③ 赵秉龙、田宏杰：《侵犯知识产权犯罪比较研究》，法律出版社2004年版，第84页。

④ 王志民：《我国资格刑的立法审视与制度完善》，载《南昌大学学报(人文社会科学版)》2018年第4期。

⑤ 穆伯祥：《知识产权刑法保护要论》，知识产权出版社2016年版，第231～232页。

遍存在的一个现实问题是主审法官不可能具备各类新兴技术方面的专业知识储备，导致审判往往根据鉴定结论下判定决，甚至还存在“以鉴代审”的情形。

比如，该类犯罪往往在侦查阶段就已由相关的鉴定机构进行鉴定，庭审阶段仅是对这些鉴定意见是否予以采纳的辩论。通常基于多种因素，在无其他证据撼动或者反对的情况下往往直接采信。这是过去典型的“以侦查为中心”的做法。[①] 但是，鉴定结论只是帮助法官认定案件事实和正确适用法律的参考、依据，审判人员无法仅根据这一种证据，而不综合全案就草率下定结论。其作为众多证据种类中的一种，并不具有相较其他证据类别更高的证明价值和证明力，[②]，显然，若审判人员仅依据鉴定结论下判也存在酿成错案的可能。

又如，当鉴定结论表明被控侵权技术和原权利人的技术相似时，这并不等于其就是商业秘密犯罪的犯罪者，因为在无人驾驶系统中，基于计算机原理，若A汽车商拥有的无人驾驶软件系统与B汽车商的系统不同，并不意味着两家的代码一定存在差别，还要考虑机器学习算法的差异。因为，即使在算法一样的情况下，训练的数据越好，训练出的系统就越难达到与其他技术所有者已拥有的知识产权的水平或功能。因此，若不对无人驾驶技术有相应的了解或有计算机专门知识专业方面的知识储备，不仅会将拉冗办案过程，使司法变得低效，也极易作出错误的定案结果。加之无人驾驶车辆的安全性涉及公众利益，以及该技术的发展还有很长一段路要走，故设立无人驾驶技术领域的专业技术机构尤有必要。

3.设立以核心技术保护为主的技术分级保护制度。良好的知识产权秩序应当包括两个方面：其一，创新的不断涌现；其二，创新成果被很好地保护。[③] 法律对知识产权的保护呈现了多元化，因民法对知识产权起到了前置的、基础而广泛的保障，但是若没有后置的刑法的保障和强有力的威慑，严重的侵权行为将无法得到根本的控制，使知识产权无法得到最终的

① 贺志军：《法益论下商业秘密刑法保护问题研究》，载《湖南社会科学》2014年第5期。

② 张军、江必新：《新刑事诉讼法及司法解释适用解答》，人民法院出版社2013年版，第88页。

③ 吴汉东：《中国知识产权法制建设的评价与反思》，载《中国法学》2009年第2期。

保护。为技术的创新提供可靠稳定的知识产权秩序对于知识创新型国家建设的重要性不言而喻，诚然，这样的秩序必须是建立在技术创新成果被充分保护的基础之上的。[①] 随着人们对知识产权犯罪防范打击能力的增强，犯罪分子也增强了自身应对及犯罪的能力。兼顾刑法的谦抑性，将无人驾驶汽车的技术区分为核心技术和一般技术，进行分级保护，将重要核心技术被侵犯的行为予以最严厉的刑罚打击，也许更符合刑法法益保护的价值追求。

结 语

刑法若无法为知识产权保护提供强有力的保障，那么我国的无人驾驶技术无异于一辆未系"安全带"就驾驶在国际赛道上的汽车，其对社会秩序安全也具有极强的"杀伤力"。因而，为解决当前我国的知识产权犯罪存在保护范围狭窄、主观要件不合理、制裁方式不匹配、犯罪行为定性及刑罚制裁不明确或缺陷、罪刑无法相适应等问题，通过将新型的知识产权纳入刑法保护的范围之内，扩大解释知识产权犯罪、完善犯罪主观要件，并对罪名的犯罪构成要件和资格刑的设置进行明确以使我国知识产权犯罪的刑事立法得以更新；同时，借鉴德、美的制度优势以实现我国知识产权犯罪刑事立法更好地与国际社会接轨。此外，建立自动驾驶的核心技术为主的技术分级保护机制，在自动驾驶的重要技术被侵犯时由刑罚予以最严厉的打击，是体现刑法的谦抑性及遏制侵犯知识产权犯罪的方式。

① 董涛：《专利权保护网之漏洞及其弥补手段研究》，载《现代法学》2016 年第 2 期。

人工智能创作物之著作权归属保护

戴　滢*

一、问题的提出

自 2016 年以来，大数据、云计算走入人们的视野，它们模仿人们的神经网络创作出各种成果，着实为人们的生活带来了便利。逐渐地，人们纷纷将目光聚焦于“人工智能”并充分认识到了其内在威力。的确，人工智能企图了解智能的实质，并生产出一种新的能以人类智能相似的方式作出反应的智能机器，该领域的研究包括机器人、语言识别、图像识别、自然语言处理和专家系统等。美国媒体工作者在对 2016 年内世界各国开展的计算机创意项目进行汇总与分析之后认识到，人工智能不仅能够谱曲、创作剧本，还能绘画、编写散文等。[①] 而这些成果，便被称为人工智能创作物。人工智能在文艺创作方面的成就，无论是在表现方式方面还是在联想方面均应得到人们的高度关注。[②] 不过需要看到的是，人工智能的诞生与应用打破了人们自主创作作品的局面。对此，笔者不禁发问：基于人工智能而创作的剧本或者绘画等若具有了市场价值，能否归为作品范畴？一旦被定性为作品，其相关权利应如何保护？

---

* 戴滢，浙江工业大学法学院 2015 级法学专业学生。

① http://news.zol.com.cn/622/6221209.html，最后访问日期：2019 年 5 月 5 日。

② 杨守森：《人工智能与文艺创作》，载《河南社会科学》2011 年第 1 期。

二、人工智能创作物在现行立法中的认定

要想解决人工智能创作物能否作为法律层面的作品的问题，即是否具有版权性的问题，首先要解析其在现行立法中的认定。在现行规则体系下，著作权的客体是作品；[①]但是，作品通常和有思想、有认知的人是一体的。所以，当前学者普遍表示，从著作权层面来讲，由电脑或者其相关应用程序创作的东西并非“作品”，也就无法受到相应保护。[②] 但是，由于人工智能创作物在日常生活中的不断应用和发展，其引发的法律上纠纷也逐渐显现，因而对其应进行重新认定的呼声也逐年增大。

(一)国际立法层面

知识产权法虽然对人类创作的作品有过详细的规制，却鲜有关于人工智能创作物的问题。从国际层面上来看，我国自加入《伯尼尔公约》成为缔结国以来，在知识产权保护方面重视度越来越高。但是该公约仅仅简单罗列知识产权保护的范围，没有明确的概念界定。例如，其第 2 条第 5 款规定:“文学或艺术作品的汇集本，诸如百科全书和选集，由于其内容的选择和整理而成为智力创作作品，应得到此类作品同等的保护。”那么，这种“内容的选择和整理”应如何定义，需不需要人脑的介入，还没有明确的答案。与此类似的还有《保护工业产权的巴黎公约》《与贸易有关的知识产权协定》等。

但是，这并不意味着国际立法对人工智能创作物的保护是停滞不前的。从国外的规制进程来看，在 20 世纪 90 年代，美国、英国等发达国家将人工智能创作物纳入了著作权法范畴并进行了规范；日本知识产权本部认为，在当前环境下，由人工智能制成的作品即便被他人盗用亦不能给予正当处置，势必会侵害其投资人的合法权益，所以有必要面向人工智能创作的音乐和小说等进行立法，促使其受到法律的保护，可立足于实际对现行《中华人民共和国反不正当竞争法》进行修订，亦可在参考商标保护法的基

---

① 何华:《〈民法总则〉第 123 条的功能考察——兼论知识产权法典化的未来发展》，载《社会科学》2017 年第 10 期。

② 李明德、许超:《著作权法》，法律出版社 2009 年版，第 25 页。

础上制定一套完善合理的人工智能创作物注册制度体系。[①]

(二)我国著作权法的相关规定

与国外相比,我国在人工智能创作物的作品性质认定上略有滞后。虽然我国在著作权法实施条例中有关于“作品”的定义阐述,但人工智能创作物的思维模式毕竟与传统作品有差异,将其认定为作品是否符合我国立法目的,其分析与研究尚不充分。在现有研究中,曹源表示,人工智能创作物能否被界定为一个作品其实是一个政策选择性问题,各国需要对其进入市场后所产生的各类影响进行全面分析,并立足于其具体发展情况作出有益选择。[②] 熊琦表示,可参考当前较为完善的法人作品制度,将人工智能的所有人看作是知识产权人。[③] 也有学者指出,可根据人工智能创作过程对人的依赖程度将人工智能生成物类型化为两大类:一类是人类的生成物,另一类是非来自人类的生成物。[④]

的确,人工智能创作物的诞生与应用对现有知识产权制度造成了较为严重的冲击,其冲击不但局限于著作权的主客体,还波及了权利属性等相关方面。所以,笔者将对此展开深入而细致的探究,以期探寻出有效的方法。

三、性质:人工智能创造物的“作品”认定

在探讨人工智能创作物的权利归属之前,首先应解决其创作物的作品认定问题。以最典型的人工智能文学创作机器“微软小冰”为例,它的诗歌创作实际上是在执行开发者的命令,即通过对软件工程师输入其“芯”中的海量数据进行运算、拼装和组合实现的。虽然“微软小冰”运营者在软件下方明确指出“放弃版权”,但对于今后出现的更多的人工智能创作物,我们仍然需要进行深思,该类创作物是否构成作品。

(一)“思想”与“表达”的博弈

著作权保护客体的一大原则即著作权法保护的是思想的表达,不是思

---

① http://www.sohu.com/a/69868163_266114,最后访问日期:2019 年 12 月 30 日。

② 曹源:《人工智能创作物获得版权保护的合理性》,载《科技与法律》2016 年第 3 期。

③ 熊琦:《人工智能生成内容的著作权认定》,载《知识产权》2017 年第 3 期。

④ 刘影:《人工智能生成物的著作权法保护初探》,载《知识产权》2017 年第 9 期。

想本身。它不仅被国际公约所明确,还被直接纳入《计算机软件保护条例》。的确,文化传承的根基在于思想传播,任何创作也都是建立在前人的成果之上。因此,思想与表达二分制度的设立目的在于防止思想形成垄断,阻碍创作进步,为创作产业发展让渡更多的空间,而这同时也赋予人工智能创作物推陈出新的意义。

回归到人工智能创作物本身,其运作机理的表达形式基本上都是技术人员事先设定好的,计算机的主要功能是对信息来源进行实时监测,根据预设准则输入相应的信息。那么对其创作的成果是属于"思想"还是属于"表达"应如何有效区别,笔者认为可基于以下几个层面进行考虑。

1.人工智能创作物的思想不同于作品的创作思想

在人工智能创作物产生的过程中,先由人类工程师设计出"人工智能算法程序",再由算法创作出作品。此处所讲的"思想"并非普通创作作品的"人类思想",而是"算法思想"。"人类思想"是人类随着后天头脑的发展产生了个体的思想与感情;而"算法思想"是基于一定的程序安排,模拟人的思绪创作作品,因此二者之间存在差异。

2.普通作品与人工智能创作物的创作过程不同

普通作品是一个"直接创作"的过程,即由人类思想到表达的转化过程;而人工智能创作物是一个"间接创作"的过程,人类思想用于设计人工智能算法程序,通过算法程序产生"思想",再进一步转化为表达。因此,无论是设计人工智能的思想,还是其算法本身均不能受到知识产权法的有效保护。例如,"阿尔法围棋"程序强大无比,其使用的许多招数可能人类都望尘莫及,但它产生的仅是围棋的下法,并不属于"文学、艺术和科学领域内"的表达,其表现形式亦不可被归于作品范畴。不过,算法背后所包含的代码可受到软件知识产权类法的有效保护。

3.将抽象标准的适用应用于人工智能创作物

抽象标准不仅用以区分思想与表达,也适用于人工智能创作物。如前所述,思想表达二分原则的制度目的在于防止思想垄断,通过抽象标准将那些抽象的、普遍性内容划归为思想范畴的主要目的在于防止阻碍他人创作,不利于文化传承与创新。同样,对于人工智能创作物抽象的、普遍性的内容,也不应予以保护。虽然此类内容是机器创作,不属于"人类思想",但属于思想与表达二分原则制度中的“思想”范畴，这是由该原则的制度目的所决定的。

4.从本质性区别看原作品的延伸

若相关内容是由原作品延伸而成的，需要从表达层面入手查看其和原作品是否具有本质性区别。譬如，特定软件能够在非人为干预的前提下将简谱自行切换为人们比较熟悉的五线谱，它并未创作出新的作品，只是变换了作品的表达形式，就不能加以保护。除此之外，绘画机器人能够通过专用软件对现有绘画成品进行临摹，并且其临摹准确度非常高，但是因和原作之间高度雷同，故只能将其视为复制品。但是在修图软件中，人工智能软件通过既有的程序进行一系列修饰处理之后，从表现形态方面来讲，成品和原作之间呈现出根本性区别，那么便可以加以保护。

由此可见，人工智能创造物究竟属于“思想”还是“表达”，不能一概而论，需要根据具体的情况具体分析。

（二）人工智能创作物“独创性”的标准

前文基于立法目的给出了人工智能创作物只有部分符合“表达”的解释，但是这种解释仍然具有一定的局限性，且受著作权保护客体的另一原则所限制，即著作权法保护的作品应符合其相应的构成要件。现行《中华人民共和国著作权法实施条例》明确表示：“该法范畴内的作品是一个较为广泛的概念，主要指的是文学、科学以及艺术等各相关方面保持高度独创性且可通过相关方式进行拷贝的智力成果。”而这同时也是评判一成果能否称得上是作品的三个构成要件（可复制性、固定性和独创性）之一。毫无疑问，人工智能的创作物借助一定的载体进行物化，使得符号化的作品能够被有效识别，此时便具有固定性和可复制性的特点，能为人类自由和有效地利用。然而，对于其“独创性”的判断学术界一直存在争议。

1.从传统视角评析人工智能的“独创性”

传统的独创性判断，如“额头出汗”标准，往往强调创作的主观性，即创作是人脑的主观选择，是一个创新的活动过程，最终体现为智力劳动成果。这便隐含了在通常情况下，成果的创作者需要是人类。的确，尽管《伯尔尼公约》没有对此进行充分明确，不过和“作者”相关的每一个条款基本上都涉及了其自然人的特征。这在著名的“猕猴自拍照案”中便可窥一斑。

对于人工智能创作物来说，通过强调人工智能本身的主体资格对其独创性进行判断很难得出具有说服力的结论。以谷歌人工智能作画为例，在输入深度学习算法后，人工智能机器通过深度学习功能能够有效提取参照图片中的信息，在自身程序中进行有效整理之后即能够创作出具有艺术美感的图片。从这一过程来看，人工智能机器似乎是创造产物的主体。但是，从“图片”到“图片”的过程是机械客观创作的体现，并不涉及智力活动。并且在对人工智能生成内容进行定性时，若直接纳入主体因素，肯定会产生逻辑循环，即“由于主体非人，故其内容不能称作作品；由于其内容不能称作作品，故其不具有作者，亦不需要对其著作权归属问题进行探讨”[①]。

由此可见，从传统视角确定人工智能创作物具有“独创性”较为牵强。

2.基于立法目的的新型理念

然而，独创性原则的制度目的在于鼓励人们积极产生作品并具有“一定程度”的创新性。这种创新性在程度判断方面只能是最低，而不能过高；否则，法官将难以判断“何种程度”才构成独创性，继而导致作品受保护的范围过窄，使得创作者的利益蒙受损害。因此，单单从传统视角来分析人工智能创作物还是远远不够的，笔者认为对此类内容需要结合国内外理论的发展进一步探究。

其实，在国外法中，“人类创作”的法律要求并未明确写入成文知识产权法，判例法上一直坚持人类作者的智慧火花才是作品受保护的条件。[②]而在我国，知识产权法律逐步随着时代的发展不断完善，其具体表现为摒弃了“人类创作中心”这一传统理念，开始坚持“人类受众中心”理念。所以在笔者看来，关于人工智能创作物是否能够称为作品这一问题，应根据其内容的形成全过程是否满足独创性条件进行判断，并非根据其所属主体进行判断，以此防止产生逻辑循环。并且，从独创性的制度目的出发，判断标准应当是一个客观比较的过程，适用“最低限度创作性”的标准，即人工智能创作物与已有作品相比较，不是简单地复制，只要具有最低限度的创新

---

① 王迁：《论人工智能生成的内容在著作权法中的定性》，载《法律科学（西北政法大学学报）》2017 年第 5 期。

② 梁志文：《论人工智能创造物的法律保护》，载《法律科学（西北政法大学学报）》2017 年第 5 期。

性，就应当给予相应的保护。

四、人工智能创作物的权利归属

基于以上两种因素对人工智能创作物从客观方面加以分析，结论就会不同。当然，我们不可忽略外界的发展、时代的进步，要学会正视人工智能技术，从立法层面入手对其创作物的属性进行明确。

（一）人工智能的法律人格及其利益主体的延伸

探讨人工智能创作物的权利归属，首先要解决的问题是，人工智能是否具有主体资格。从我国的法律规定来看，人工智能载体受《中华人民共和国产品质量法》的调整，如果依据该法条来分配法律责任，人工智能是属于产品和工具的范畴。但是，人工智能显然不同于一般的产品，因为它可以在现有素材的基础上，整合出新的成果。并且，从人工智能的特性分析，其具有独立自主意识的智慧工具属性。[①] 那么是否能由此认定人工智能有主体资格呢？如果在法律上认定人工智能享有作者所应有的权利，势必会对传统的法律体系产生巨大的冲击。比如，任何使用人工智能软件创作成果的使用者都需要经过人工智能的许可以及对其创作物的剽窃该如何保护的问题。实际上，虽然人工智能可以作出独立自主的创造行为，但其行使行为以及承担行为责任的能力是有限的，这种主体资格在一定程度上是拟制的，与自然人并不完全相等。在这种行为能力及承担责任能力有限的前提下，法律难以作出合理的调节和规制。因此，人工智能在现有的背景下，还不能作为法律主体。

无论是英美法系知识产权法还是大陆法系著作权法，皆秉承着“作品归于作者”的理念；换言之，作品所有权隶属于其创作者。如果人工智能本身不能作为法律主体，那么就不存在创作的过程。因而其创作者的认定可以在其延伸的三个利益主体中进行选择，一是素材挖掘、组合、提供者，二是创造者，三是使用者。关于人工智能创造物权利的归属也往往在这三个主体当中进行博弈。那么究竟应该将其权利归属于哪方主体，根据传统理论难以加以评析，因此探析人工智能创作物保护的新理论极具意义。

---

① 袁曾：《人工智能有限法律人格审视》，载《东方法学》2017 年第 5 期。

(二)探析人工智能创作物保护的新理论

人工智能并非作家手中的笔,亦非摄影家手中的照相机;相反,它是一种具有高度独创性的机器。若此处所讲的人工智能是人,那么很明显它在制成创作物方面做出令人称赞的开拓性贡献。那么这种“贡献”就是我们可以追析的新型理论。的确,在科技迅猛发展的今天,知识产权产业的分工变得更为精细化、标准化,无论是在传统知识产权法中,还是在专利法上,一旦产生权利归属纠纷,尤其是合作作品,通常会以“贡献规则”为标准进行判断。

由此可见,立法上可将“贡献原则”视为判断人工智能创作物权利归属的一项重要参考标准。但唯一的问题是现有法律并未承认人工智能的法律人格,继而使得“贡献”的所属难以评析,因此需要从人工智能的形成过程这一层面入手加以分析。

以前文提到的“微软小冰”为例,在其产生创作过程中的海量数据与素材又是哪里来的呢?在“微软小冰”的诗集《阳光失了玻璃窗》的新闻发布会上,“小冰”的研发者明确表示,“小冰”并非凭空捏造诗歌,它是在花费了数天时间对近百年来五百余名的国内现代诗人所创作的诗歌进行分析之后才开始“写诗”的。因此,人工智能文学创作过程实际上是通过特定准则对高速计算素材库中的数万首诗歌进行一系列组合、拼装之后而形成的一种新的诗歌。同样,在人工智能设计图、人工智能视频制作等创作物中也能表现出类似的特征。那么,这些素材的挖掘者、组合者、提供者其实从一定程度上来讲符合“实质性贡献”的性质。的确,若没有素材探寻、整合、提供者的支持与协助,作品的创作及传播可能面临着被中止的尴尬局面,创作者提供的作品会因信息成本过高而不能全面有效地满足市场需求。“同样,市场需求亦会因信息成本问题而不能及时地反馈于创作者,继而造成市场需求度较高的作品无人提供。”[①]

综上所述,对于人工智能的“实质性贡献”问题,单从人工智能“法律人格”上加以限制会过于狭隘,应充分考虑人工智能创作物的特殊形成过程,深入探究这些素材背后的特征与来源,即素材挖掘、组合、提供者。如果不

---

① 熊琦:《著作权法中投资者视为作者的制度安排》,载《法学》2010年第9期。

对这类群体予以利益保护，就不会形成更多的资本投入，不利于激励更多创作者从事作品创作。因此，将人工智能创作物的著作权归属于素材挖掘、组合、提供者，有助于实现人工智能产业的长期、持续、繁荣发展。

五、相关权益保护制度设计方向

人工智能创作物给人类的生活带来了极大的便利，由于其不会产生人的疲累感，其作品创作程度也相当高。但是，人工智能创作物的出现，对著作权制度的冲击是系统性的，其涉及了著作权的客体、主体及权利属性等问题，这在上文中已经加以分析。但是在信息时代，人工智能创作物也会随着时代的发展而发展，因此我们要适应技术的发展趋势。如何在现有的法律框架之上，平衡立法的成本，积极地调整现有的制度设置，创新人工智能发展现有的理论具有必要性。笔者认为，可以将人类作品和人工智能创作物分而治之。

首先，并不是所有利用人工智能创造的产品都属于人工智能创作物，应对其形成过程加以具体分析。例如，上文提及的应用人工智能软件来修图的过程，由于在对照片或图片进行风格转换后，新图片与其原始状态相比已存在实质性差异，并且新图片是由人在经过人脑选择并且自主创造的过程中绘制的，因此其在形式上已属于演绎作品，此时需要将其纳入人类作品范畴，运用著作权法对人类创作作品现有的规定加以保护。

其次，设置人工智能创作物版权登记制度。人工智能创作物产生的作品，应该专门设计登记，不能直接和人类作品同等享有自动保护原则，这对其产生的海量作品的规制不合适。一方面，版权登记制度可以明晰人工智能创作物的权利人。人工智能创作物若不经过版权登记，面对海量的作品，使用者、传播者、演绎者将会陷入无所适从的境地，其无法判断作品的来源，也无法判断自己的行为是否侵权。另一方面，通过实质审核和版权年费制度能有效限制大量创作性较低的作品获得权利，使人类作品与人工智能创作的作品总量相对平衡，避免人工智能作品因绝对数量优势垄断版权市场。[①]

---

① 刘影:《人工智能生成物的著作权法保护初探》，载《知识产权》2017 年第 9 期。

再次，明确人工智能创作物的利益主体享有的相关权利。人工智能创作物涉及三方利益主体，即素材挖掘、组合、提供者，产品创造者，以及使用者，它们应分别享有不同的权利。通过前文分析，基于人工智能产业的发展保护，应当将著作权归属给素材挖掘、组合、提供者。那么产品创造者应当在不侵犯前者著作权的基础上，享有制造、使用、许诺销售、销售、进口等专利权。而使用者只是产品的购买一方，享有基本的物权及展览权等。

最后，将严重侵犯人工智能创作物权利的行为通过刑法加以保护。《中华人民共和国刑法》现有的保护知识产权的条例为第 213 条至第 215 条，其主要以违法数额为认定标准，这在侵犯人工智能创作物的知识产权问题上同样适用。新型的知识产权是社会不断发展、经济不断进步的体现，因此我国刑法对人工智能创作物的知识产权保护也不能缺失，对知识产权客体的保护范围要更加全面。

结 语

著名物理学家霍金认为，人工智能具有无限潜能，完全有可能超越人类的智慧水平，摆脱人类的控制。的确，随着经济的迅猛发展以及社会的持续进步，我们在昂首阔步地踏进人工智能技术时代，人工智能一直走在时代的前沿，其应用和创造远不止文学艺术领域，但是直到现在也未在法律领域形成统一定义。但基于人工智能创作物在未来势必会产生大量的市场价值，对于其著作权归属问题的讨论极具实践意义。就其“作品”性质而言，思想表达二分和独创性可被视为界定人工智能创作物性质的两大基本原则。思想与表达二分原则回答了哪些种类的人工智能创作物应给予保护的问题，独创性回答了人工智能创作物在满足何种要件时才能受保护的问题。但是，结合我国著作权制度的实际，“人工智能”本身成为作者的可能性较低。由此笔者认为，在权利归属认定问题上，将人工智能创作物的知识产权归属给素材挖掘、组合、提供者，是一种较为可行的途径。笔者也从现有的立法角度的探析，最终提出三条相关对策及措施。与此同时，也期待在未来知识产权法律制度体系能够变得越来越完善、规范,使得人工智能创作物的保护能真正实现有法可依,从而推动人工智能技术取得进一步的创新和发展。

超标电动自行车及其交强险适用问题探讨

刘季颖*

随着我国电动自行车产业的迅猛发展，越来越多的居民把电动自行车作为自己的代步工具。与此同时，涉及电动自行车的交通事故也呈日益上升的趋势。由于各种原因，我国电动自行车超标问题较为普遍。根据我国法律的相关规定，超标电动自行车被认定为机动车，但在现实中又往往无法投保交强险。那么，超标电动自行车发生交通事故是否应该适用交强险的有关规定就成了一个值得讨论的问题。

一、丰满的理想——超标电动自行车在法律上被认定系机动车，应投保交强险

《中华人民共和国道路交通安全法》第119条对机动车与非机动车作出具体区分。该条第(3)项规定，机动车是指“以动力装置驱动或者牵引，上道路行驶的供人员乘用或者用于运送物品以及进行工程专项作业的轮式车辆”。该条第(4)项规定，非机动车是指“以人力或者蓄力驱动，上道路行驶的交通工具，以及虽有动力装置但设计最高时速、空车质量、外形尺寸符合有关国家标准的残疾人机动轮椅车、电动自行车等交通工具”。既然符合有关标准的电动自行车系非机动车，通过反向解释，就不难得出超标电动自行车系机动车的结论。否则，“设计最高时速、空车质量、外形尺寸符合有关国家标准”这一定语就失去了意义。根据《电动自行车通用技术条件》(GB17761-1999)的规定，电动自行车应符合“最高设计时速不得大

---

* 刘季颖，嘉兴学院文法学院学生。

于20公里/小时”“整车重量不得大于40公斤”“轮胎宽度不得大于54毫米”等标准。不符合上述规定的超标电动自行车，显然属于“机动车”的范畴。

根据《中华人民共和国道路交通安全法》《机动车交通事故责任强制保险条例》的有关规定，在中华人民共和国境内道路上行驶的机动车的所有人或者管理人，应当投保交强险。交强险是我国第一个强制购买的险种，其目的在于保障机动车道路交通事故受害人依法得到赔偿和分化机动车驾驶人的社会风险。既然超标电动自行车属于机动车的范畴，那么也就理所当然地应该购买交强险。这样在发生交通事故时，受害人也更容易获得赔偿。否则，《中华人民共和国道路交通安全法》第76条“机动车发生交通事故造成人身伤亡、财产损失的，由保险公司在机动车第三者责任强制保险责任限额范围内予以赔偿；不足的部分，按照下列规定承担赔偿责任……”的规定在超标电动车面前几乎形同虚设。毕竟，骑电动自行车者大多属于中低收入阶层，其有限的赔偿能力和保险公司根本无法相提并论。

二、骨感的现实——超标电动自行车在现实中被视为非机动车，几乎无从投保交强险

实际上，不要说普通老百姓，就是生产企业，甚至连政府部门都没有把《电动自行车通用技术条件》(GB17761-1999)当回事——多年来，超标电动车满街跑的现实即最好的证明。

超标电动自行车无疑具有非法性，但其存在的合理性不容置疑，至少大多数人都对此持一种宽容态度。既然老的标准不被遵守，出台新的标准似乎就显得很有必要。《电动摩托车和电动轻便摩托车通用技术条件》(GB/T 24158-2009)，将电力两轮摩托车定义为“由电力驱动的，最高设计车速大于50 km/h的两轮摩托车”，将电动两轮轻便摩托车定义为“由电力驱动的，具备下列条件之一的两轮摩托车：(1)最高设计车速大于20 km/h且不大于50 km/h；(2)整车整备质量大于40 kg且最高设计车速不大于50 km/h”。现有大量的电动自行车显然符合电动两轮摩托车和电动轻便两轮摩托车的标准，而摩托车也显然属于机动车的范畴。

比较新老两个标准可知，《电动自行车通用技术条件》(GB17761-

1999)只是明确了电动自行车的标准,对超标电动车是否就是机动车并未明文规定——虽然通过反向解释并不难推出超标电动车应认定为机动车的真实含义,但大家基于种种原因还是愿意揣着明白装糊涂。在大家的印象中,超标的电动自行车还是电动自行车,不过就是超标而已。《电动摩托车和电动轻便摩托车通用技术条件》(GB/T 24158-2009)给了超标电动自行车合法的身份,但也明确了超标电动车就是机动车,让人们欲求糊涂而不可得。

新的标准只要推行,就意味着消费者手中的大多数电动自行车,摇身一变就成了摩托车,只有上牌照、考驾照、买保险等过几道大关以后,才能合法上路。并且,既然超标电动自行车系机动车,那么,成千上万的骑车人只好冒生命危险走上机动车车道与汽车共舞,融入那滚滚钢铁洪流之中。目前城市交通最严重的问题,其实就是机动车拥堵问题。一旦给电动自行车制定了较低的技术标准,就等于把本来在非机动车道行驶的超标电动自行车,全部赶上了本已不堪重负的机动车道,只会给城市交通乱上添乱,造成更大的交通隐患。新的电动车国家标准一经透露,立刻引来媒体和民众的广泛热议,其合理性遭到了广泛质疑。原计划定于 2010 年 1 月 1 日起实施的新标准,基于民意的考量又不得不暂缓实施。

既然新标准不被认可,大家还是按照老标准——继续揣着明白装糊涂。超标电动车需求有市场,企业生产有动力,政府依然不作为。超标电动车还是广泛地被视为非机动车,几乎所有的保险公司都不接受超标电动自行车的交强险业务,致使超标电动自行车欲投保交强险而不可得。

三、实然的司法——法律不强人所难,对超标电动自行车不宜适用交强险的有关规定

根据《中华人民共和国道路交通安全法》第 76 条的规定,机动车发生交通事故造成人身伤亡、财产损失的,由保险公司在机动车第三者责任强制保险责任限额范围内予以赔偿;不足的部分由侵权人按责任赔付。交强险是一种强制保险,具有一定的公益性。保险公司承担的是一种法定责任,并不以侵权责任为基础。如果侵权人未投保交强险,根据法律的规定,即使其完全不负事故责任也应在交强险责任限额内赔付受害人的损失。

既然法律规定超标电动自行车系机动车,凡机动车就应该购买交强

险，那么，根据上述规定，理论上就可以认为超标电动自行车的驾驶人如没有购买交强险，其就应该在交强险责任限额内先行赔付受害人的损失。超出交强险部分的损失，再由其按责承担赔偿责任。至少，仅仅从法律规则上来看，是没有问题的。

但不无疑问的是，购买超标电动车是购买者的过错吗？不投保交强险是电动自行车驾驶人的过错吗？如果并非其过错，让其承担如此严厉的后果是否公平？法律不强人所难是法律人的共识。从国家出台的《电动摩托车和电动轻便摩托车通用技术条件》(GB/T 24158-2009)可知，国家也认为电动自行车超标有相当的合理性。毕竟，每小时 20 公里的速度甚至还不如跑步，40 公斤的重量限制更是遭到了业内人士的质疑。退一步讲，即使电动自行车的标准是合理的，生产和销售不符合国家标准的产品致人损害的，也应由生产者和经营者承担相应的民事责任。消费者的义务是通过合法手段购买和使用产品，而没有甄别产品是否符合国家标准的法定义务。在购买和使用超标电动车的问题上，普通消费者没有责任。发生交通事故后，侵权人固然应承担侵权责任，但电动自行车超标的责任则应由生产者和销售者来承担。实际上，政府部门对新老标准的合理性也持怀疑态度，对广大人民群众的不满也心知肚明，故而对电动自行车的违法生产、销售以及无法投保交强险的问题也就睁一只眼闭一只眼。让消费者为企业违法生产和政府不作为买单，是没有道理的。

显然，超标电动自行车是否应适用交强险，仅仅考虑法律规则还是不够的。正如德国诗人歌德所言："理论是灰色的，但生活之树常青。"面对丰富多彩的现实生活，法官不能充当自动售货机的角色。司法不仅需要遵循法律规则，必要时还须考虑法律原则，甚至是法理。在司法实践中，几乎没有法官会主动审查电动自行车是否超标的问题。即使当事人提出了电动自行车超标的问题，根据法律的规定，法官虽认可超标电动自行车为机动车，但大多仍会说服当事人接受超标电动车不适用交强险的观点。

综上所述，司法无法脱离现实，法律不应强人所难。在目前情况下，对超标电动自行车不宜适用交强险的有关规定。

四、应然的未来——关于电动自行车的几点思考

1.超标电动车不宜一禁了之。十余年来，超标电动自行车大行其道。

有些地方政府不是"疏",而是采取了"堵"的措施。实践证明,几乎所有禁令最后都成了一纸空文。道理很简单,国家制定的标准不被广大人民群众认可,普遍质疑其打着维护交通安全的旗号来维护某些既得利益集团的利益。电动自行车事故的确不少,但其危险性和汽车比起来还是小巫见大巫。况且,电动自行车既比汽车环保,也不像汽车那样容易引起交通堵塞。为什么不禁汽车?政府部门无法给大家一个足以令人信服的理由。

2.应适当放宽电动自行车标准。我国人口众多,中低收入者人数占了很大的比例,超标电动自行车有着广阔的市场。《电动自行车通用技术条件》(GB17761-1999)显然已不符合社会的需要,修改电动自行车的标准势在必行。当一项标准几乎没人遵守的时候,或许这就是标准本身的问题了。有些地方的做法值得我们借鉴。美国将低速电动自行车归类为消费产品,电动自行车产品归属于消费产品安全委员会(CPSC)管辖范围。美国消费者产品安全委员会(CPSC)规定,商业用途制造的低速电动自行车或三轮车,必须装配可踩踏的踏板,最高速度为每小时不超过 20 英里(32 公里),且整车重量不超过 50 公斤。我国台湾地区电动自行车的重量标准虽然也是 40 公斤,但这并不包括电池的重量。我们可以参考上述做法,适当放宽电动自行车的标准。毕竟,很多人都没有为了骑一个电动车还要考驾照、买保险,然后还要冒险跑机动车道的热情和意愿。

3.有关部门要加强管理。电动车分类有了合理的标准以后,公安交警部门应在车牌上标明电动车车辆性质:符合电动自行车标准的,标注为"电动自行车";符合机动车标准的,应明确注明"电动摩托车"或"电动轻便摩托车"。凡系机动车的,就要严格按照机动车来管理,不投保交强险的一律不准上路行驶。保险公司不承保的,保监会应对其进行处罚。另外,对生产企业,政府也应严格管理,督促其生产出质量较高的产品。毕竟,超标电动自行车系机动车,要走上机动车道,其质量就必须达到机动车的质量标准和安全标准。

随着社会的不断进步,超标电动自行车是否应适用交强险或许将不再成为一个需要讨论的问题。

五、附带的思考——驾驶超标电动自行车的刑事风险

根据《电动自行车通用技术条件》(GB17761-1999)的规定,电动自行

车最高设计时速不得大于20公里/小时，整车重量不得大于40公斤，轮胎宽度不得大于54毫米。超过这些标准的电动自行车，就属于我们通常所讲的“超标电动车”。

这些超标的电动自行车，在法律性质上，却已经不属于电动车了。根据《电动摩托车和电动轻便摩托车通用技术条件》(GB/T 24158-2009)，符合下列条件之一的超标电动车，属于“电动两轮轻便摩托车”：(1)最高设计车速大于20km/h且不大于50km/h；(2)整车整备质量大于40kg且最高设计车速不大于50km/h。最高设计车速大于50km/h的超标电动车，属于“两轮摩托车”。而电动两轮轻便摩托车与两轮摩托车，则都属于机动车。

根据《中华人民共和国刑法》第133条的规定，醉酒驾驶机动车的，构成危险驾驶罪。《车辆驾驶人员血液、呼气酒精含量阈值与检验》规定，驾驶者的血中酒精浓度大于或等于80mg/100ml为醉酒驾驶行为。也就是说，喝酒后驾驶超标电动车，如果血中酒精浓度大于或等于80mg/100ml，就构成了危险驾驶罪。

可见，驾驶超标电动车，不仅涉及是否应当投保交强险的问题，还涉及刑事风险。不仅醉酒驾驶汽车会构成犯罪，醉酒驾驶购买的电动车自行车，只要其相关指标达到了机动车标准，也会构成犯罪。

人工智能在刑事司法裁判中的应用及展望

傅杰俊*

在我国法治国家建设如火如荼的大背景下，为实现司法的正义与公平，最大限度地提升法院工作效率，将人工智能应用于刑事司法裁判中显得尤为重要。人工智能可以理解为人类完成的任务交给机器来完成，人类来指导的一种技术。从本质上来看，人工智能属于一项尝试了解人类认知范畴的科学，同时也是一门以制造能够具备人类自身能力的机器的工程学科。[①] 人工智能的出现给人类社会带来了巨大的影响，更加速了人类社会的进步与科学技术的发展，将其应用于司法裁判中从客观上是完全可行的，也是非常有必要的。

一、人工智能应用于刑事司法裁判中的意义

(一)促进刑事司法公正

刑事案件事关被告人的人身自由，甚至会被剥夺生命。司法人员在日常办理刑事案件过程中难免因为主观因素出现各种纰漏，使得案件在证据认定上出现偏差，对司法裁判造成一定的负面影响。假如构建起人工智能法律系统，系统本身具备良好的数据存储以及分析能力，在实现全面智能化办案辅助之后，在刑事案件的裁判上将会很好地防范错误的发生。另

---

* 傅杰俊，中国政法大学民商法专业在职研究生。

① 李飞：《人工智能与司法的裁判及解释》，载《法律科学（西北政法大学学报）》2018年第5期。

外，司法腐败同样是影响司法公正的主要因素之一，法院、法官出现司法腐败行为是可能出现的，而建立起人工智能法律系统，可以对刑事司法活动进行全方位的动态监控，对司法工作者的行为进行有效制约，促进司法公正。

（二）提升司法效率

人工智能的出现与使用是人类社会的一次技术革命，在我国司法工作中，由于法院工作人员相对不足，尤其是高素质有经验的刑事审判人员相对缺乏，法官在工作中显得力不从心，司法资源难以高效利用，人工智能的引入无疑很大程度上解决了这一问题。它可以帮助司法工作者进行案件的办理，提升司法效率；同时也是对司法资源的一种节约，使人力得到了解放，这就是人工智能的价值。

（三）实现司法裁量统一

大多数人都有一种观念，即法律面前人人平等，但是法官是人，在审理相同刑事案件时不可能做到结果百分百的相同，在某一地方肯定会存在差异，这种差异可能会造成广大民众产生怀疑。如果人工智能的运用，可以将法院的裁判文书数据化，这样通过人工智能可以对案件进行统一的分析和预测，这显然是有助于司法裁量的统一，也可以在一定程度上减少人们对案件的质疑和纠纷。特别是针对我国刑法领域，人工智能系统在对犯罪主体的判断上应该与刑法体系相协调。简而言之，即不能单独运用人工智能来进行犯罪的处置，人工智能应当与刑法的目的和任务相协调，必须要服务于刑法的目的和任务，还要跟刑法中关于犯罪、性质责任以及刑法有关的规定相协调，同时刑法中有关于犯罪、刑事责任以及刑罚的基本规定也应适用于人工智能系统。二者形成全面的统一，才可以更好地实现裁量的统一。

二、人工智能在刑事司法裁判中的应用与展望

（一）科学应用人工智能

随着科学技术井喷式的发展，人工智能时代已然到来，在刑事司法裁判上对人工智能的应用，我们应该以正确的态度来看待它、了解它，科学地应用它。现在，人工智能技术还不能完全模拟人类智慧，在刑事司法裁判

的应用中应该确定其辅助作用，它不是用来取代法官进行最终裁决的，而是通过系统的建立，让法官不需要花费太多的时间在重复的工作上，可以把更多的精力投入案件的事实认定以及审理中。我们可以通过建立人工智能办案系统，将法官需要审理的案件直接输入系统中，相关的法律条文、司法解释通过系统直接输出，法官不需要浪费太多的时间去检索、查阅，利用人工智能技术无疑让法官的工作效率得到了极大提升。科学运用人工智能才是未来司法系统工作的主方向。

(二)做好个人隐私信息保护

人工智能系统的应用需要特别注意的是对个人隐私信息的保护。在系统中法院通常要储存大量的个人信息，这些数据涉及个人隐私，刑事案件的被告人有的可能受到刑罚制裁，有的最终可能无罪释放，案件通常会引起社会的广泛关注，保护个人隐私就显得尤为重要。对此，在人工智能的应用中必须要确保个人数据的采集与使用在严格范围内执行，系统设计者务必要设计出有效的防火墙，定期进行维护，防止黑客、病毒等攻击。法院就人工智能技术的应用选择技术合作对象方面，需要层层选拔、全面审查，必须要与具备先进智能技术的企业建立合作。全方位监管人工智能，在前期研发阶段就要重视可能出现的风险的排查工作，真正地重视起个人隐私信息的保护，让人工智能应用朝着积极良好的方向发展。

(三)加强司法数据开发

人工智能的应用，司法数据的开放是重点，没有数据的支持，人工智能难以实现深度学习，更难以去模拟人类的思维和行为。现在，在挖掘司法大数据方面还存在许多的不足。譬如，法院在系统内部还有许多的数据没有实现电子信息化，传送到网络上的裁判文书只占到法院案件总量很小的比例。另外，刑事司法数据来源过分单一，全国范围内的刑事司法数据共享平台并未构建起来。因此，要大力发展人工智能的应用，首先应该构建起统一的全国性的刑事司法数据共享平台，实现法院自上而下数据的整合和共享。法院数据要跟公安机关、检察院、政府部门、社会等方面相关的数据进行成功对接，充实司法数据，更利于案件的审理和裁决。今后，如果需要真正体现出人工智能的作用，加强刑事司法数据开发和共享的力度是必不可少的。

(四)重视人才培养促进人工智能技术发展

人工智能的应用基本需要算法来审理案件,算法、代码的设计是编程人员来完成的,设计者如果不具有政治学、社会学、法学等相关学科的知识,显然不可能设计出理想的算法。对此,我们必须要重视人才的培养,人工智能技术的开发需要的是复合型的人才,所以,司法工作者、技术人才等都要进行全面的培养,填补专业知识和技术的弱项,为人工智能在刑事司法裁判中的良好应用提供优秀的人才支撑。

毫无疑问,人工智能应用于刑事司法裁判中是时代发展的必然,这是科学技术进步,司法走向文明的标志,它可以提升司法效率,减少法院和法官的工作压力,促进司法公正。因此,良好地应用人工智能技术,无疑是我国司法系统实现法治现代化的必由之路。